本书为国家社科基金重大项目"浙东学派编年史及相关文献整理与研究"子课题"浙东学派研究史"及浙江省"之江人才"社科课题"浙东学派研究评述"的最终成果

感谢浙江师范大学重点建设学科("中国语言文学")资金资助出版

百年历史的投影

二十世纪以来浙东学派研究平议

王　锟　金晓刚　著

中国社会科学出版社

图书在版编目（CIP）数据

百年历史的投影：二十世纪以来浙东学派研究平议／王锟，金晓刚著.
—北京：中国社会科学出版社，2018.7
ISBN 978-7-5203-2451-9

Ⅰ.①百…　Ⅱ.①王…②金…　Ⅲ.①浙东学派—研究
Ⅳ.①B249.95

中国版本图书馆 CIP 数据核字（2018）第 091043 号

出 版 人　赵剑英
责任编辑　韩国茹
责任校对　张爱华
责任印制　张雪娇

出　　版　中国社会科学出版社
社　　址　北京鼓楼西大街甲 158 号
邮　　编　100720
网　　址　http：//www.csspw.cn
发 行 部　010-84083685
门 市 部　010-84029450
经　　销　新华书店及其他书店

印　　刷　北京君升印刷有限公司
装　　订　廊坊市广阳区广增装订厂
版　　次　2018 年 7 月第 1 版
印　　次　2018 年 7 月第 1 次印刷

开　　本　710×1000　1/16
印　　张　17.75
插　　页　2
字　　数　289 千字
定　　价　78.00 元

目　录

绪论 一段学术研究史就是一段思想史

——以浙东学派研究史为例

"一代之兴，必有一代之学。"每一历史时段，皆有与之相应的学术研究。究其原因，在于学术研究面对不同的历史时段，均须回应并解决殊异的时代课题。变动不居的学术方式与研究论题，折射了风云变幻的社会秩序、生活方式以及背后的思想观念。换言之，人类思考与社会变迁永远是跟踵同步的，而学术研究与现实关怀也始终是一对相契相生的共同体。纵观中西方学术史，包括史学、哲学、文学在内的人文研究都有强烈的现实旨趣，经世致用甚至成为学术研究追求的重要目标。而自 17 世纪始，尤其在西方知识界，人文研究遭受自然科学研究的严重挤压和激励，逐渐转向对客观真理的追寻。所谓"挤压"，即是自然科学凭借其特殊的研究对象及方法，在探索自然的真相道路上走得殊为成功。而人文社会科学因缺乏客观性、不可重复及不能数量化往往被轻视甚至嘲弄。在这一危机中，追求客观真相的人文研究，其合法性地位处境堪虞。

而所谓"激励"，是指某些学术领域（如经济学、社会学等）在汲取自然科学的原理、方法后，相关研究取得了一定进展，激发了研究者的抱负和自信心。他们认为通过客观研究，同样可以获得人文社会世界的"万有引力定律"。为此，他们标榜"价值中立"，在学术研究中搁置立场、价值、情感上的"预设"，纯以逻辑推理和材料证据得出结论，并想当然地认为，在研究过程中愈是"无色彩"的研究，其得到的真相愈是客观。平心而论，这种貌似有理的说法存在很大的片面性。人文社科研究确实有探寻历史真相的一面，但不能遗忘研究者背后所渗透的主观价值关怀。

一是人文社会科学的研究对象本身就是意义丰富的行动和事件。相对于自然科学领域可测量、可实验、可分析操作的物质化的研究对象，人文社会科学的研究对象是活生生的"人"的活动。而"人"，除了具有物理化学意义上的肉体结构之外，还是有着喜好、厌恶、希望、目的、欲求等情感和动机的思想与行为的主体。质言之，人本身就是有目的和有"意味"的动物，其行动或事件是有"价值预设"的。不仅如此，人的"意味"往往具有某种主观性。从空间上看，这种主观性还随着生活的地理、阶层、风俗、习惯、文化、宗教信仰有很大的不同，若再叠加上时间方面的生理年龄、时代变迁等因素，就愈加错综复杂。尤其是文学、艺术、哲学、宗教等领域的行为者和事件的主体更属于"意义敏感群体"，他们的"意味"更加复杂、多变。也就是说，人文社会科学的研究对象，本身是具有丰富价值意味的人的行为和事件，若硬将它看作物质现象加以分析、操作、量化，反而是最大的不客观了。这也无怪乎文德尔班、李凯尔特严格区分所谓的"物质科学"和"文化科学"。

二是人文社会学术研究的承担者——人文知识分子，本身极富意味。一个科学研究者，可以在实验室里冷静地研究一个细胞的结构或者一只跳蚤后腿的运动机理而不顾其他，即使战火纷飞或许也不会影响到他在显微镜下的观测。而每一个人文社会研究者，他们对人事社会现象的研究，或多或少都有一定的"社会关切"，他们的研究往往寄寓情感、愿望、抱负或者梦想。即使那些所谓钻"故纸堆"的人（如乾嘉考据学者），内心其实都透着一股"事功气"。这对历史意识特别发达，"温故知新"愿望强烈的中国人文社会学者来说更是如此。因此，人文社会学者从事学术研究的动机、对象的选择、研究视角的拣选、材料的取舍乃至目标的制定等等，无不有一定的主观意味。所以钱穆当年告诫学生："诸位不要认为学问则必是客观的，其中也有做学问人之主观存在。"[①] 在钱先生眼里，文史研究不能遗忘背后"人"的存在，他们"做学问"的缘起往往有其初衷与诉求。

如前所言，人文社会事件的参与者是"意义敏感群体"，而哲学史和思想史的研究主体更是"意义敏感群体"。同样，处于20世纪大变局中

---

① 钱穆：《中国史学名著》，台北三民书局1988年版，第13页。

的中国人文知识分子更具有"忧患意识"，他们对哲学史和思想史的研究，往往附加着该群体自身的意义追求。可以说，一部学术研究史，就是从事学术研究的人文知识分子群体的思想史。

浙东学派研究一直是在社会变迁的哺育中展开的。从后世建构的历史阶段及学术谱系来看，浙东学派滥觞于北宋"明州杨杜五子""皇祐三先生"与"永嘉九先生"，形成于南宋的吕学、永嘉、永康、北山及四明诸学派，大成于明代的阳明学及蕺山学派，在清代以黄宗羲、万斯同、全祖望、章学诚为代表的浙东史学时达到全盛。而在认识与叙述的过程中，浙东学派的研究者们自然涉及对浙东学派的评骘与研究，其进度大体可分宋元、明清、民国和现代四个历史时段。

在宋元时期，浙东学派多被称为"浙学"，言论多见于朱熹、吕祖谦、陈亮、黄溍、刘埙等人的语录、书信、文集以及正史的《道学传》《儒林传》。明清时期，除史书、语录、文集外，系列"学案体"著作（如《圣学宗传》《理学宗传》《明儒学案》《宋元学案》）大量记载了浙东学派的人物、思想及师承谱系，其中的许多观点对后世研究有重要启示。晚清民初，《金华丛书》《永嘉丛书》《四明丛书》等大型文献的搜辑、刊刻，为此后研究奠定了坚实基础。当然，这些成果多属史料性的沉积，难以称得上正式研究，但背后也蕴藏了编纂者强大的现实关怀。

真正以现代学科体系的知识、视野、方法解读浙东学派，起于民国时期。颇具意味的是，民国学人研究浙东学派，起初大都发掘学派中所蕴藏的民族主义和事功进取精神。在研究对象上，基本扎堆于陈亮、王阳明、刘宗周、黄宗羲、全祖望、孙诒让、宋恕等人，对其他思想家的关注较为阙如。而在这些人物谱中，黄宗羲成为关注最多、研究成果最丰硕的人物。究其背后缘由，主要在于民族国家危机，政治运动如火如荼，以及受现代新思潮的轮番刺激，政治思想精英们抓住了黄宗羲——这个对旧时代激烈批判又透射出某种启蒙亮光的本土人物，希冀以此为媒介表达自己的某种现代理想。各层面的研究者囿于各自的派别、立场、诉求和梦想，对黄宗羲的看法虽有差别，然都集中于他的政治思想和反清行动，聚焦他的《明夷待访录》《孟子师说》等书，在解读上则大力发掘其政治思想的"民主"特性，将他视为民主思想和民主政治的先驱，以之接引现代民主政治观念在中国的实现。① 与此同时，受日本明治维新推崇阳明学直接或间接的影响，重视"心力"和积极实践的王阳明一度成为维新派或革命派的精神偶像。维新派和革命派学人也随之构成晚清民初阳明学研究的主体。而永嘉学派的孙诒让、宋恕因其宣扬近代启蒙改良思想，推行近代实业和教育活动受到民国学人的青睐。② 另外，有关陈亮、刘宗周、全祖望等人的民族气节和爱国精神也成为当时研究的热点，借以激发国人的民族气节和爱国意识。可以说，民国学人在陈亮、王阳明、黄宗羲等浙东思想家身上寄寓了鲜明的时代诉求，而这些浙东人物也成为构建民国学术的重要思想源泉。

20 世纪 50 年代后运用辩证、历史唯物主义原理、方法研究学术思想成为学界的主流。流风所及，唯物与唯心的派性划分、阶级属性的归属以及投降与爱国、进步与保守的争论成为浙东学派研究的主旋律。直到 20 世纪 80 年代，主流意识形态对传统文化和思想大抵采取对抗和决裂的态度。因此，他们对理学的看法是"以理杀人""灭人欲"、官僚主义、愚民思想、专制主义、维护封建纲常伦理、代表大官僚大地主阶级的利益等等。理学被视为反动、保守思想的代表。在这一叙述话语中，朱熹被判为卖国派，王守仁成为"屠杀人民的刽子手"。研究理学变成"学术的禁区"（除非当作"反面教材"进行批判）。

基于"唯物与唯心二分"的哲学史研究，学者大多注意到宋明理学内部有心本论（主观唯心主义）、理本论（客观唯心主义）、气本论（唯物主义）的斗争，因此特别突出张载、王夫之的气论，叶适、陈亮的事功说，李贽、何心隐等的反传统思想。在此态度的影响下，陆王心学、程朱理学被当作唯心论的代表加以批判，而叶适、陈亮则被塑造为反理学的代表加以褒扬。如吕振羽指出，叶适"在哲学上是与唯心主义作斗争的唯物主义流派，政治上是与保守派作斗争的具有进步倾向的改良主义流派，与主和派即妥协、投降派作斗争的主战派"③。侯外庐更是将叶适看作"庶民地主及个体农民和工商业者"的代表，与以程朱道学为代表的

---

① 这种解读，尤其表现在 1980 年代"新启蒙思潮"影响下对黄宗羲政治思想的诠释中。

② 孙诒让、宋恕的维新改革思想及实践在 1980 年代改革开放初期再度成为研究热点。

③ 吕振羽：《论叶适思想》，《历史研究》1960 年第 1—2 期。

封建地主阶级思想作斗争。陈亮也被视为唯物主义和爱国主义的典型，他与朱熹的"王霸之争"则被看作唯物论与唯心论、进步派与保守派的思想决战。

有意思的是，对黄宗羲的评价颇为微妙、复杂。有人认为他代表平民阶级，也有人主张他是平民的反对派，强调他是地主阶级的代表，哲学上属于唯心派。由于对黄宗羲思想定位的分歧，于是出现了颇耐人寻味的研究现象，黄宗羲政治思想鲜明的进步性与其哲学思想的模糊保守之间出现了矛盾和脱节。即便是历来均被称颂的黄宗羲的政治思想，也开始受到某种批判。如嵇文甫认为，黄宗羲虽有鲜明的民主主义思想，但其民主思想，反映的是当时一般中小地主和缙绅士大夫反抗大地主专政的民主要求，虽然对君主专制的罪恶有大量揭发，但他并不主张废止君权，与近代意义上的民权政治相距甚远。① 很明显，这种具有浓厚教条主义色彩的唯物与唯心二元对立及阶级分析的方法，是政治意识形态斗争激化下的产物，并在 1980 年代甚至 1990 年代初期的浙东学派研究中仍余波荡漾。

1980 年代以来，随着改革开放和市场经济的发展，对传统功利主义和经济思想的追索与阐释日渐风靡。为此，从功利和商品经济的角度研究浙东学派成为热点。首先是陈亮、叶适等人的事功精神得到全面的关注。据统计，对"王霸之辨"及与之相关的功利思想讨论的论著，占这段时期浙东学派研究成果的 1/4。在 90 年代财税改革的推动下，关于周行己、叶适、黄宗羲等经济财税思想的研究，旋之成为浙东学派研究的新趋向。尤其是秦晖在研究黄宗羲经济思想时，提出财政史上所谓的"黄宗羲定律"。2003 年，温家宝总理特对此做出批示，要求财政、农业等部门在推行农村税费改革时要注意研究这一问题，后来在许多场合又多次提到这一定律，指出一定要跳出"黄宗羲定律"的怪圈，从而将该理论从纯学术研究的领域贯彻到现实政策的制定。

进入 21 世纪，随着地方经济的蓬勃发展，财富积累愈加雄厚，人们越来越关注文化精神，加之浙江省政府适时启动"文化工程建设"，都促进了浙东学派研究的繁荣。与此前相比，新的变化主要表现在文学、艺术等角度的开掘和地方文献的整理，一大批从事文学、艺术、文献等专业的

---

① 嵇文甫：《黄梨洲思想的分析》，《新建设》1959 年第 12 期。

学者加入了研究队伍，钩沉了浙东学派的文艺面向。其中，对浙东学派文献资料的整理成为最大亮点。

如果说以上梳理基于整体面向的观测，而由个案研究史来看，浙东学派的研究同样也折射出其重心随着时代思想的节奏而脉动。以王阳明为例，综观百年的阳明学研究，从整体氛围而言，大致经历了"思想意识形态"—"复苏转型"—"纯学术"三大变奏期：改革开放前的王阳明研究，无论民国时期的维新革命派、国粹派、现代新儒家的研究，还是日本战前战后的研究，乃至 20 世纪 50—80 年代间大陆学界的马克思主义立场、方法的研究，都具有强烈的政治社会关怀和意识形态色彩，研究者满怀"宏大叙事"和思想抱负，其王阳明学术研究承载并服务于此种"思想观念"。可以说，这时期的王阳明研究史就是那一时代研究者的"思想观念史"。这种形态的研究，到 50 年代后尤其在"文革"时期走向极端，最终以主观的"思想意识"取代了客观的学术研究，导致教条主义和"标签化"的泛滥。而改革开放以来的第一阶段，大陆学界力图挣脱此种教条主义和"标签化"模式，进入了王阳明研究的"复苏转型"，经过十多年的反思，1990 年代后逐渐走向客观的纯学术研究，促进阳明学研究走向繁荣，取得了丰硕的成果。

总之，百年的浙东学派研究史，虽不乏纯学术的研究成果（尤其是近十几年来的论著），但受时代思想的影响无疑是深刻而巨大的。可以说，百年浙东学派的学术研究史，映射着百年的中国思想史，是近代以来中国历史"光"与"影"在这一领域的投射，每一阶段的研究也是对当时现实的回响。这再次印证了克罗齐的"一切真历史都是当代史"以及柯林伍德的"一切历史都是思想史"的命题。随之而来的一个问题便是：人文学者在研究中如何把握纯学术研究和思想关怀的关系？这是一个永远值得思考的严峻问题，恐怕不是一句轻描淡写的"学问凸显，思想淡出"所能带过的！

此外，关于本书的撰写原则与体例说明，有必要交代如下：

其一，浙东学派成员在各个时期均表现出非凡的哲学、史学、文学造诣，但总体而言，以学术思想最为突出，后世也多以思想流派视之。有鉴于此，本书对浙东学派的梳理，偏重于学术思想层面的评述。故在选录人物时，以理学家、史学家为主，难免舍弃那些以文学蜚声的浙东学者，如黄溍、柳贯、戴表元、袁桷、胡应麟等人。

其二，浙东学派历史悠久，阵营庞大，涉及人物众多，对全部成员作巨细靡遗的学术史回顾，不仅不可能，而且似无必要。因此，本书所收人物，以当时最具代表及影响力的大思想家为主，因为这些人物可大体反映一时代学术与思想的潮流与风向。至于这些大思想家的门人、后学，因篇幅所限，有的只能附于大人物后简略述之，有的则干脆跳过不录。

其三，不同于以往围绕论题展开作分门别类的横向综述，本书以学术史的时间、特点为坐标，结合近现代的社会背景与社会思潮的内在演进，以纵向为主轴，横向为侧翼，梳理浙东学派研究的整体状况，以期呈现百年来浙东学派研究的动态过程。

最后，还需再赘述一二。相较已有的学术史综述，本书在以下四个方面形成一些创意。

一是紧密关注学术研究与时代的互动。在学术史梳理时，除展示具体研究内容较前代有无突破外，尤为重视研究者的时代与社会背景，时刻把握学术研究的脉络，体会不同时代的思想意识潮流对学术研究的影响，凸显学术史研究并非纯粹的书斋跋涉，而是渗透了研究者鲜活的现实关怀的主旨。

二是资料搜辑与视野"扫描"颇为完整。在分梳学术史之前，全面普查了20世纪以来关于浙东学派研究的论文、论著，总计论文2万多篇，论著500余部，其中所收录的民国时期以及海外学者关于浙东学派的研究文献尤为珍贵。与一般相关学术史侧重1980年代以来"详近略远""重内轻外"的研究不同，本书不仅弥补、再现了民国以及海外的浙东学派研究状况，还比较、总结了不同时期研究的异同，清晰呈现了百年间浙东学派研究的流变以及学术群体消长的历史图谱。

三是相对前人单一维度的浙东学派研究综述，本书较全面地回顾了某一学派或某一学者的多元思想与成就，而不局限于原先从史学、哲学、文学、文献等某一领域的单面梳理，以综合再现浙东学派百年的整体研究图景。

四是在评骘前人研究长短、优劣的基础上，专列一节，盘点百年来研究层累的缺漏与误区，并展望今后的研究动向与增长空间，为后续研究提供新的支点和动力，以求实现浙东学派研究的突破与创获。

第一章　事功与心性的离合

——历史、思想语境中的浙东学派建构

　　如学界所论，浙东学派是意义含混且颇有争议的概念，并与浙学、浙东事功学派、浙东史学关系复杂。① 当论及浙东学派时，不少人多与事功学派、浙东史学等同视之。造成这一解读的缘由，绝大部分在于对浙东学派的研究基本聚焦于思想内容的阐释，却忽视了浙东学派自身的认识与建构历史。其实，浙东学派的源流、内涵及学术特色的塑造，是一个不断被层累建构的历史过程。② 因此有必要重新梳理不同时期不同学者对浙东学派的认识源流，寻绎"重史""事功"学术特点的由来。

第一节　"功利""重史"说的缘起及调和

　　与浙东学派相关的名词，以"浙学"出现最早，其源于朱熹之口。翻检朱熹的相关文献，他曾三次提及浙学：第一次在淳熙九年（1182）所撰的《香溪范子小传》中，朱熹评价婺州学者范浚："初不知从何学，其学甚正。近世言浙学者多尚事功，浚独有志圣贤之心学，无少外慕。"③结合当时的思想语境，朱熹标榜范浚的心性之学，正是对吕祖谦、陈亮、

　　① 关于这些概念的辨析及历史演变，可参见朱晓鹏《浙学刍议》，《中国哲学史》2006年第1期；钱明：《"浙学"涵义的历史衍变》，《浙江社会科学》2006年第2期；钱茂伟：《论浙学、浙东学术、浙东史学、浙东学派的概念嬗变》，《浙江社会科学》2008年第11期。这里无意区分这些概念的差异，在行文中涉及这些名词时，均采用当时研究者的原来用语。

　　② 王宇《道行天地：南宋浙东学派论》（中国社会科学出版社2012年版）系统解读了南宋以降"浙学"的历史与评价背景，对本章的撰写启发尤多。

　　③ 朱熹：《香溪范子小传》，载范浚《范香溪先生文集》卷首，四部丛刊本。

叶适等浙东事功一派的强烈不满。第二次提到"浙学",见于《朱子语类》。他说:"江西之学只是禅,浙学却专是功利。禅学,后来学者摸索一上,无可摸索,自会转去;若功利,则学者习之,便可见效,此意甚可忧!"① 此处的"浙学"一词,具体年代无法考证。不过,当浙学作为一个整体出现时,令人更多联想到的是吕祖谦及其婺学。朱熹在《答程正思》(淳熙十六年,1189)中第三次提及浙学时,便毫不隐晦地点出浙学所指及其弊病,"浙学尤更丑陋,如潘叔昌、吕子约之徒皆已深陷其中,不知当时传授师说何故乖讹便至于此,深可痛恨"②。很明显,他所指摘的对象,即以吕祖谦的后学吕祖俭、潘景愈等人为代表的浙学。在朱熹眼中,以吕氏后学为代表的浙学专尚功利,最能引诱、误导士人,并隐隐指出这一病端源自吕祖谦。

除了痛斥浙学的"功利"色彩外,朱熹还将矛头指向吕祖谦、吕祖俭、陈亮、叶适等人的"重史"主张。

> 伯恭无恙时爱说史学,身后为后生辈,胡涂说出一般恶口,小家议论,贱王尊霸,谋利计功,更不可听。③
> 看史只如看人相打,相打有甚好看处?陈同父一生被史坏了。④

朱熹、吕祖谦、陈亮、叶适等宋儒均十分重视史学。但在经史关系上,他们观点迥异。朱熹主张读史以明"义理"为前提,经本史末、先经后史,将格物穷理作为治史的目的。而吕祖谦主张经史并重,在他的学术中,经与史的关系并非朱熹所谓的"本末体用"。陈亮、叶适也主张经史结合,认为《六经》是特定历史时期的文字记录,"名经,而实史也"。二人的经史观,颇有"五经皆史"的意味,开后来"六经皆史"的先河。可见,因为学术观点的颉颃,朱熹才对经史并重的浙学抱有微议。也由于朱熹的抨击与渲染,"功利"与"重史"成为浙学的两大标识。

---

① 黎靖德编:《朱子语类》卷一二三,中华书局 1994 年版,第 2967 页。
② 朱熹:《朱子全书·晦庵集》卷五十《答程正思》,上海古籍出版社 2002 年版,第 2327 页。
③ 朱熹:《朱子全书·晦庵集》卷三十五《与刘子澄》,上海古籍出版社 2002 年版,第 1555 页。
④ 黎靖德编:《朱子语类》卷一二三,中华书局 1994 年版,第 2965 页。

南宋以后，吕学、永康及永嘉之学传承断裂，影响大不如前，逐渐淡出学者的视阈，对浙学"功利"的责难也归于沉寂。在元代朱陆合流的趋向中，不少学者也超越了门户之见，较客观地看待浙学。如江西人刘埙就说："宋乾、淳间，浙学兴，推东莱吕氏为宗。……当是时，性命之说盛，鼓动一世，皆为微言高论，而以事功为不足道，独龙川俊豪开扩，务建实绩。"① 刘埙在朱学大盛的时代，崇尚陆学，将朱、张、吕、陆四人并提，视他们均为儒家道统的正传。依他看来，吕祖谦兄弟为浙学当之无愧的代表，陈亮的经世事功则有补于朱熹的性命之说。不唯如此，他还认为陈亮的事功学也内涵性理，深合伊洛之旨，"龙川之学，尤深于《春秋》。其于理学，则以程氏为本。……其于理学固用心矣，岂徒曰功名之士？"② 在刘埙眼中，吕祖谦、陈亮等人的浙学是"事功"与"心性"的绾合，集内圣、外王之道，属于儒学的正统，而非朱熹所斥的"专言功利"。刘埙在元代陆学零落的境况下，有志于陆学的复振，对朱学排斥的其他学派抱有同情的理解，因而能以包容的心态评骘南宋学术，较党同伐异的门户之见，无疑更加客观。

与学术朱陆合流的同时，南宋以来对地方学术的关注在元代更为凸显，曾被朱熹诟病的吕祖谦、陈亮、叶适等浙学代表，反而成为建构乡里传统的强有力资源。浙学一度成为浙东地方士人颂扬与借鉴的对象。如婺州义乌人王祎认为吕祖谦、唐仲友、陈亮各以性命、经世、事功显著：

> 尚论吾婺学术之懿，宋南渡以还，东莱吕成公、龙川陈文毅公、说斋大著唐公同时并兴。吕公以圣贤之学自任，上继道统之重。唐公之学，盖深究帝王经世之大谊，而陈公复明乎皇帝王霸之略，而有志于事功者也。即其所自立者，观之虽不能苟同，然其为道皆著于文也，其文皆所以载道也。文义、道学，曷有异乎哉？③

王祎指出吕祖谦、唐仲友、陈亮的道文合一，符合"文以载道"的

---

① 刘埙：《隐居通议》卷二《龙川功名之士》，丛书集成初编本，第19页。
② 同上。
③ 王祎：《王忠文公集》卷七《送胡先生序》，文渊阁四库全书本，第19页。

旨趣。王袆同门戴良也自炫"吾婺文献之懿"①，将浙学作为乡学传统的重要内容。王袆、戴良等人均是"朱子嫡脉"北山学派的传人，但在他们看来，朱子学与浙学并非相悖，而是紧密融合，形成互补。可见，由于建构乡里传统的需要，浙东士人有意淡化朱学与浙学的冲突，转而强调二者的互补共通。在元代学者的视阈中，浙学虽以事功为主，但不偏废心性，在文学方面亦成就卓荦。

　　由朱熹挑起的浙学"功利""重史"一说，经过元代学者以及浙东士人的洗刷，一定程度改变了"丑陋"的形象。但在明代前期朱学独尊之时，浙学又被贴上"功利"的标签，如成化年间的章懋就认为："浙中多是事功，如陈同父、陈君举、薛士龙辈，只去理会天下国家事，有末而无本。……惟朱子之学知行本末兼尽，至正而无弊也。"② 在他手上，浙学又成为有末无本的学说，只有事功而无心性，朱子学才是本末兼备的儒家正学。章懋是明代婺学最重要的领袖之一，但他固守朱学，认为："经自程朱后不必再注，只遵闻行知，于其门人语录，芟繁去芜可也。"③ 在他心中，吕祖谦、陈亮、唐仲友等乡学虽有可取，但偏废一端，难与朱子学媲美。与王袆、戴良等乡贤相比，章懋考衡浙学的维度，虽非乡里情结，然更多涉及学术异同，亦难免有失公道。

第二节　心学的融入及地域维度"浙东学派"的出现

　　明代中后期，阳明学大盛。因王守仁籍属浙东的缘故，浙学逐渐成为阳明学的代称，被赋予了与"功利"截然不同的涵义。如湖州学者蔡汝楠称"吾浙学自得明翁夫子（阳明），可谓炯如日星"④，"永丰（聂豹）则谓我浙学承阳明夫子之绪，如曹溪以后谈禅，非来本意矣"⑤。其中的

---

　　① 戴良著，李军、施贤明点校：《戴良集》卷十二《送胡主簿诗序》，吉林文史出版社2009年版，第135页。

　　② 章懋：《枫山语录·学术》，丛书集成初编本，第2页。

　　③ 黄宗羲：《明儒学案》卷四十五《诸儒学案上》，中华书局1986年版，第1078页。

　　④ 蔡汝楠：《自知堂集》卷二十《致张按察使浮峰先生》，《四库全书存目丛书》集部第97册，齐鲁书社1997年影印本，第702页。

　　⑤ 蔡汝楠：《自知堂集》卷十八《致孙蒙泉》，第671—672页。

"浙学"特指明代浙江地区的阳明心学。福建人刘鳞长则进一步发挥蔡汝楠的"浙学"概念，其编撰的《浙学宗传》重点梳理两浙的心学流脉，主要收录南宋以来浙江的心学人物，如浙西的张九成，浙东的吕祖谦、杨简、王阳明等人，南宋浙学的陈亮、陈傅良、叶适的身影反而无迹可寻。与前人相比，刘鳞长的"浙学"有两大特点：一是思想内涵专指心学或心性之学；二是在地域上，除浙东外，还包括浙西。追溯刘鳞长的"浙学"定义，其目的就是要打通浙学与闽学，使心学与理学不仅在源头上"同属家亲"，而且在传承中彼此贯通。① 作为阳明学的学者，刘氏的做法颇类王阳明的《朱子晚年定论》，在于调和心学与理学的冲突，减少心学传播的阻力。这些阳明学者对浙学的指认，极大地影响了后人的判断。如清初《明史》馆臣及黄宗羲均以"浙学"或"浙东学派"特指明代浙东王学及刘宗周蕺山一派。② 可见在阳明学兴起后，浙学逐渐成为心学的代称。萦绕在浙学头上的"功利""事功"色彩日渐消散，其事功与心性却再度分离。直到黄百家辑纂《宋元学案》相关篇目时，浙学的双重性又稍以凸显。他在回溯永嘉之学的演进历史时说：

> 永嘉之学，薛、郑俱出自程子。是时陈同甫亮又崛兴于永康，无所承接。然其为学，俱以读书经济为事，嗤黜空疏、随人牙后谈性命者，以为灰埃。亦遂为世所忌，以为此近于功利，俱目之为浙学。③

黄百家将永嘉之学及永康之学合称"浙学"，并强调永嘉之学源出二程，永康之学兼重读书与经世，二者被目为"功利"乃是朱学一派的忌恨所致。尽管黄百家对浙学的定义还不甚明朗，但从他为浙学鸣不平可以看出，其重视永嘉、永康之学的意图非常明显，并倾向强调浙学的读书明理与经世致用，是合心性与事功为一的，因此对永康之学的评价，用的是"读书经济"，而非"功利"一类的贬义词。纵观朱熹、刘埙、章懋及蔡汝楠、刘鳞长、黄百家的"浙学"概念，其内涵虽有不同，或称吕祖谦、

---

① 钱明：《"浙学"内涵的历史衍变》，《浙江社会科学》2006 年第 2 期。

② 钱茂伟：《论浙学、浙东学术、浙东史学、浙东学派的概念嬗变》，《浙江社会科学》2008 年第 11 期。

③ 黄宗羲：《宋元学案》卷五十六《龙川学案》，中华书局 1986 年版，第 1832 页。

陈亮、叶适的事功之学，或指阳明学、心学传统，但划分的依据明显倾向
于思想的内质，而非地域学脉。

　　真正从地域及学派谱系建构浙学，始于全祖望、章学诚二人。全祖望
在大规模补修《宋元学案》时，曾多次使用"浙学"一词，用来概括浙
江学者的学术源流、特色和风格。

　　　　世知永嘉诸子之传洛学，不知其兼传关学。考所谓九先生者，其
六人及程门，其三则私淑也；而周浮止、沈彬老又尝从蓝田吕氏游，
非横渠之再传乎？……今合为一卷，以志吾浙学之盛，实始于此。[1]

　　　　勉斋之传，得金华而繁昌。说者谓北山绝似和靖，鲁斋绝似上
蔡，而金文安公尤为明体达用之儒，浙学之中兴也。[2]

　　　　四明之专宗朱氏者，东发为最。……晦翁生平不喜浙学，而端平
以后，闽中、江右诸弟子，支离、桀戾、固陋无不有之，其能中振之
者，北山师弟为一支，东发为一支，皆浙产也。其亦足以报先正拳拳
浙学之意也夫！[3]

　　由此可见，全祖望所谓的"浙学"，是相对于濂、洛、关、闽之学而
言的南宋浙江儒学，其范围涵盖了当时浙东地区的永嘉、金华、四明诸子
之学。而且，浙学诸子的思想倾向并不完全一致，其中有的属朱学，有的
尚陆学，也有的折中朱陆。全祖望在《艮斋》《水心》《龙川》等学案中
虽已观察到永嘉、永康之学的"功利"路向，但这与他对"浙学"（与
朱、陆殊途同归）的总体衡定发生了冲突，因此他力图将"浙学"描绘
成程学的一支。[4] 既然全祖望强调的浙学属于地理概念，又有重塑浙学形
象的用意，因此他的"浙学"理解显然包括心性与事功。

　　相对于全祖望"浙学"的地理表述，章学诚的《浙东学术》则从学

---

　　① 黄宗羲：《宋元学案》卷三十二《周许诸儒学案》，中华书局 1986 年版，第 1131 页。
　　② 黄宗羲：《宋元学案》卷八十二《北山四先生学案》，中华书局 1986 年版，第 2725 页。
　　③ 黄宗羲：《宋元学案》卷八十六《东发学案》，中华书局 1986 年版，第 2885 页。
　　④ 关于全祖望的"浙学"概念，可参见早坂俊广《关于〈宋元学案〉的"浙学"概
念——作为话语表象的"永嘉""金华"和"四明"》（《浙江大学学报》2002 年第 1 期）、王宇
《道行天地：南宋浙东学派论》（中国社会科学出版社 2012 年版，第 13 页）。

派谱系建构浙东之学，溯其源流、揭示宗旨，对后世的浙东学派研究影响最大。

> 浙东之学，虽出婺源，然自三袁之流，多宗江西陆氏，而通经服古，绝不空言德性，故不悖于朱子之教。至阳明王子揭孟子之良知，复与朱子抵牾；蕺山刘氏本良知而发明慎独，与朱子不合，亦不相诋也；梨洲黄氏出蕺山刘氏之门，而开万氏弟兄经史之学，以至全氏祖望辈尚存其意，宗陆而不悖于朱者也。①

章学诚将浙东之学的源头追溯至象山心学，认为王阳明、刘宗周、黄宗羲、万氏兄弟、全祖望等人的学说虽各有侧重，"阳明得之为事功，蕺山得之为节义，梨洲得之为隐逸，万氏兄弟得之为经术史裁"②，但均以陆学为根柢，呈现出"尊德性"的传统，恰与朱学的"道问学"并行不悖。因此当有人质问浙东学术的事功、气节是否与心性、著述相通时，章学诚作了肯定的回答："史学所以经世，固非空言著述也。且如六经，同出于孔子，先儒以为其功莫大于《春秋》，正以切合当时人事耳。后之言著述者，舍今而求古，舍人事而言性天，则吾不得而知之矣。学者不知斯义，不足言史学也。"③ 在章学诚看来，史学的目的在于"切合人事"，解决现实问题，而浙东史学涵括经世史学与性命义理，克服了朱陆两家"空言德性""空言问学"的流弊，所谓"言性命者必究于史，此其所以卓也"。可见章学诚眼中的浙东学术，兼综史学、经世与心性，甚至成为超越朱陆之上的儒学正宗，被人诟病的"功利"色彩一扫而尽。当然，正如学者们所说，章氏的"浙东学术"并不能用来描述南宋思想史的实况，只是为他本人在乾嘉学术大潮中的自我定位而创造出来的一个概念，按照倪德卫、余英时的说法，"实斋之认同于'浙东学术'乃出于晚年之追论"。在清代中期的学术语境下，章学诚已无法辨识朱、陆两大传统之

---

① 章学诚著，叶瑛校注：《文史通义》卷五，中华书局 1985 年版，第157—158 页。

② 同上。

③ 同上。

外的儒学资源，故他只能通过"史学经世"来超越朱、陆，创造出一个"言性命者必究于史"的浙东学术。① 章学诚虽以"浙东学术"为题，但从论述内容来看，在于强调浙东地区学术的传授关系，与后世的学派概念已十分接近，因此后来许多研究者直接以"浙东学派"替换了"浙东学术"。

考察南宋至清中期的数百年间，浙学的"事功""心性"两面在不同学者的诠解中分分合合，历经了多次调整。朱熹眼中的浙学，只是"功利""重史"，缺乏心性之学，所谓"有末无本"，明显带有贬低、责难的意味。元代学者视阈中的浙学虽以事功为主，但并不偏废心性之学。明代以下，虽仍有"功利"说的声音，或出现以浙学代称阳明学、心学的踪影，但总体而言，浙学绾合事功与心性的观点越到后来越占据主流，在章学诚手里，甚至成为优胜于朱陆的儒家正学。浙学的事功与心性的离合，折射出不同学者背后的不同语境以及不同诉求。有的（如章懋）杂糅了门户之见，有的（如王祎、戴良）出于建构乡里传统的需要，有的（如章学诚）还关涉自身学术的论争。尽管持"绾合说"的学者亦有其背后的用意，但相较"功利"或"心学、心性"说，无疑最贴近客观事实。

第三节　以"史学""事功学"为内核说的定格

清末民初，在西学东渐的进程中，各种西方思潮涌入东亚世界。为应对内忧外患的社会危机，民族志士除以武力、实业、教育救国外，亦孜孜从学术、思想入手，力图改变贫弱的中国。其中，进化论展示了西方各国在政治、经济、文化上的优异，迎合了国人求新求变的急迫心态，因而大受追捧。投射在史学领域，梁启超、夏曾佑、何炳松等人纷纷倡导以进化史观为核心的新史学。他们批判旧史学，主张重写中国历史，借史学以救

① 王宇：《道行天地：南宋浙东学派论》，中国社会科学出版社 2012 年版，第 17 页。钱志熙也指出，后世学者大多依托于章氏建构的学术谱系，虽有各种解释，"但总的来说，并不将章氏建构的谱系的不完整，看成是常识性的疏误，而是力图从他自觉的学派建构的逻辑思考出发加以解释"。参见氏著《论浙东学派的谱系及其在学术思想史上的位置——从解读章学诚〈浙东学术〉入手》，《中国典籍与文化》2012 年第 1 期。

世济民。在梁氏等人看来，史学是鼓动民族主义的重要器具，"今日欲提倡民族主义，使我四万万同胞强立于此优胜劣败之世界乎？则本国史学一科，实为无老、无幼、无男、无女、无智、无愚、无贤、无不肖所皆当从事视之，如饥渴饮食一刻不容缓者也"①。以梁启超为代表的新史学派强调以史学叙述人类群体进化，求其公理公例，称史学为"国民之明镜，爱国心之源泉"，他们希望以新史学激发国民的爱国心，树立民族自信心，重塑民族精神。

在建构新史学的过程中，梁启超除大量援引外国思想外，亦汲汲寻找本土的重要资源。他发现，章学诚的学术思想与新史学的宗旨异常契合，并由此溯源，对清代浙东史学青睐有加。在他眼中，"清代史学界伟大人物，属于浙东产者最多"。而且，他从"尊史"的角度编织了清代浙东学派谱系。

> 复有浙东学派者，与吴派、皖派不相非，其精辟不逮，而致用过之。源出自梨洲、季野，而尊史。其巨子曰邵二云、全谢山、章实斋。②
>
> 浙东学风，从梨洲、季野、谢山起以至于章实斋，厘然自成一系统，而其贡献最大者实在史学。③

梁启超提出的清代浙东学派，实援引了章学诚的浙东学术概念。不过，梁氏因建构新史学之用意，重点关注黄宗羲、万斯同、全祖望、章学诚等人的史学思想，因而将浙东学派浓缩成清代浙东史学。受梁启超的影响，众多参与新史学建构的学者也不断强调浙东学派的史学成就。如周予同于1929年首次提出"浙东史学派"的名称，认为它有"严种族之别"和"尊重历史"两大特点。周予同甚至一反传统"浙东"（钱塘江以东）的地理界定，将属于"浙西"（钱塘江以西）的章太炎也列入浙东学派，说他"受浙东史学派的影响，兼了章学诚、全祖望、万斯同、黄宗羲一

---

① 梁启超：《新史学》，《饮冰室合集》文集之九，中华书局1989年版，第1页。

② 梁启超：《论中国学术思想变迁之大势》，上海古籍出版社2001年版，第124页。

③ 梁启超著，朱维铮校注：《中国近三百年学术史》，《梁启超论清学史两种》，复旦大学出版社1985年版，第200页。

派的学说"①。可见在梁启超、周予同的潜意识中，浙东学派等同于浙东史学派。在二人的鼓吹下，浙东学派的史学虽得以凸显，却遮蔽了其心性、义理的一面。

新史学健将何炳松亦注目浙东之学，撰有《浙东学派溯源》（1932），系浙东学派研究史上首部专著，意义非凡。与前人相比，何炳松对浙东学派的认识，有两点创见：一是强调浙东学派是一横跨宋元明清的连绵学派，"第一期（南宋至明初）有永嘉、金华两大派，并由金华分出四明的一支；第二期（明末到现在）中兴于绍兴，而分为宁波与绍兴的两派"②。二是主张浙东学派源出伊洛之学，是程颐一派在浙东的演化。在何氏的思考中，相较由道家思想脱胎而来的朱熹一派，浙东学派熔心性与事功于一炉，才是儒学的正宗。不过，在性理、史学的排序时，何氏仍坚持史学与事功是浙东学派最光辉的成就，"这一派学者大都是史学家，讲究经济，最切实用，和道佛两家的玄谈大不相同"③。究其目的，乃是他以浙东史学为儒学正宗，借浙东史学研究构建民国新史学。因此，他的浙东学派研究，其实是中国史学史研究视野下的产物，其标榜的仍是史学这一主流的成就。

1930 年代，随着日本发动"九一八"事变，继之又全面侵华，中华民族陷入生死存亡的关头，救亡图存成为国家的主题。学术界亦结合抗战现实，调整研究方向，纷纷强调经世致用与民族大义的思想，借学术以正人心，端士习，弘扬民族正气。这一时期的浙东学派研究很好地映射了学术与现实的紧密互动。爬梳相关研究，仅晚清朴学出身的碧瑶的《浙江学术源流考》、张寿镛的《两浙学术考》等能对浙东学派之内涵作较全面的梳理，认为其包括吕学、朱学、永康、永嘉之学以及清代浙东史学，合性理、事功、史学于一体，其余学人大都指向浙东学派的史学与事功，有学者（如李源澄《浙东史学之遗源》）甚至将浙东史学的源头追溯至东汉主张实学的王充。至于为何独标浙东学派的经世、事功，可通过陈训慈一

---

① 周予同：《第四期之前夜——向青年们公开著的一封信》，载朱维铮编《周予同经学史论著选集》（增订本），上海人民出版社 1996 年版，第 109 页。

② 何炳松：《浙东学派溯源》，岳麓书社 2011 年版，第 151 页。

③ 同上书，第 8 页。

例的解读，推勘当时研究者的内在用意。

陈训慈运用浙东史学而非浙东学派，强调经世致用、民族思想是浙东史学源远流长的两大标杆，"迄于清季，浙东士子闻革命之义而奋起者，犹多冥契先儒之教。夫明季之忠义，初不仅忠于一朝一姓之事，而实为吾汉族强毅之民族精神所表见"。而浙东史学的这两大主旨，正是晚清以来中华民族振励志气急切所需的精神支撑，"独吾中国民族今日所处之危难，远过明季满人之侵入，而士习萎靡，每况愈下，先烈之风，正可以振励末俗。中山先生之倡革命，期期以'恢复民族精神'勖国人。浙东之史学，先哲忠义之气所寄者，吾卓特之民族精神寓焉"[1]。可见，由于爱国主义的激发，陈训慈等人追求学术的经世致用，有意淡化浙东学派的性命之学，凸显其事功与忠义思想。他们希冀以浙东史学铸造民族精神，用学术研究砥砺民族自信，为抗战提供精神与文化力量。基于此，在爱国主义与民族主义的荡涤下，众多学者视阈中的浙东学派以实学、事功的面目出现。

与此同时，也有部分学者试图通过表彰浙东史学来重建中国学术。如刘咸炘构建以章学诚为核心的浙东学术系谱，旨在塑造、贯彻浙东史学以公统私、广大圆通的学术特质，以此重建中国文化，回应中西古今之争。蒙文通则强调南宋浙东史学与清代浙东史学的差别，以秦汉新儒学为根本，将南宋浙东史学构建成"儒史相资"的典范，以此阐扬儒学在中国文化中积极的历史意义和现实价值。[2] 二人关注的浙东史学虽涵括性理、文史、经制等学，远不囿于史学一域，但其运用的"浙东史学"概念却不自觉地影响了时人对浙东学派的认知，致使他人误以为浙东学派只以史学显著。在这些学术大家使用的表述及概念的流传、强化的过程中，浙东学术或浙东学派一词逐步向浙东史学转型。透过新史学派及民族主义影响下学者的浙东学派研究个案，可以看到，由于其学术及政治诉求，民国学者有意割裂了浙东学派的内涵，将其塑造成以史学、事功而显著的学术形象。

---

① 陈训慈：《清代浙东之史学》，《史学杂志》1931 年第 2 期。

② 张凯：《浙东史学与民国经史转型——以刘咸炘、蒙文通为中心》，《浙江大学学报》2011 年第 6 期。

第四节 "事功""史学"的新诠解及心学倾向之再发现

20 世纪 50 年代以后，运用历史唯物主义分析研究学术思想成为主流。因此，唯物与唯心的派性划分、阶级属性的归属、投降与爱国、进步与保守的争论无疑是浙东学派研究的重点与主旋律。在这一过程中，陆王心学、程朱理学被视为唯心论的代表加以批判，而陈亮、叶适被塑造成朴素唯物主义的代表，备受肯定。如潘富恩、吕振羽、华山、侯外庐在认识论、天道观、历史观等方面系统化论述了陈亮、叶适的唯物主义思想。侯外庐更是把叶适看作"庶民地主及个体农民和工商业者"的代表，与程朱道学代表的封建地主阶级思想做斗争。陈亮则成为唯物主义和爱国主义的典型，他与朱熹的"王霸之争"被视为唯物论与唯心论、进步派与保守派的思想战场。很明显，这种具有浓厚教条主义色彩的唯物与唯心二元对立及阶级分析的方法，是政治意识形态斗争激化下的产物。

这一时期中国台湾学者虽未受马克思主义二元划分的影响，但也采用了"经世外王—心性内圣"的二元对抗模式描述陈亮、叶适与程朱理学的关系。如牟宗三的《心体与性体》（1968）认为叶适不仅对抗程朱理学，也是儒学的异端。牟氏弟子韦政通的《中国思想史》（1990）也强调陈亮、叶适属于事功派，反对空谈性命，是理学出现以来首次遭到的强有力的非难。可见，这一时期的研究方法虽与民国学者不同，但无论大陆，还是台湾地区，对浙东学派的内涵解释，大体上是一致的，即均认为浙东学派注重事功，反对心性，是反理学思潮的表现。

进入 1980 年代，随着改革开放、经济建设对实干精神的强调，功利主义和经济思想渐成主流。如何汲取古人的智慧来推动经济建设，成为当时学者的重要关怀。为此，浙东学派所蕴藏的经世、事功思想又得以焕发。从论文数量来看，对浙东学派的王霸之辨以及功利思想的讨论，占了整个 80 年代浙东学派研究成果的绝大多数。这些研究除继续围绕永嘉、永康及清代浙东史学，概述其经世致用的整体思想外，还将事功精神重点诠解为经济建设思想。周行己、叶适、黄宗羲等人的经济、财税、改革思想被学界广泛讨论，成为新的增长点。

自 20 世纪 80 年代末尤其是 90 年代初以来，学术研究逐渐转向深沉、严谨，众多问题的思考更为细致、客观。与之相应的是，学界兴起反思、重估之风，越来越多的学科不满于旧有的研究范式，"重写学术史""重写思想史"的呼声日益高涨。在这一思潮的推动下，学界对浙东学派的内涵也有了新的阐释，最突出的表现，即浙东学派的"心学倾向"得以重光。滕复在寻绎阳明学本土渊源的过程中，不仅发掘了自张九成、甬上四先生以来的浙江心学传统，还集中讨论了浙东学派衍变中事功学与心学合流的趋势。他认为事功学、心学均源于北宋程学，从南宋甬上四先生至元末明初的刘基、宋濂、方孝孺的发展历程中，体现出了某种融合事功学与心学的思想倾向，到王阳明则最终完成了二者的合流。① 紧接着，王凤贤、丁国顺的《浙东学派研究》以心学的形成、发展为线索，考察浙东学派的历史流变。作者认为浙东学派从北宋的周行己开始就具有心学倾向，南宋吕祖谦的心学倾向更为明显，杨简等人更是当时心学的代表，王阳明则集心学思想之大成，"从某种意义上说，浙东学术是宋明时期在浙东地区逐步发展起来的以心学为主要倾向的学术，浙东学派也就逐步发展成为一个心学学派"②。而刘宗周、黄宗羲、陈确等人力挽王学之既倒，使心学发展步入"纠偏""修正"的时期，最终形成以黄宗羲为代表的清代浙东学派。"因此，就浙东学术的性质来说，其主导思想属于渊源于孔孟的心学。"③ 尽管该书对心学特色的梳理未能详尽，但它标志着人们开始关注浙东学派的心学面向，而不局限于传统的经史、事功，在浙东学派研究史上具有里程碑意义。

滕复、王凤贤等学者重拾浙东学派的心学思想，究其缘由，除前文述及的学术反思之风外，当与他们的工作经历及学术背景有关。他们任职于浙江社会科学院，参与吴光等人主编点校、整理《黄宗羲全集》《王阳明全集》，以阳明学研究见长。因此在研究浙东学派的过程中，惯于以阳明学为轴心，从心学的维度审视整个浙东学派的缘起、流变与发展。当然，整个90年代，以心学审视浙东学派的只有零星几个学者，且以浙江籍学人为主。这一判断，虽未形成学界共识，但开辟了学术新思路，酝酿着新

---

① 参见滕复《阳明前的浙江心学》，《浙江学刊》1989 年第 1 期；《宋明浙东事功学与心学及其合流——兼论王学的思想来源及性质》，《东南文化》1989 年第 6 期。

② 王凤贤、丁国顺：《浙东学派研究》，浙江人民出版社 1993 年版，第 1 页。

③ 同上书，第 14 页。

世纪浙东学派研究的重大变化。

第五节　事功与心学二维共识的形成

2000 年以来，随着教育、文化的繁荣，以及国内外互动的密切，学术研究继承 20 世纪 90 年代反思、重估的风潮，在观念、视野、方法上愈加多元，并逐步形成自觉的评判话语。与此同时，在经济发展的推动下，各地兴起地域文化建设的热潮，彰显地域意识与梳理乡学传统成为当今地方发展的重要课题。浙东学派研究亦契合世纪之交的路径转变，成为"地方显学"。而从成果来看，其重心依然聚焦于浙东史学、功利之学，但也出现了可喜的变化，尤其是对浙东学派内涵和特质的阐释，越来越重视和梳理其心学的面向。

一方面，受滕复、王凤贤等人的启发，不少学者继续梳理浙东学派的心学主题，如董平的《浙东学派之名义及其内涵》（《思想家》第二辑）、方同义的《论浙东学术之心学主题》（《三江论坛》2006 年第 4 期）均认为，在大唱史学、讲求事功的同时，浙东学派的心性之学一直未曾衰歇，二者并行不悖，深深根植于学派思想之中，"就其一般情形而言，这一学派在整体上仍属于道学或理学，而其本身则包括两个主要分支，即浙东史学派与浙东心学派"[1]。

另一方面，以吴光、何俊、钱明为代表的学者重新梳理浙东学派的历史脉络，并赋予"浙学"新的阐释。如吴光的《"浙学"的内涵及其当代定位》（《光明日报》2005 年 5 月 10 日）认为"浙学"的内涵可作狭义、中义与广义的区分，并将浙学的源头追至东汉王充的"实事疾妄"，强调"大浙学"的主流是南宋以来的浙东经史之学。他的浙学概念虽仍以事功、经史为主调，但也有心学的部分。而何俊《事与心：浙学的精神维度》（北京大学出版社 2013 年版）则进一步阐明了浙学中事功与心性的关系，"心与事反向的精神维度，其分裂只是表面的。在浙学的思想世界中，心与事的精神维度的反向性实质上存在着内在的统一性，其表面的反

---

[1]　董平：《浙东学派之名义及其内涵》，载巩本栋等主编《中国学术与中国思想史》，江苏教育出版社 2002 年版，第 457 页。

向恰为之打开了极大的思想空间，构成了必要的思想张力。心与事的反向诉求没有构成精神的分裂，相反，彼此恰成为对方存在与生长的前提与动力"①。他认为，在浙东学派中，心学与史学、事功学之间是内在统一的。只是在不同时期、地域的不同学者身上，这一特征有所侧重，从而呈现出某种显见的偏向，比如"宋代的事功学偏于外的事的成就，明代的心学重在内的心的确立"②。在这些学者的助推下，浙东学派"以事功、史学独卓"的面貌得到大幅度的清洗，并逐渐确立起"合事功与心性"的新形象。

除在哲学史、思想史视野下重新检讨浙东学派的内涵外，新时期的研究还呈现出另一新动向：浙东学派的文学、经学受到广泛关注，甚至出现了"浙东文派"或"浙东经学派"的概念。③ 这些结论是否成立暂置勿论，但足以显示浙东学派的丰富内涵已被广大学者接受，远非事功与史学所能尽摄。考察新时期浙江学者对浙学研究的新思考，其内在轨迹，除客观理性的学术思考外，亦有地方文化建设的推动与诉求。面临浙江经济的蓬勃生机，如何在新的历史条件下寻求传统的思想资源，成为浙江学人的重大课题。正如吴光所说："我们在建设人文浙江、和谐浙江、生态浙江、现代浙江，实现中国梦的实践过程中，应该充分发掘浙学人文精神的思想资源。"④ 一语道破对浙学概念及内涵的新解释，深受当今浙江文化建设的强烈激发。

小　结

宋代及以降的浙东学者，原是独自存在的历史单元，相互之间并未形

---

① 何俊：《事与心：浙学的精神维度》，北京大学出版社 2013 年版，第 2 页。

② 同上书，第 2 页。

③ 如郭庆财《南宋浙东学派文学思想研究》（中华书局 2013 年版），张如安、管凌燕《清初浙东学派文学思想研究》（浙江大学出版社 2013 年版）等。而李建军《宋代浙东文派研究》（中华书局 2013 年版）则标举"浙东文派"概念，对浙东文派的文章学作了细密的梳理，把握浙东文派文章学的精粹、特质及其嬗变的历程，值得关注。姜海军的《宋代浙东学派经学思想研究》（齐鲁书社 2017 年版）虽未直接提出"浙东经学派"的概念，但对其经学思想的凸显，无疑表明经学思想在浙东学派中的重要地位。

④ 吴光：《关于"浙学"研究若干问题的再思考》，《浙江社会科学》2014 年第 1 期。

成严格的地域学派。由于域外学者（如朱熹）的批驳及本土学人（如全祖望、章学诚）的追认，浙学或浙东学派才被提出，并赋予后世的学派概念。因此，浙东学派的形成史其实是一个不断被建构、编织的过程。在此过程中，其客观的实相被投射出五彩缤纷的历史影像。不同时期学者的评判，实际上渗入了纷繁的观念诉求，亦关涉复杂的历史背景。

如果说南宋至清代对浙学的指认，更多表达了学者的思想史观与乡学意识，近代以来的浙东学派研究，则映射了百年中国的历史变迁。民国时期，新史学建构者与爱国、民族主义激发下的学者，为重塑民族信心，大力阐发浙东学派的史学、事功；20 世纪 50 年代以后的 30 年内唯物、唯心主义的贴签，说明学术受到政治意识形态的严重束缚；进入 1980 年代，对浙东学派经济、货币、改革思想的诠释，透露出学者在经济建设中的社会情怀；1990 年代尤其是 2000 年以来，浙学合事功、心性的维度渐成共识，虽反映研究的客观与深入，但也与时代需求、个人趣味息息相关。可以说，百年浙东学派认识史，就是一部知识、思想与现实的互动史。

透过浙东学派"事功"与"心性"的分离、集合，可以发现，学术史研究始终处于历史环境与精神旨趣的双重影响之中。有时这种影响与其说是被动的适应，毋宁说是主动的选择。因为每位学者的评判背后，都渗透了自身的知识构架与价值关怀。这也说明，人文社会科学的研究主体，或多或少都有一定的"社会关切"，他们的研究往往寄寓了自身的情感、愿望、抱负或者梦想。

第二章　南宋至元初浙东学派研究

第一节　从经史到心学：百年吕祖谦研究平议

吕祖谦（1137—1181），出身于有宋一代著名的政治和学术家族。吕氏属仕宦世家，祖上有四人入朝为相，其家学源远流长，入《宋元学案》者20余人。吕氏家学滥觞于吕夷简，初成于吕公著、吕希哲，小成于吕本中，大成于吕祖谦。

吕祖谦学问博大，兼收并蓄，著述宏富，其开创的吕学（或称"婺学"）成为当时最有影响的学派之一。"宋乾、淳以后，学派分而为三：朱学也，吕学也，陆学也。三家同时，皆不甚合。朱学以格物致知，陆学以明心，吕学则兼取其长，而复以中原文献之统润色之。"① 吕祖谦与朱熹、张栻被尊为"东南三贤"。他主持"鹅湖之会"，调和朱陆；创丽泽书院，泽被后学，影响波及明代，俨然"鼎立为世师"，成为浙东学派名至实归的领袖人物。对吕祖谦的研究古已有之，王应麟、黄宗羲、全祖望、胡凤丹等人都对吕祖谦之史学及学术渊源做过梳理。进入20世纪，接受现代教育、掌握现代学术研究方法的学者，以不同于传统学术的路径，对吕祖谦展开研究，取得了较为丰硕的成果。

近百年来的吕祖谦研究，按研究的梯度与成就，可分为三个阶段：1930—1980年为第一阶段，大致从吕祖谦的经学及《近思录》展开；1980—2000年为第二阶段，主要彰显吕祖谦广博的学术思想并肯定其学术地位；2000年至今为第三阶段，在继承第二阶段成果的基础上，对吕学研究更加深入、多元，其中以文献整理最为富硕。

---

① 黄宗羲：《宋元学案》卷五十一《东莱学案》，中华书局1986年版，第7页。

一　以经学研究为主：吕祖谦研究的初肇期

在浙东学派研究史上，吕祖谦与陈亮、叶适、王阳明、黄宗羲等人一起在 20 世纪初就进入现代学者的视野。较早研究吕祖谦的有唐文治、叶渭清、周澂等经史学家。叶渭清的《朱子与吕成公书年月考》(《国立北平图书馆馆刊》第 6 卷 1 期，1932 年)、周澂的《吕东莱先生〈读左述要〉》(《光华大学半月刊》第 4 卷 3、4 期，1935 年)、唐文治的《吕东莱、薛艮斋、叶水心先生学派论》(《学术世界》第 1 卷 6 期，1935 年)接续清代朴学之传统，并以现代学术眼光介绍了吕祖谦的经学成就、吕祖谦与朱熹的学术交流及其在宋代浙学中的重要地位，开吕祖谦研究之先河。

1950 年代之后，港台地区与日本学者延续民国时期对吕祖谦学术的兴趣。钱穆惯于从思想发展的内在演进观测中国思想史。1953 年，他在《宋明理学概述》中从门第家风之角度解释吕祖谦宽大和顺、博采众家的学术风格。他认为，宋儒是新兴的平民派，带有一种凌厉无前的锋锐气，重理论而不重传统。而吕祖谦家族"袭有唐人遗风，他们心中似乎没有所谓的异端与俗学"[1]。吕祖谦因深受门第气息熏陶，保泰持盈，喜和不喜争。与朱熹等人相比，他"好像不讲最高原理，对现实带有妥协性，没有革命的一股劲"[2]。显然，钱穆是以朱熹学术的标尺去评衡吕祖谦之学，其对吕的评价亦多源自朱熹的观点。钱穆的研究虽略粗浅，也有失客观，但其从家族门第学风窥视吕祖谦之学，予人一定的启示。

台湾大学国文系戴君仁的《朱子与吕东莱论苏学》(《大陆杂志》第 8 卷 1 期，1954 年)论述吕祖谦与朱熹对苏学之不同态度。而胡昌智的《吕祖谦之学术渊源》(《幼狮》第 43 卷 3 期，1976 年)则是较早梳理吕氏学术渊源的专文。张垣铎的《吕东莱的教育思想》(《东方杂志》第 12 卷 6 期，1978 年)、胡昌智的《吕祖谦与其史学》(台湾大学历史系硕士学位论文，1973 年)、吴春山的《吕祖谦研究》(台湾大学中文所博士学位论文，1978 年)则对吕祖谦的教育思想、史学思想等方面展开了具体

---

[1]　钱穆：《宋明理学概述》，九州出版社 2011 年版，第 182 页。

[2]　同上书，第 183 页。

研究。这些成果表明，吕祖谦学术研究开始深入。

这一时期，港台地区与日本学者围绕着《近思录》对吕祖谦进行了专题性研究，其成果有：陈荣捷的《朱子与吕东莱》（后收入氏著《朱子新探索》，台湾学生书局 1977 年版）、李甲孚的《朱子、吕祖谦与〈近思录〉》（《"中央"月刊》第 7 卷 4 期，1975 年）、山崎道夫的《〈近思录〉の创立过程》（《东京学艺大学研究报告》第 10 期，1959 年）、山崎道夫的《〈近思录〉讲本释义》（东京东洋文化研究所 1959 年版）、市川安司的《〈近思录〉の编纂について》（载《长泽先生古稀纪念：图书学论集》，东京三省堂 1973 年版）等，这些论著大都讨论了《近思录》的精义，以及吕祖谦在《近思录》成书过程中的作用，肯定他对《近思录》的贡献，扭转了此前《近思录》研究中只提朱熹而忽视吕祖谦的不利局面。

纵观第一阶段的研究，不管是对吕氏《左传》《近思录》的研究，还是对其诗学的研究，基本集中于经学层面，折射出吕祖谦在经学上的成就。更重要的是，这些研究还呈现出一大特点，即吕祖谦的研究是在朱熹研究的光环下展开的。从论著的题目可以看出，许多研究中朱熹与吕祖谦并提，且往往将朱熹置于吕祖谦前，可见，吕祖谦相对于朱学处于从属地位。当然，张垣铎等人对其教育思想的专题研究预示着吕祖谦研究的新局面即将打开。

二　理学思想的阐发：吕祖谦研究的发展期

进入 1980 年代，大陆学术步入正轨，在文化热、学术潮的助推下，吕祖谦研究成为学界的热点和生长点。

潘富恩、步近智等前辈领跑了这一波吕祖谦研究的热潮。1982 年，潘富恩与学生合作的《论吕祖谦》（《浙江学刊》1982 年第 1 期），对吕祖谦的哲学思想进行了讨论。紧接着，步近智发表了《论吕祖谦的"婺学"特征》，对吕祖谦的天理观、"反求诸己"的认识论及人性论进行了分析，揭示出以吕祖谦为代表的婺学具有"不名一师""不私一家"和"杂博"的特征，并肯定了吕祖谦对婺学的重要影响及举足轻重的地位。[1]

---

[1]　步近智：《论吕祖谦的"婺学"特征》，《中国哲学史研究》1983 年第 2 期。

可以说，此二文打破了20世纪50年代以来大陆学界吕祖谦研究的沉寂状态，开启了大陆学者研究吕祖谦的热潮，进而产生了一系列研究成果。重要的有：潘富恩、徐余庆的《论吕祖谦的历史哲学》（《哲学研究》1984年第2期），周梦江的《吕祖谦致陈亮信考释举例——兼与姜书阁先生商榷》（《浙江师范学院学报》1984年第3期），孙方明的《吕祖谦史学思想初探》（《西南师范学院学报》1985年第2期），杨金鑫的《"鹅湖之会"新述——兼论吕祖谦的哲学思想》（《湖南师范大学社会科学学报》1988年第5期），牛梦琪的《吕祖谦的教育思想》（《驻马店师专学报》1989年第2期），李炳泉的《吕祖谦的史学思想》（《烟台师范学院学报》1989年第3期）等。这些文章不仅讨论了吕祖谦的理学思想，而且还对其史学、教育思想进行了阐述，说明研究的题材和领域开始扩大。

潘富恩、徐余庆的《吕祖谦思想初探》可谓吕祖谦研究的第一本专著。该书对吕祖谦的政治社会思想、伦理学、哲学思想、教育思想、历史观进行了分析。在哲学思想方面，该书指出："吕祖谦的世界观从总体上来说，是由主观唯心主义心学和客观唯心主义理学糅和而成，但其中也有一些微弱的唯物主义气息。"①"吕祖谦的认识论也和他的本体论一样，是'杂博'的。在认识论上首先就是把陆九渊以'明心'为主的'直指本心'论和朱熹以'穷理'为本的'格物致知'说这两种唯心主义方法综合起来而加以发挥，同时他还注意汲取了永嘉学派和永康学派的不少唯物主义的认识方法。这样，他的认识论也就显得'杂博'而自相矛盾了。"②其中，兼收并蓄、调和折中、内容杂博、注重经世史学等观点成为学界对吕祖谦学术特征的经典概括，该著可谓吕祖谦思想研究的填白之作，代表了这一时期吕祖谦研究的水平，对后来者影响颇大。另外，侯外庐、邱汉生、张岂之主编的《宋明理学史》辟有"吕祖谦的理学思想及其后学"专章，该章由步近智撰写，是他此前发表的《论吕祖谦的"婺学"特征》一文的扩展和深化，在简述吕祖谦家学渊源的基础上，讨论了吕祖谦的"天理论"和"心说"，关于存"本心"和"反求诸己"的认识论，经世致用的学说，以及重视人民群众作用的历史学说，指出吕祖谦哲学具有唯

---

① 潘富恩、徐余庆：《吕祖谦思想初探》，浙江人民出版社1984年版，第74页。
② 同上书，第83页。

物主义与唯心主义的双重色彩。① 总之，这一时期的研究，虽然对其哲学思想进行了颇为深入的分析和阐述，但仍未挣脱唯物主义与唯心主义、主观唯心主义与客观唯心主义的二元对立，也未跳出以朱熹思想为反面对照的窠臼。

进入 1990 年代，对吕祖谦的研究在 80 年代的基础上稳步推进。值得一提的是潘富恩、徐余庆的《吕祖谦评传》（南京大学出版社 1992 年版）。在前著《吕祖谦思想初探》的基础上，该书吸收他人成果，对吕祖谦的经济、政治、哲学思想、人生观、伦理学说，以及史学、教育思想进行了全面的阐述。该书虽在布局谋篇上有一定缺憾（如把明显属于哲学思想的人生观、伦理学说析出，与哲学并列），但能在社会思潮的广阔视野下，对吕祖谦的思想旁参广究，正本寻源，体现了作者对吕祖谦长期而深潜的研究，代表了当时国内吕祖谦研究的水平。

此外，与潘富恩有学缘关系及对吕祖谦有兴趣的学人继续拓展相关研究，取得了系列成果。在理学思想方面，主要有：王凤贤的《吕祖谦思想的心学倾向》（《学术月刊》1991 年第 6 期）、董平的《吕祖谦思想论略》（《浙江学刊》1991 年第 5 期）、潘富恩的《论吕祖谦"兼容并蓄"的学术思想》（《中国哲学史》1992 年第 1 期）、李之鉴的《吕祖谦〈易说〉浅论》（《河南师范大学学报》1997 年第 1 期），以及潘富恩、徐余庆的《吕祖谦的实学思想述评》（《复旦学报》1992 年第 6 期）等文。其中王凤贤对吕祖谦心学倾向的论述，虽比较笼统，却有启发性。史学方面，则有吴怀祺的《吕祖谦的史学》（《史学史研究》1992 年第 2 期）、潘富恩的《吕祖谦与浙东史学》（《孔子研究》1992 年第 1 期）。从经学、文献方面展开研究的有：张卫中的《吕祖谦〈左传〉研究论析》（《绍兴师专学报》1992 年第 1 期）、周梦江的《吕祖谦、陈亮通讯考述》（《温州师院学报》1993 年第 2 期）、林永锐的《吕祖谦的〈东莱博议〉评说》（《海南大学学报》1993 年第 3 期）、孙建元的《吕祖谦〈音注河上公道德经〉记略》（《古汉语研究》1996 年第 3 期）、陈广胜的《吕祖谦与〈宋文鉴〉》（《史学史研究》1996 年第 4 期）、孙建元的《吕祖谦音注三种研究》（《广西师范大学学报》1998 年第 4 期）、秦玉清、张彬的《吕

---

① 侯外庐、邱汉生、张岂之主编：《宋明理学史》，人民出版社 1984 年版，第 345—362 页。

祖谦与丽泽书院》（《杭州师范学院学报》1999 年第 2 期）等。

这一时期，台湾学者继续对吕祖谦保持兴趣，出现了几部颇有分量的学位论文，如林建勋的《吕东莱的春秋学》（"中央大学"中文研究所硕士学位论文，1991 年）、郭丽娟的《吕祖谦诗经学研究》（东吴大学中文所硕士学位论文，1995 年）、洪春音的《朱熹与吕祖谦诗说异同考》（东海大学中文所硕士学位论文，1995 年）、李宗翰的《吕祖谦之历史思想》（台湾清华大学历史所硕士学位论文，1998 年）等。

以上研究中出现了可喜的变化：一是不仅就吕祖谦来研究吕祖谦，而是将他放在更大的学术思潮（如浙东史学或婺学）中来看待其思想及影响；二是不仅讨论吕祖谦的事功实学，还开始关注他的心学倾向。从研究群体来看，除哲学史、思想史背景的研究者外，一些有文献、文学语言背景的专家加入了研究队伍，开始对吕祖谦的文学、文献、经学等方面的成就进行论述，酝酿着吕祖谦研究的新变化。

如果说第一阶段的吕祖谦研究主要集中于港台及日本学者，第二阶段的研究重心则基本转移到了大陆，形成了以潘富恩及与其有学缘关系的学者为主的生力军，掀起了一股吕祖谦研究的"小热潮"。这股"小热潮"还隐然可见前后两阶段的变化：其中 1980—1992 年的研究以哲学史、思想史学者为代表，重心在阐释其哲学和史学思想；1992—2000 年随着从事文献、文学语言研究的学者逐渐加入，对吕祖谦的文学、经学、文献展开挖掘，这种变化值得关注。

三　文献整理与多元视角：吕祖谦研究的繁赜期

2000 年之后，随着"经典文本"或"精英人物"的中国思想史、哲学史的论述转向"一般思想"的研究，同时随着地方学术文化研究热潮的兴起，吕祖谦研究开始进入真正的繁荣期。一方面，体现在中国思想史、宋代思想史、儒学史等通史性著作中"吕祖谦"所占的篇幅增大；另一方面，专题性论文也大量产生。这些研究主题较之前大大拓展，研究问题较之前更加细致深入，研究方法与视野也趋向多元与多样化，文学、文献、经学、社会史等研究视角和方法被纷纷运用。

（一）文献整理

随着吕祖谦研究的不断拓宽和细致深入，对文献资料的挖掘越来越多，对文献资料的要求也越来越高。因此，吕祖谦及相关文献的整理被人们所注目。可以说，21世纪初的吕祖谦研究，最大的成果之一便是文献整理。

中国学人一直有整理出版吕祖谦学术文献的设想。早在1960年代，中华书局就曾拟定整理、出版吕祖谦文献，但由于当时财政困难，该计划未能实施，成为从事学术思想史研究者的"心病"。

随着国家、地方经济财力的增强，以及浙东学术研究热潮的兴起，吕祖谦学术文献研究整理的条件已经具备。吕祖谦故乡所在的浙江师范大学义不容辞地承担了这一历史使命。为了保存和继承吕祖谦的学术遗产，促进婺学研究，2000年浙江师范大学与金华市政协合作，聚集多方力量，着手编纂《吕祖谦全集》。该项目先后被列为浙江省文化研究工程重大项目、国家新闻出版总署"十一五规划重点书"和"国家古委会重点资助项目"。2008年，由浙江师范大学人文学院黄灵庚、已故文献学家吴战垒任主编，中国社会科学院历史所王煦华、华东师范大学古籍所刘永翔、严佐之，中华书局梁运华以及浙江师范大学的吴泽顺、陈年福、陈开勇、桂栖鹏、宋清秀、邱江宁、冯春生、刘天振、景盛轩等20余人参与点校的《吕祖谦全集》终于由浙江古籍出版社正式出版。吕祖谦的《十七史详节》也于同年由上海古籍出版社出版。两部书共24册，1300万余字。

《吕祖谦全集》的编纂特点主要有：其一，提供了完整的版本。吕祖谦的文集，长期以来流行的本子皆有不同程度残缺，此次整理者多本对勘，取长补短，形成了一种新的较完整的本子。其二，挖掘出新的版本。如《东莱集注类编观澜文集》有甲、乙、丙三部。学界熟知的《宛委别藏》本仅存甲部25卷；乙部7卷；丙部则全佚。而《全集》收录甲集35卷、乙集25卷、丙集20卷，均是稀见足本。其三，获得了一些珍稀本。如《欧公本末》，现仅存陆心源皕宋楼藏孤本，远存于日本静嘉堂，国内实难得见。即使存于国内的《丽泽集诗》，一般也难以阅目。其四，对著作权的考证。如长期以来不少人怀疑《春秋集解》作者应属吕本中，经整理者的翔实考证，最终确认为吕祖谦所撰。以上均体现了《全集》整理的学术水平与学术价值。① 这是我国首次出版《吕祖谦全集》，多种著

---

① 《〈吕祖谦全集〉简介》，《浙江师范大学学报》2008年第3期。

作更是第一次点校，也是目前最有价值的版本。有论者谓："《吕祖谦全集》为我们全面、深刻认识吕祖谦提供了基本条件，也为我们研究吕祖谦的同时代人提供了新资料，是对南宋学术研究的一大贡献。"①

在《吕祖谦全集》整理的过程中，产生了一些与文献考证相关的论文，主要有：黄灵庚的《吕祖谦诗文佚作考录》（《浙江师范大学学报》2003 年第 4 期）、冯春生的《吕祖谦经学著述目录版本考述》（《浙江师范大学学报》2002 年第 6 期）、杜海军的《吕祖谦与〈近思录〉的编纂》（《中国哲学史》2003 年第 4 期）、邱江宁的《吕祖谦与〈古文关键〉》（《浙江社会科学》2005 年第 5 期）、李家树的《南宋朱熹、吕祖谦"淫诗说"驳议述评》（《河北师范大学学报》2005 年第 1 期）、郑永晓的《从〈宋文鉴〉看吕本中、吕祖谦文学思想之传承》（载《第五届宋代文学国际研讨会论文集》，暨南大学出版社 2009 年版）、黄灵庚的《吕祖谦佚文补遗》（《古籍整理研究学刊》2008 年第 1 期）、陈居渊的《吕祖谦的正统史观与〈三国志详节〉》（《中共宁波市委党校学报》2009 年第 4 期）、黄觉弘的《今传〈春秋集解〉作者非吕祖谦考辨》（《中国典籍与文化》2010 年第 1 期）等。这些论文多为《全集》整理者所撰，许多观点已被《全集》所吸收，但对《春秋集解》成书及作者的争论仍在继续，值得关注。

对吕祖谦文献整理研究的成果之一就是"年谱"的编写。众所周知，宋人编有《吕太史年谱》，其记载准确，可信度颇高，但过于简略。为此，杜海军重编《吕祖谦年谱》（中华书局 2007 年版）以弥补此遗憾。该书在吸取旧谱成果及近年来吕祖谦学术活动相关研究的基础上编纂而成，其中的某些条目虽有商榷之处，但详尽描述了吕祖谦的生平事迹，还展现了其家族系谱、交友状况、学术思想的变化，为吕祖谦的研究提供了重大便利。

（二）文学与语言研究

为了书院教学和学子科举考试的需要，不喜写诗文的吕祖谦却编撰了多种文学著作。传世的有《吕氏家塾读诗记》《左氏博议》《欧公本末》

---

① 杜海军：《以新的眼光审视吕祖谦——评〈吕祖谦全集〉》，《光明日报》2008 年 8 月 1 日第 11 版。

《东莱标注三苏文集》《古文关键》《皇朝文鉴》《诗律武库》等，其中《吕氏家塾读诗记》和《古文关键》成为当时乃至元明清流传广远的文学书。因此，吕祖谦的文学语言成就成为第三阶段研究的焦点。

如前所述，早在 1990 年代后期，学界就开始关注吕祖谦的文学。2000 年之后，许多文学专业背景的学者加入了这一讨论，产生了一批成果，专著有杜海军的《吕祖谦文学研究》（学苑出版社 2003 年版），该书对吕祖谦的文论、文学创作成就，以及理学思想对其文学观念的影响进行了研究，是第一部对吕祖谦文学进行研究的专著。这方面的论文主要有：许军的《南宋理学家吕祖谦的文学活动》（《古典文学知识》2001 年第 3期）、杜海军的《吕祖谦与"唐宋八大家"》（《广西师范大学学报》2006年第 1 期）、杨新勋的《吕祖谦〈吕氏家塾读诗记〉在〈诗经〉学史上的意义》（《南京师大学报》2008 年第 6 期）、朱黎辉与王金生的《吕祖谦家学传承及文学贡献分析》（《牡丹江师范学院学报》2008 年第 3 期）、刘小燕与欧明俊的《吕祖谦〈入越录〉赏读》（《文学知识》2010 年第 4期）、郭庆财的《南宋浙东学者的文道思想述论——以吕祖谦、叶适为中心》（《湖州师范学院学报》2011 年第 3 期）等。这些论文不仅对吕祖谦的文学理论、祭文创作、文学创作与家学关系、文学教育等问题进行了阐述，而且重点研究了《古文关键》的选评特点和影响，以及《吕氏家塾读诗记》在"《诗经》学"上的重要意义。

此外，还出现了一些专题研究吕祖谦文学的硕博士学位论文，如许爱莲的《吕祖谦及其〈东莱博议〉》（台湾师范大学国文研究所硕士学位论文，2001 年）、林文腾的《吕祖谦〈皇朝文鉴〉研究》（台北市立师范学院硕士学位论文，2002 年）、吴迪的《吕祖谦散文研究》（南京大学硕士学位论文，2011 年）、程颖颖的《论〈吕氏家塾读诗记〉》（山东大学硕士学位论文，2007 年）、袁佳佳的《〈宋文鉴〉选诗研究》（河北师范大学硕士学位论文，2010 年）、李伟的《吕祖谦〈吕氏家塾读诗记〉初探——从朱熹〈序〉谈起》（四川师范大学硕士学位论文，2012 年）等，也助推了吕祖谦文学研究的深入。

在文学研究的同时，学者还对吕祖谦的语言修辞思想给予了关注。主要有：刘治立的《吕祖谦〈唐鉴音注〉的内容和价值》（《红河学院学报》2011 年第 6 期）、张秋娥的《论吕祖谦〈古文关键〉评点的修辞接受思想》（《修辞学习》2004 年第 2 期）。这些虽不是吕祖谦学术研究的主流，却拓宽了研究主题，使我们看到了吕祖谦学术形象的另一侧面。

（三）经学研究

吕祖谦的经学著作颇丰，现存的有《古周易》《周易音训》《周易系辞精义》《东莱书说二种》《吕氏家塾读诗记》《春秋集解》《左氏博议》《左氏类编》等。近年来，随着中国思想史研究越来越重视经学，吕祖谦对《周易》《诗经》《书经》《春秋》的研究也逐渐受到学界的注目。蔡方鹿的《吕祖谦的经学思想及其方法论原则》（《中国哲学史》2008 年第 2 期）总论了吕祖谦经学思想及其解释经学的方法。而其他更多的成果，则是从某一角度诠释吕氏的诗经、易学思想。

关于《周易》的则有：蔡方鹿的《吕祖谦的易学思想》（《周易研究》2008 年第 2 期）、朱天助的《吕祖谦〈周易系辞精义〉编纂的原则与价值》（《湖南科技学院学报》2012 年第 2 期）；关于《诗经》的有：蔡方鹿、付春的《吕祖谦的〈诗经〉学探析》（《中共宁波市委党校学报》2008 年第 2 期）以及杜海军的《吕祖谦的〈诗〉学观》（《浙江社会科学》2005 年第 5 期）等。

对《春秋》《左传》的研究是吕祖谦经学的重心，在此方面也产生了一批论文，重要的有：张宗友的《吕氏〈春秋集解〉十二卷本作者与流传之探索》（《中国典籍与文化》2009 年第 4 期）、王兴国的《从吕祖谦的〈博议〉到王夫之的〈续博议〉》（发表于"浙东学派与中国实学研讨会"，2005 年）、黄灵庚的《吕祖谦〈左传〉学述要》（发表于"2009 年两岸四地《春秋》三传与经学文化研讨会"，2009 年）、孙旭红的《吕祖谦〈左传〉学中的王霸之辨》（《江汉大学学报》2010 年第 2 期）、朱宏秋的《吕祖谦〈左传〉学之疑古与宗经》（《黄河科技大学学报》2011 年第 2 期）等。其中，关于《春秋集解》是否为吕祖谦所作仍是争讼的焦点。

（四）哲学思想研究

吕祖谦哲学思想的研究历来是学界的重点，这一阶段在继承前两阶段的基础上，在主题和深度上又有了开拓。主要有：董平的《论吕祖谦的历史哲学》（《中国哲学史》2005 年第 2 期）、潘富恩的《论陆九渊与吕祖谦思想之异同》（《商丘师范学院学报》2005 年第 3 期）、潘富恩的

《论吕祖谦朴素辩证法思想的历史贡献》（《中共宁波市委党校学报》2008
年第 3 期）、屠承先的《吕祖谦的本体功夫论》（《学术研究》2001 年第 8
期）、姜锡东的《"圣贤气象"——宋代朱熹、吕祖谦〈近思录〉研究之
一》（《河北学刊》2006 年第 1 期）、赵雨的《吕祖谦的学习心理思想研
究》（《华东理工大学学报》2005 年第 2 期）、李仁群的《吕祖谦对老庄
思想的兼容与改造》（《安徽史学》2004 年第 6 期）以及肖永明、张长明
的《吕祖谦的思想学术渊源与治学特点》（《湖南大学学报》2003 年第 3
期）等。其中，汤勤福对吕祖谦历史哲学的研究值得一说。在《朱熹的
史学思想》一书中，他比较了朱熹与吕祖谦的史学思想，认为吕祖谦更
接近传统史学，其史学著述体现了宋代经学与史学磨合的学术倾向。[①] 而
董平认为吕祖谦的历史哲学主张"现实是天道的展开"[②]，屠承先阐述吕
祖谦的本体功夫论，赵雨挖掘吕祖谦的学习心理思想，李仁群讨论吕祖谦
对老庄思想的兼容与改造等观点都有所创见。

　　吕祖谦是著名的教育家，所创丽泽书院是南宋四大书院之一，这一时
期对其教育哲学的研究也收获颇丰，重要的论文有：冯春生的《吕祖谦
教育思想蠡测》（《浙江师范大学学报》2008 年第 4 期）、黄淑娟的《吕
祖谦成学背景及其教育思想研究》（东吴大学中文研究所硕士学位论文，
2001 年）、尹伟明的《吕祖谦教育理论与实践研究》（华中师范大学硕士
学位论文，2009 年）、李光生的《吕祖谦的教育实践及影响》（《河北师
范大学学报》2010 年第 11 期）。其中对吕祖谦实学教育的强调，以及用
现代教育观念对吕祖谦教育思想的新诠释，颇值得关注。

　　吕氏之学广采博纳、不主一家，积极推动学派间的交流融合，对婺学
及浙东学术影响极大，故学界对其学缘及学派的研究颇多，重要的有：黄
灵庚的《吕祖谦与鹅湖之会》（《浙江师范大学学报》2005 年第 4 期）、
陈开勇的《吕夷简与婺州吕氏的家族佛学传统》（《浙江师范大学学报》
2007 年第 4 期）、刘玉敏的《吕祖谦学术渊源略考》（《中国哲学史》
2007 年第 3 期）、杜海军的《论吕祖谦研究中的偏见》（《浙江师范大学
学报》2008 年第 4 期）、杜海军的《谈吕祖谦浙东学术的领袖地位》

① 汤勤福：《朱熹的史学思想》，齐鲁书社 2000 年版，第 253—255 页。
② 董平：《论吕祖谦的历史哲学》，《中国哲学史》2005 年第 2 期。

（《中国哲学史》2012 年第 2 期）、王宇的《"二度抽离"与南宋浙东学派崛起的问题意识——以乾淳之际吕祖谦的思想动向为个案》（《浙江社会科学》2012 年第 7 期）。其中，陈开勇对自吕夷简以来的吕氏家族的佛学进行了细致梳理，使我们对吕祖谦、吕祖俭的心学特点、思想渊源有了更清晰的认识。① 而王宇借助余英时提出的"二度抽离"概念，分析了吕祖谦思想的大动向，即由于对以朱熹、陆九渊为代表的南宋道学将"外王"从儒学中"抽离"出来、将"道学"从儒学中抽离出来的担忧，以吕祖谦、陈亮为代表的浙东学派要把被朱熹抽离出来的"外王"放回到儒学的核心议题中去，扭转儒学"内在化"的转向，成为浙学不同于朱、陆道学的关键所在。② 杜海军则指出吕祖谦研究中存在三个偏见或错误：一是颠倒了吕祖谦的学术传承次序和地位，认为吕祖谦的理学思想和心学思想来自朱熹、陆九渊，功利思想来自陈亮、叶适；二是认为吕祖谦的思想兼容朱熹、陆九渊；三是将吕祖谦的中原文献之学解释为对图书资料的占有。③ 这些观点，值得学界反思。

海外汉学界对吕祖谦及其学派的研究，最有影响力的是包弼德（Peter K. Bol）和田浩（Hoyt Cleveland Tillman）。包弼德的《斯文：唐宋思想的转型》（1992）及《历史上的理学》（2008）从"作为地方史的思想史"的独特视角，通过对吕祖谦在婺州乃至浙东路的"地方网络"的描述，肯定吕祖谦对南宋婺州乃至浙东"地方意识"和地方传统形成的重要作用。

田浩的《朱熹的思维世界》（1992）专列两章论述吕祖谦。他认为，从 1160 年代末到 1181 年吕祖谦去世的十几年间，吕祖谦是道学中最重要的领袖，比朱熹等人更具影响力，其史学和经世之学为后世金华学派奠定了思想基调，对温州、宁绍等地的学者都有深远影响。④ 田浩还关注吕祖谦与同时的浙东学者及朱熹的思想差异。在他看来，浙东儒者一般较鲜论

---

① 陈开勇：《吕夷简与婺州吕氏的家族佛学传统》，《浙江师范大学学报》2007 年第 4 期。

② 王宇：《"二度抽离"与南宋浙东学派崛起的问题意识——以乾淳之际吕祖谦的思想动向为个案》，《浙江社会科学》2012 年第 7 期。

③ 杜海军：《论吕祖谦研究中的偏见》，《浙江师范大学学报》2008 年第 4 期。

④ ［美］田浩：《朱熹的思维世界》，陕西师范大学出版社 2002 年版，第 91—93 页。

及性、命、心等题目，而这些命题却是吕祖谦思想的重要部分。① 包、田二人结合社会史与思想史的语境，阐发吕祖谦的思想地位，其结论令人耳目一新，研究视野与方法值得学界继续运用。

另外，近年来大陆哲学界热衷于政治哲学和政治思想的研究。受此影响，吕祖谦的政治经济思想开始受到关注，重要的论文有：邵建东、陈国灿的《略论吕祖谦的民本思想》（《宁波大学学报》2007 年第 4 期）以及任锋的《秩序、历史与实践：吕祖谦的政治哲学》（《原道》第 18 辑）等。其中，任锋用现代政治哲学视角分析吕祖谦的秩序理念、历史和实践的反思，指出吕的政治哲学体现出多重张力结构（包括道德主义与制度主义、动机伦理和后果伦理、道德实践与政治实践之间的紧张性），蕴含着不少与现代政治哲学相契合的因素，是一种积极的思想资源。这些研究路径拓宽了吕祖谦研究的主题，结论亦颇有新意。

四　反思与出路

综观吕祖谦研究的三个阶段，1980 年代之前成果相对较少，主要集中于经史之学，对其理学思想的讨论不多，即使零星研究也是依附于朱熹甚至陈亮研究之下，反映了学界对吕祖谦思想的了解较浅。吕祖谦渐受重视是 1980 年代以来，并逐渐凝聚成两大研究中心：一是 1980—1990 年代以复旦大学潘富恩及与其有学缘的学者群体，侧重于哲学史、思想史及相关问题的探讨；二是 2000 年之后以浙江师范大学江南文化研究中心及与之有学缘关系的研究团队，其研究除继续关注思想史外，侧重于文献、文学、经学、教育及学术史问题的研究。该中心因地缘、学缘及地方支持之优势，凝聚了数十人的研究队伍，并与台湾吕氏宗亲会密切互动，举办了多次吕祖谦学术研讨会，出版以吕祖谦研究为主题的《江南文化研究》，完成了《吕祖谦全集》整理，成为当今吕学乃至浙东学派研究的重镇。这两大研究中心加上全国其他研究者，有力促进了吕学研究的繁荣。当然，学界对吕祖谦的研究还存在值得努力的地方：

其一，对吕祖谦理学思想的研究仍显薄弱，不足以体现他与朱、张、陆等人的"鼎足"地位。学界虽然发表了不少从哲学史、思想史角度论述

---

① ［美］田浩：《朱熹的思维世界》，陕西师范大学出版社 2002 年版，第 110—115 页。

吕祖谦的成果，但大多讨论笼统不深入，且目及的文献资料有限，未能对吕祖谦的理气、太极、阴阳、心性、良知、本心、格物致知等范畴及逻辑关系加以分殊，不能令人信服地说明吕祖谦是如何兼有朱子"格物致知"以及陆九渊"明心"二者之长？简言之，如不能将吕祖谦从朱熹理学思想的"阴影"中开拔出来，也就不能解释吕为何被称为理学的"东南三贤"。

其二，将性理之学与经史实学割裂，忽视了吕祖谦的心性之学。既有研究聚焦于史学、实学之研究，对吕氏的心性之学关注极少。个别研究者虽已觉察，但只是泛泛而谈，未能细致深入地从诸多文献中梳理出一条心性之学的脉络。可以说，若不明白吕祖谦的心学，就不能通晓吕学之全部，更不能解释吕祖俭及丽泽诸儒为何亲近四明心学，也不能解释浙东学术从宋至清代都有强烈的心学倾向。①

其三，现有研究条块独立，综合性不够，难以呈现吕祖谦这一伟大思想家的全貌。最近30多年，学者从各自的专业训练和学科背景出发，对吕祖谦的哲学、史学、文学、教育、经学、政治思想等做了细致的研究，取得了大量成果。然许多研究就事论事，难以综合贯通的思维进行讨论，有些结论颇显窄化，难以服人，不能呈现吕氏以"心"来统领义理、事功、文章、史学，力图建立自己心学的努力。如能以理学来统领史学、文学、教育、经学、政治思想等研究，将会出现高水平的著作，实现吕祖谦思想研究的突破。

其四，诸多聚讼问题仍未得到很好解决。如吕祖谦与朱熹、陆九渊、陈亮之间思想传承和地位的先后如何定位？吕祖谦所承传的"中原文献之学"到底指什么？对吕祖谦学术的"调和""博杂"该如何理解和评价？吕祖谦对婺学乃至浙东学术的地位和影响体现在哪里？《春秋集解》是否为吕祖谦所作？甚至还有人怀疑吕祖谦参与《近思录》的编著等问题，至今仍未有令人信服的答案，值得将来进一步探索。

第二节 "朱唐交奏案"的主旋律：
近八十年来的唐仲友研究

唐仲友（1136—1188），字与政，学者称说斋先生，浙江金华人，南

---

① 王锟《吕祖谦的心学及其对浙东学术的影响》（《中国哲学史》2013年第4期）对此方面的缺憾进行了较多的纠补和回应。

宋著名的思想家、史学家、文学家，与吕祖谦、陈亮并称乾道、淳熙年间
"婺学"的三大巨头，南宋浙东学派的重要代表之一。绍兴二十四年
（1154）进士，调衢州西安簿，后中博学宏词科，通判建康府。历任秘书
省正字、国史院编修、实录院检讨，曾上奏宋孝宗万言书议时政，乾道八
年（1172）除著作佐郎，出知信州。淳熙七年（1180），再转知台州，擢
提点江西刑狱，为朱熹劾罢，主管武夷山冲佑观以归。居乡开馆授徒，致
力于经史百家之学。

　　唐仲友出身于金华唐氏世家，其父唐尧封，官至龙图阁朝散大夫，兄
仲温、仲义皆登进士。其家族与南宋左丞相王淮同乡且姻亲，关系密切。
除仕宦地方外，唐氏家族还在金华城内经营书坊、锦缎，家业庞大，堪称
地方望族。受家学浸润，唐仲友博学穷理，"于书无不观，于理无不
究"①，致力于礼乐、刑政、兵农、水利等典章制度研究，故后世称其学
术为"帝王经世之学"。唐仲友亦工诗文，议论精辟，辞采华丽，意境深
远，所著有《六经解》《诸史精义》《群书新录》《说斋文集》等，大多
散佚，今存《帝王经世图谱》《诗解钞》《九经发题》《鲁军制九问》《愚
书》等。清张作楠辑有《金华唐氏遗书》，胡宗楙又刻《悦斋文钞》十
卷、《补》一卷。唐仲友性格孤僻，生前与各学派交往较少，知台州时又
被朱熹弹劾，故身后受朱子学派的极力诋毁，著述散佚严重，以致唐氏之
学长期湮没无闻。

一　"朱唐交奏案"视域下关于唐仲友的争论

　　纵观20世纪80年代之前现代学术视野下的唐仲友研究，极为稀少。
1937年，邓广铭在研究陈亮的过程中，发表了《朱唐交忤中的陈同甫》
（《益世报》5月27日）及《悦斋唐仲友生卒年份考》（《益世报》7月1
日）。前一文为朱唐交恶中"陈亮构陷唐氏"的观点进行申雪，但"苦于
明确指此小人之为谁何"，只好取信吴子良与全祖望的推测，"（高）文虎
小人之尤其，殆曾出于其手"。②后一文则考证了唐仲友的生卒年。1970

---

① 周必大：《文忠集》卷五四《帝王经世图谱题辞》，《文渊阁四库全书》第1147册，台
湾商务印书馆1983年影印本，第570页。

② 邓广铭：《朱唐交忤中的陈同甫》，《益世报》1937年5月27日。

年，台湾大学周学武从文献学角度完成硕士学位论文《唐说斋研究》（收入台湾大学文史丛刊第 40 种，1973 年出版），在简述唐仲友的生平与学说外，较多关注"朱唐交奏案"的前因后果，认为朱唐交恶不仅影响二人的命运，还关涉南宋中后期政治与学术的走向，开庆元党禁之先河。不过，由于唐仲友一方的申辩材料阙如，其中是非仍难定论。1972 年，周学武又编撰《唐仲友年谱》，较详细地梳理了唐仲友的生平事迹。周氏的研究代表了 1980 年以前的最高水准。

同一时期的大陆学界受"评法批儒""批林批孔"的影响，哲学史、思想史变成了儒法斗争史。程朱理学被大力鞭挞，原先被程朱一派诋毁的历史人物反而受到了同情与表彰。如黄昌喜等人认为朱熹对荀子深怀仇恨，因而构陷具有法家思想倾向的唐仲友，并赞赏唐仲友"从中小地主革新派的利益出发，对大地主大官僚的特权进行了一些限制，……同时还刊印了荀子等法家著作"①，明显折射出阶级斗争下学术研究受教条主义的束缚。

20 世纪八九十年代，大陆对唐仲友的关注开始零星出现，主要聚焦于朱唐交奏案以及唐仲友的史学思想。束景蕙《〈卜算子〉严蕊作考》（《文学遗产》1988 年第 2 期）用较多篇幅说明唐仲友是"狎妓成癖，特权玩弄女性，贪污劣迹昭著"的"赃官"。毛策撰《唐仲友不是一位赃官》（《文学遗产》1989 年第 1 期）予以反驳，认为唐仲友力倡"不穷其民"的民本思想，并建议实施众多"体恤民"的政策，表明他是一位封建时代具有忧患意识的政治家、学者。束氏又予以回应，主张"朱熹的劾状中并非全是造谣诬陷"②，因而不必为唐仲友美化隐讳。为进一步替唐仲友洗冤，毛策又发表《唐仲友学说概述》（《浙江师范大学学报》1989 年第 4 期）与《唐仲友论纲》（《孔子研究》1995 年第 3 期），大体重拾、勾勒出唐仲友"崇儒尊孟"的儒学思想与"重实学、重理学"的经世思想，认为他"以经制之说鸣于世，注重艺事和理财等实学，以倡明儒学和辨析治乱为己任，具有广采博取、融合众说的治学特点，明显不

---

① 黄昌喜、刘小令、赵贯东：《朱熹在浙江的罪恶活动》，《浙江师院》1975 年第 2 期。
② 束景蕙：《不必美化封建官僚唐仲友》，《文学遗产》1989 年第 6 期。

同于流于空疏专言性理的朱熹理学，并与朱学的客观唯心主义针锋相对"①。王德忠则站在朱熹的立场上，依据朱熹弹劾唐仲友的奏章，认为唐在台州任上存在官商结合、贪财黩货、怠于职守、贿赂公行、相狎官妓等不法行为，还指出朱唐交奏的发生，既有深远的社会历史根源，又与当时朝廷内部的党争倾轧乃至思想学术界的宗派门户之争关系紧密。朱唐交奏的结果，表现了统治阶级的极其腐朽和克服吏治腐败的软弱无力，是封建专制制度下官僚政治走向腐朽的缩影。② 俞兆鹏《论朱熹按劾唐仲友事件——兼论朱熹的政治思想》（《江西社会科学》1991 年第 2 期）也主张朱熹按劾唐仲友的九大罪证属实，指责唐氏乃贪利无耻之徒，并探讨了朱熹奏劾唐仲友的缘由。朱瑞熙则主张陈亮在朱唐交恶中起到了挑唆的作用，朱唐之争实质上主要是由学术见解的分歧引起的。③

20 世纪八十年代末九十年代初，学术史热与浙东学派研究兴起，唐仲友作为南宋婺学的重要人物，也逐步被学界认识与发掘。朱仲玉将唐仲友列入南宋浙东史学的大家，认为他学说通贯，注重经世致用，甚至"可以称得上是南宋浙东史家中学问最赅博、著作最繁富的一位大家"④。

1980—1990 年代的唐仲友研究，仍聚焦于扑朔迷离的朱唐交奏事件，亦延续传统观点形成了对峙的两派。异地学者倾向于斥责唐仲友的不法行径，毛策、朱仲玉等浙籍学者则多为唐氏鸣冤，特别标举他的政绩与学术思想。两派的分歧除是否渗透乡里意识外，其主要差异在于依据史料的不同，均未做到全面解读涉及朱唐事件的全部史料，进而厘清事件的来龙去脉。同时，两派在论争时孜孜于"封建官僚""唯物唯心"等词汇的运用，说明改革开放初期的学术界，阶级史学、意识形态的影响余波未退。

二　从"交奏案"逐渐跳出的唐仲友诗文、史学思想研究

进入 21 世纪，随着思想史与学术史研究的视野转向，以及地方文化热的肇兴，一些以往被遮蔽或遗忘的思想家逐渐受到学界重视。唐仲友的

---

① 毛策：《唐仲友学说概述》，《浙江师范大学学报》1989 年第 4 期。

② 王德忠：《从朱唐交奏看南宋吏治》，《东北师大学报》1993 年第 4 期。

③ 朱瑞熙：《宋代理学家唐仲友》，载《刘子健博士颂寿纪念宋史研究论集》，日本同朋舍1989 年版，后收入氏著《嚵城集》（华东师范大学出版社 2001 年版）。

④ 朱仲玉：《试论南宋浙东史学》，《浙江学刊》1988 年第 1 期。

学术思想与文献著述研究也开始走出低谷，在三大方面取得较多的研究成绩。

（一）朱唐交奏案的继续考证

朱唐交奏一案错综复杂，史料记载众说纷纭，一直是学界未解之谜。延继传统的学术兴趣，新时期的学者亦努力解决这一学术难题。然由于史料的阙如，这一进展并不显著，仍然形成观点相异的两派。一派力挺朱熹，如俞兆鹏、张培锋等人认为朱熹弹劾唐仲友的罪状可信无误，因为"朱熹所记确是得自民间上诉，而绝不会自己编造些唐仲友贪腐的事情，这一点应是不容质疑的"①。因此在他们眼中，唐仲友在台州任上违法虐民、贪污腐化，尤其嫖妓一事令人发指，透露出封建政治体制的腐败本质。② 王承略、杨锦先也主张唐仲友贪赃狎妓，居官无功，并从事件结果推断，"唐仲友一蹶不振，而朱熹复能历官朝野，足见是非曲直，当时即有定论"③。故而对《宋元学案》以同乡缘故为唐仲友曲意辩护之举极为不满。但他们仍认为陈亮在朱唐交奏案中煽风点火，这些观点无疑沿袭旧说，未参考新的研究成果，因为这一疑问已被邓广铭等前辈学者澄清。

另一派则力护唐仲友，张继定、毛策《唐仲友之悲剧及其成因略考》（《浙江社会科学》2005 年第 5 期）强调朱熹乃因对唐仲友经制之学的不满，加之高炳的搬弄是非和豪猾富民的诬告，于是上书劾唐。作者指出，朱熹的弹章并无实质性内容，只是反复纠缠严蕊一事，将严蕊系狱，强迫她承认与唐滥交。因此在对待唐仲友的问题上，作者指责朱熹过于偏执，甚至意气用事。黄灵庚《唐、朱交恶辨正》（《中国文化研究》2009 年秋之卷）强调唐、朱交恶源于朱熹排斥、打击讲功利的浙学，而以闽学一统天下，与吕祖谦、陈亮皆不相关。唐氏经制学的式微、消亡，在于朱学门徒的党同伐异。李致忠《唐仲友刻〈荀子〉遭劾真相》（《文献》2007 年第 3 期）的辨析较为公允，认为唐仲友在台州任上刻书而遭朱熹弹劾，

① 张培锋：《南宋一桩贪腐案——朱熹弹劾唐仲友史实探微》，《文史知识》2013 年第5 期。

② 俞兆鹏：《从朱熹按劾唐仲友看南宋贪官与营妓的关系》，《江西社会科学》2005 年第2 期。

③ 王承略、杨锦先：《论朱熹与唐仲友间的一桩公案》，《烟台师范学院学报》2000 年第1 期。

并非因为用了犯人为其开版，也不在于动用公使库官银付梓。其真相是唐仲友滥用犯人，又用公款，刻书后运回本家书坊售卖中饱私囊。通观两派论点，仍囿于旧说，发挥、推测的成分较多，尤其是浙籍学者或多或少杂糅了主观情绪与乡里情结。这一问题的破译，实有待新史料的发掘以及更多文献的互证。

（二）唐仲友经世之学与史学思想的阐发

唐仲友以经制之学著称，在史学、事功领域不乏卓荦见解，历来被目为南宋浙东学派的重要代表。这一时期，唐氏经制学、史学的具体内容被多方阐释。在这些研究中，注重事功、经世致用成为包括唐仲友在内的南宋浙东学派思想的基本定论。

方如金、赵瑶丹《论南宋浙东事功学派的富民强国思想》诠解唐仲友等南宋浙东事功学派"农商并重""富国强民"的思想。[1] 陈寒鸣《略述唐仲友与其经制之学》则指出唐仲友虽非德性美善之人，但在中国儒学史上具有一定的历史地位。与诸多学者不同，作者认为唐仲友"复井田、行经界"的经济思想与朱熹颇为相通，体现了返古求实的儒学精神。[2] 任锋《南宋唐仲友的经制思想》对唐仲友的经制思想评价甚高，认为唐氏之学广泛汲取王安石新学与程氏洛学，在观念体系上涵括道德形上学基础、治道和治法三个层次，可视作近世儒家经世思想中治法派的先驱之一。[3] 陈安金通过唐仲友等人教育思想的解读，发掘浙东学派的教育思想带有明显的功利主义色彩，其中蕴含的真知灼见对后世教育思想的发展影响深远。[4] 方如金、方国伟《唐仲友学术思想初探》整体窥视了唐仲友的哲学、教育、政治、经济、军事、史学等思想，认为其学术思想无不围绕着"经世致用"这一大方向。[5]

浙东学派以史学闻世，历来重视史籍的发挥、诠释，史学著作丰赡。作为南宋浙东学派的重要人物，唐仲友亦有丰富的史学思想。在浙东学派研究如火如荼的过程中，不少学者亦将眼光投向唐仲友的史学思想。刘连

---

① 　方如金、赵瑶丹：《论南宋浙东事功学派的富民强国思想》，《文史哲》2005 年第 6 期。

② 　陈寒鸣：《略述唐仲友与其经制之学》，《国学学刊》2015 年第 2 期。

③ 　任锋：《南宋唐仲友的经制思想》，《南开学报》2006 年第 4 期。

④ 　陈安金：《南宋浙东学派功利主义教育思想述评》，《温州大学学报》2005 年第 6 期。

⑤ 　方如金、方国伟：《唐仲友学术思想初探》，《浙江师范大学学报》2001 年第 5 期。

开《唐仲友的史学思想》从哲学基础、图谱之学与史论三方面透视唐氏
经制之学的特色，认为唐氏之学带有浓厚的"致用"色彩。其中，唐仲
友"道器同本"与"义利并立"的哲学思想与朱熹道学派截然不同，"但
其将历史变化的原因皆归结于道德因素与人心的作用，而没有从生产力与
生产关系的角度去认识，在这一点上，他与朱熹没有太大的差别。……唐
仲友的历史观，从总体上说并未摆脱道德本体论的羁绊，只有一些事功色
彩的闪光"①。可以看出，作者是从唯物史观的角度衡量历史演变的动因，
因此对唐仲友等人的史学思想评判一般。赵瑶丹《试论唐仲友与永嘉学
派薛季宣、陈傅良、叶适的史学思想》则认为唐仲友与永嘉学派的思想
观点最为贴近，强调事功，主张经世致用。他们的史学思想亦始终围绕着
"经世致用"的大方向，重视古代典章制度研究，认为"经由事成""经
史结合"，已具备"六经皆史"的观点。②

（三）唐仲友的诗文及文献研究

唐仲友知台州时，曾主持刊刻《荀子》《扬子法言》《中说》《昌黎
先生集》《后典丽赋》等书籍，在金华城内开设书坊，也刊刻《周礼》
等众多经典。这些书籍"雕镂之精，不在北宋蜀刻之下"，但长期散佚
四处，不受重视。随着各地图书馆的资料整理，唐氏台州任职期间所刻
之书逐渐浮现于世。其中，在辽宁省图书馆、日本金泽文库分别发现了
唐仲友刊刻的《扬子法言》与《荀子》。这些文献的发现，刺激了文献
学学者的研究兴趣。王菡《唐仲友刻书今存》即调查、介绍现今存世
的唐仲友刻书与著述版式，包括上述两书以及《周礼》婺州唐宅刻本、
《帝王经世图谱》宋刻本。③李致忠利用台州公使库刻本《扬子法言》，
证明唐仲友在台州利用公帑开雕《荀子》《扬子》《文子》确属历史
事实。④

在文献学领域取得不菲进展的同时，一些具有文学研究背景学者的加

① 刘连开：《唐仲友的史学思想》，《史学史研究》2000 年第 1 期。
② 赵瑶丹：《试论唐仲友与永嘉学派薛季宣、陈傅良、叶适的史学思想》，《宋史研究论
丛》第 10 辑。
③ 王菡：《唐仲友刻书今存》，《中国典籍与文化》2007 年第 1 期。
④ 李致忠：《辽宁省图书馆发现宋台州公使库刻本扬子〈法言〉》，《收藏家》2012 年第 5
期，亦见《光明日报》2013 年 4 月 30 日。

入，开启了唐仲友诗文思想的研究。许瑶丽《〈后典丽赋〉的编选与传播考论》重点评价唐仲友编选的《后典丽赋》，认为该书选文详今而略古，体现出鲜明的趋时特征。但该书刊刻所涉及的贪墨行为，凸显了律赋集编选的牟利动机，因而在选文质量上难与北宋律赋集相比。① 王佳《唐仲友及其诗文研究》指出唐仲友之诗平淡自然，语言朴素真诚，其文章则流露出强烈的忠君爱国之情。②

朱唐交奏一案在当时及后世均反响剧烈，明末凌濛初在《二刻拍案惊奇》内又根据宋人笔记敷演成通俗小说《硬勘案大儒争闲气，甘受刑侠女著芳名》，愈加助澜此案的影响，但大幅度的改编，也极大地颠覆了此事件的真相。对凌濛初的改编，不同学者间形成了分歧。谢谦《朱熹与严蕊：从南宋流言到晚明小说》大力斥责这一改写，认为凌濛初属于社会边缘文人，心中纠结着不平之气，对官方儒学与主流社会的逆反心理，使他把流言当事实，以世俗趣味来戏说道学家朱熹，因而纯属"恶搞"。③ 李丽霞《〈硬勘案大儒争闲气，甘受刑侠女著芳名〉的侠女形象评述》的评判相对全面，认为凌濛初在成功塑造严蕊这一侠肝义胆的女子形象的同时，对朱熹完全反面的处理有欠公允。作者还探赜凌濛初改编此事件的用意，即表现内心对理学"存天理、灭人欲"的否定，希望世人突破理学的藩篱，真正审视自己的内心世界。④

近年来，在地方文献编撰的浪潮中，唐仲友文献的整理被提上日程。在此契机下，浙江师范大学陈开勇教授不仅着手整理《唐仲友全集》，还以独特的研究视角考察唐仲友与吕祖谦学派的关系以及其学术的后世命运，较具创意。其中，《唐仲友与东莱学派》寻绎唐仲友与吕祖谦学派的关系，认为双方虽然同里，但表现出一种既非对立又不往来的特殊关系。究其原因，主要在于家族发展扩张过程中给予对方的压力，特别是双方家族子弟之间的矛盾，加之唐氏性格孤傲，双方思想迥异，从而形成了唐仲

---

① 许瑶丽：《〈后典丽赋〉的编选与传播考论》，《电子科技大学学报》2010 年第 6 期。
② 王佳：《唐仲友及其诗文研究》，河北师范大学硕士学位论文，2001 年。
③ 谢谦：《朱熹与严蕊：从南宋流言到晚明小说》，《四川师范大学学报》2010 年第 5 期。
④ 李丽霞：《〈硬勘案大儒争闲气，甘受刑侠女著芳名〉的侠女形象评述》，《长春教育学院学报》2015 年第 7 期。

友与吕祖谦、祖俭兄弟之间耐人寻味的特殊关系。① 《浙东地方家族与唐仲友学术的命运》则考察出唐仲友学术与著述的后世流传有赖于唐氏后裔及地方家族的通力合作。②

三　反思与出路

通观近 80 年来的唐仲友研究，由 1930 年代邓广铭等人开启，侧重考证朱唐交奏案的始末。1970 年代，台湾学者周学武等人从文献学角度梳理唐仲友的生平事迹，较为扎实。对唐仲友思想学术的重视始于 1990 年代尤其是 2000 年以来，逐步形成了以浙江师范大学方如金、毛策、陈开勇等人为核心的学术群体，在唐仲友的经制、史学思想及文献整理方面取得了许多开拓性的成果。但整体而言，唐仲友研究远不及同时期的吕祖谦与陈亮研究，仍处起步阶段，存在诸多有待开发的学术空间。

其一，朱唐交奏事件仍需继续清理。一直以来，对朱唐交奏案的评判多依据朱熹的六大劾状，以及后世的笔记记载，至于唐仲友自身的辩解史料近乎阙如。由于宋代监察制度可以"风闻"立言，故谏官攻击他人的奏章多有夸大之处，与史实并非完全吻合。对朱熹弹劾唐仲友的文字，同样应结合更多文献，而不只凭一方之词加以论断。而且，这一事件既涉及唐仲友与吕祖谦、陈亮、朱熹及王淮的交游关系，甚至影响到了南宋后期的政治局势（如庆元党禁的爆发）的变动。因此，能否全面搜寻与唐仲友相关的文献，成为当前唐仲友研究中的最大瓶颈之一。

其二，唐仲友理学思想的研究亟待加强。目前对唐仲友思想的研究基本扎堆于经制之学与史学思想的探讨，经世致用、事功精神几乎成为唐仲友学术的唯一定位。而对其理学思想的研究，寥若晨星。其实，在唐仲友思想中，不乏对道、器、心、性等宇宙论、心性论的大量讨论。要言之，唐氏之学除经制、史学思想显著外，在心性之学方面亦有独特造诣。只有明白其思想的哲学基础，才能清晰解释为何他以经制之学与史学思想见长，以及朱唐交恶的学术缘由。

其三，与唐仲友相关的学术课题值得进一步探索。先前研究多从文献

---

① 陈开勇：《唐仲友与东莱学派》，《浙江社会科学》2014 年第 10 期。

② 陈开勇：《浙东地方家族与唐仲友学术的命运》，《江南文化研究》第 6 辑。

学与学术史角度论述唐仲友的思想与朱唐交奏案，视野较为单一。而从社会史、政治史、接受史等多元视角考察唐仲友与唐氏家族，如唐氏家族与地方社会、唐氏家族与南宋政治关系、历代对唐仲友的评价及其背后动因等，颇有意义且大有可为。通过多方位、多视角的细致剥离，全面呈现唐仲友的真实原貌，才能对其作出客观的历史定位。

第三节　事功学的定调及反思：20 世纪以来陈亮及永康之学研究

陈亮（1143—1194），字同甫，婺州永康人，南宋著名的思想家、文学家，事功学派的代表人物。其早年才气超迈，喜谈军事，十八岁就撰《酌古论》，受婺州知州周葵赏识，亲授其《大学》《中庸》而知性理之学。二十五岁以布衣身份上《中兴五论》，反对议和。三十五岁又"诣阙上言"，批判苟安投降，主张抗金。陈亮反对空言性命，大唱事功，与朱熹展开"王霸义利"之辩。以陈亮为代表的事功学因注重功利，自南宋以降就饱受或毁或誉的评骘。近代以来，这种关注热度依旧不减。

百年来对陈亮之学及永康学派的研究，按梯度与成就，可分三大阶段：1920—1949 年为第一阶段，大致从生平事迹及事功抗争精神两方面展开；第二阶段是 1950—1980 年，聚焦于陈亮的唯物主义和爱国主义的讨论；1980 年代至今为第三阶段，主要关注点集中于陈亮的历史观、功利主义及其相关的政治、经济思想。

一　陈亮事功和抗争精神的掘发

五四新文化运动以来，反程朱理学思潮甚嚣尘上，与朱熹有过激烈论争的陈亮被人所推崇。1924 年，李宗瑞发表《杂录——反理学学派的鼻祖陈亮》，把陈亮与朱子思想对立起来，并将他视作反程朱理学的祖师爷。[1]

此后，一些从事宋史研究的学者开陈亮研究之先。1927 年就读于清

---

① 李宗瑞：《杂录——反理学学派的鼻祖陈亮》，《北京大学日刊》，1924 年第 1467、1470、1472 期。

华国学院、对宋明理学颇有研究的颜虚心撰成《陈龙川先生年谱长编》①，对陈亮的家世、生平、事迹、学术活动进行了清晰考证，成为有关陈亮研究的第一本著作，为后人研究打下了基础。颜虚心还梳理出孔子—子路—荀子—王通—陈亮的功利之学的道统，借以抗衡、批评宋明的性理之学，以激发知识分子的事功精神，重振中华民族之衰势。这一企图，在吴其昌的《陈龙川年谱序》中得到很好的阐发。吴氏指出，中国最大的问题是"斫丧国家之元气，消灭民族之活力"，而造成此症结的是宋明儒家在继承禅宗精华的同时，未能纠正禅宗"空虚""主静"之大弊病。在他眼中，陈亮之学虽未臻于纯粹，但他也不同意朱子对陈亮"合其金银铜铁于一炉而共冶，致使金铁各失其用"的讥评，认为陈亮以"主动"而反"主静"，"其学风生而动，其义趣活泼而前进，其态度是今而非古，主进化而诽倒退。……第使陈子此旨而得显，则吾震旦之妖雾尽荡，天日重朗"。② 拳拳之情，跃然纸上。

邓广铭在北大读书期间就研读陈亮，撰有毕业论文《陈龙川传》，1944 年由重庆独立出版社出版，可以说是陈亮的第一本思想评传。其中对朱、陈"王霸义利"的争辩有极详细的论证，成为后来学者论述的重要参考。期间，他还发表了《朱唐交忤中的陈同甫》（《天津益世报·读书周刊》第 101 期，1935 年）、《陈亮狱事考》（《益世报·读书周刊》第 39 期，1936 年）、《陈亮的先世母系和家况》（《文苑》1939 年第 2 期），对陈亮的生平事迹进行了众多考证。关于研究陈亮的缘由，他有自述："这样一个学术研究领域之所以形成，……从客观方面说，则是为我所居处的人文环境、时代思潮和我国家我民族的现实境遇和我从之受业的几位硕学大师所规定了的。"在一次访谈中，他也交代当初选择陈亮作传记，其中隐含的一个动机，就是"当时日寇步步进逼，国难日亟，而陈亮正是一位爱国之士；后来我写辛弃疾，也有这方面的原因"③。可见，驱动当时对陈亮进行研究的正是面临国家危亡而激发的国家和民族责任感。

此外，童振福的《陈亮年谱》（商务印书馆 1936 年版）、何格恩的

---

① 此书虽迟至 1939 年出版，但在 1927 年已完成并被学界所知。
② 颜虚心：《宋陈龙川先生亮年谱·序》，台湾商务印书馆 1980 年版。
③ 邓广铭：《邓广铭学术论著自选集·序》，首都师范大学出版社 1994 年版。

《陈亮的生平》（《岭南学报》1931年第2卷2期）及《〈宋史·陈亮传〉考证及陈亮年谱》（《民族》1935年第3卷11期）、匡明的《〈陈亮年谱〉纠谬》（《益世报·读书周刊》1936年第76期）对陈亮的年谱进行了修正补充。而陈豪楚的《陈同甫先生学说管窥》（《文澜学报》1935年第1卷1期）则讨论了陈亮的气论、辟心性、王霸、论史、论中兴等内容，对陈亮思想进行了较完整的论述。何格恩的《陈亮之思想》（《民族》1935年第3卷8期）、沄澶的《龙川学说》（《广播周刊》1936年第114—116期）讨论了陈亮的爱国主义和功利学说。

总之，1920—1949年间陈亮研究的最重要成果是《陈龙川先生年谱长编》与《陈龙川传》，研究主题是对陈亮生平事迹活动的梳理，以及宣扬其抗金北伐和积极事功的精神，以砥砺国人的爱国主义。可以说，从研究伊始，学界对陈亮的研究就渗透了众多的价值关怀和情感诉求。

二 朱熹、陈亮的二元对立解读

1950—1980年，陈亮再度成为学界关注的焦点。大体而言，这一阶段的讨论主要围绕着陈亮是唯物主义还是唯心主义，是爱国主义还是投降主义等问题展开。

1950年，张岂之发表《陈亮哲学思想的唯物主义倾向》，认为陈亮哲学具有唯物主义的面向，揭开了陈亮哲学属性问题讨论的序幕。① 之后，冯友兰的《论陈亮哲学思想的唯物主义倾向》进一步肯定他哲学的唯物主义性质。②

1974年，在全国"评法批儒"运动期间，各地"大批判组""理论工作组"在《光明日报》《文汇报》《解放日报》《天津日报》及各大学学报发表了陈亮研究的系列文章，大都围绕着"朱陈之辩"及"龙川词"来推崇陈亮北伐抗金的爱国精神，以资批判朱熹的"卖国"和"投降主义"。至此，陈亮被捧为爱国主义和法家的典型，并把陈亮与朱熹的争论看作爱国与卖国、法家与儒家、爱国主义与投降主义之争。在当时，即使

---

① 张岂之：《陈亮哲学思想的唯物主义倾向》，《光明日报》1959年10月25日。

② 冯友兰：《论陈亮哲学思想的唯物主义倾向》，《北京日报》1961年6月1日。

是较纯粹论述陈亮诗词的文章①，也难免有"扬陈抑朱"之特点。很明显，这些研究打上了鲜明的时代烙印，缺乏客观公允，因而学术价值不大，但此类研究本身却折射出某种"思想史意义"。

当然，这一阶段也偶有较客观的研究。如侯外庐主编的《中国思想通史》（第四卷下，人民出版社 1960 年版）、任继愈的《中国哲学史》（第 3 册，人民出版社 1964 年版）、张岱年的《中国哲学史大纲》（中国社会科学出版社 1964 年版）都有专章对陈亮及其事功学派进行论述。这些讨论虽不免带有时代哲学派性分析的烙印，但对其功利思想及王霸义利之争的阐述较清晰明确，至今仍有参考价值。另外，夏承焘的《说陈亮的〈龙川词〉》（《光明日报》1962 年 1 月 21 日）等文，对陈亮的词作及风格进行了较公允的介绍。

"文革"结束后，学界开始反思对陈亮哲学的研究。如卢育三等人的《陈亮哲学的基本倾向是唯物主义，还是唯心主义?》（《河北大学学报》1979 年第 4 期）、栾保群的《陈朱"王霸义利"之辩始末》（《天津师院学报》1979 年第 1 期），试图较客观地分析陈亮哲学性质和"王霸义利之辩"的真相。此外，徐规、周梦江的《陈亮永嘉之行及其与永嘉事功学派的关系》则考证出陈亮永嘉之行的目的主要是经商②，值得注意。

这一阶段，相对大陆学者过于政治意识形态化的研究，港台地区、日本、美国学者的成果颇显理性，并有不少收获，主要有王恢的《人中之龙陈同甫》（《人生》第 105 期，1955 年）、高田真治的《朱子的戊申封事（1、2）——朱子の封事と陈学批判》（《东洋研究》第 17、21 期，1968、1970 年）、庄司庄一的《朱子と事功派》（《朱子学入门》，《朱子学大系》第 1 册，明德出版社 1974 年版）、吴春山的《陈同甫的思想》（台大出版中心 1971 年版）。其中，吴春山的《陈同甫的思想》是对陈亮思想学说进行较全面论述的专著之一。

美国学者对陈亮的研究，以田浩（Hoyt Cleveland Tillman）的《功利主义儒家：陈亮对朱熹的挑战》（1976）最具代表性。全书以丰富的文

---

① 如吴战垒的《试谈陈亮词》（《朝霞》1975 年第 2 期）、王守华的《同题唱出异调、新声胜过旧声——评陈亮、朱熹的两首咏梅诗》（《思想战线》1976 年第 2 期）等。

② 徐规、梦江：《陈亮永嘉之行及其与永嘉事功学派的关系》，《杭州大学学报》1977 年第 2 期。

献，具体探讨了陈亮思想的演变过程。尤其在宋代的历史背景下，参照朱、陈二人的具体阅历及性格，对"义利之辩"进行了细致分析，得出陈亮的功利主义伦理取向更能与儒家伦理相关联的结论。颇为耐人寻味的是，日本、美国学者研究陈亮，也大多将他放在朱熹的对立面，以凸显陈亮及功利学派与朱子学的差异及调整，似乎潜意识中受到中国学界"扬陈抑朱"思维的影响。

其实，无论陈亮还是朱熹，都是儒学阵营中的不同流派。他们有共享的识见（如主张抗金），其不同也只是共享识见基础上的不同。学界过分强调二者的对立甚至学派敌视，并不符合陈、朱俱为学侣的事实，难以对他们的思想做到客观公正的研究。

三　陈亮学术研究走向繁荣

进入 1980 年代，陈亮研究逐渐摆脱了唯物主义与唯心主义、陈朱敌对之旧有窠臼，开始从学理上对其进行细致考察。第三阶段的研究主要从陈亮的历史观、朱陈之辩、功利主义及相关的政治、经济思想展开。

1980 年代初期，对陈亮学术进行较细致客观的研究已经开始出现。如刘宏章的《陈亮的"人才学"》（《求是学刊》1980 年第 4 期）、夷门的《关于陈亮上〈中兴五论〉的年代》（《河南师大学报》1980 年第 5 期）、栾贵明的《陈亮、陆游集拾遗——〈永乐大典〉诗文辑佚之一》（《文学评论》1981 年第 1 期）、赵贯东的《陈朱交往始末考辨》（《浙江师院金华分校学报》1982 年第 1 期）、施议对的《论陈亮及其〈龙川词〉》（《厦门大学学报》1982 年 12 月增刊）等论文，涉及陈亮的人才观、交友、文献的拾遗考证，虽略显琐碎，缺乏"宏大的思想"，但预示着纯学理研究的到来。

1984 年，浙江省社会科学院举办了"陈亮国际学术研讨会"，有力地推动了新时期的陈亮研究。之后出现了一批研究成果，相关专著有：邓广铭点校的《陈亮集》，董平、刘宏章的《陈亮评传》，方如金等著的《陈亮与南宋浙东学派研究》。其中，邓广铭积数十年之力点校的《陈亮集》直到现在仍是研读陈亮的必备文献。[①]《陈亮评传》一书，在重新考订梳

---

① 邓广铭点校：《陈亮集》，中华书局 1987 年版。

理陈亮生平事迹的基础上，以大半篇幅系统研究陈亮的史学、政治、哲学、伦理、军事、文学思想，并论述了陈亮与王通的学术渊源及其与朱学、婺学及永嘉之学的互动关系。书中一些提法，如"论法治与人治""财为天下之大命""知识之目的及其价值取向""陈亮对王通之学的继承"等颇有新见解。① 而《陈亮与南宋浙东学派研究》一书，则将陈亮和浙东学派置于社会历史进程中进行考察，指出陈亮及永康、永嘉功利之学是当时特殊的社会经济和时代要求在学术领域的反映。该书总结永康、永嘉功利学派的四大特点：一是"从强烈的事功思想出发，注重实际问题，研究实用之学"；二是"注重史学研究，寻求救世良方"；三是"研究内容广泛，理论体系单薄"；四是"派中有派、学中有学、学派缺乏统一性"。在作者看来，"南宋浙东学派的崛起，标志着浙东学术开始以自己的风格和内涵走向全国"，表明浙东学术"达到了真正全面的繁荣"，"为随后明清时期浙东学术的鼎盛奠定了基础"。② 值得一说的是，书中还有众多颇具见地的观点，如指出将陈亮视作反理学的健将，把功利之学与理学完全对立与事实不符，可惜未能很好地贯彻论述。总之，这两部专著加上田浩的《功利主义儒家：陈亮对朱熹的挑战》，有力地推进了陈亮研究，代表了这一时期的研究水平。

此外，一些中国哲学史、宋明理学史的通论性著作，如侯外庐等人主编的《宋明理学史》（人民出版社 1984 年版）、劳思光的《朱熹之论敌》（载其《中国哲学史》，三民书局 1981 年版）、张君劢的《朱子与陈亮》（载其《新儒家思想史》，弘文馆出版社 1986 年版）、韦政通的《中国思想通史》、钱穆的《宋明理学概述》等均有陈亮之专章，大都围绕朱、陈"王霸义利之辩"来分析陈亮的历史哲学及功利思想。这些大家能从中国思想史、哲学史的大势对陈亮进行高瞻远瞩的评论，对后来研究颇有借鉴意义。

在单篇论文方面，这一阶段涌现出 200 多篇，主要围绕陈亮的哲学历史观、功利思想、王霸之辩、政治思想、经济思想、词学文论展开。

（一）哲学观和历史观

陈亮的哲学观尤其历史观是这一阶段关注的重点，有关哲学思想的论

---

① 董平、刘宏章：《陈亮评传》，南京大学出版社 1996 年版。

② 方如金等：《陈亮与南宋浙东学派研究》，人民出版社 1996 年版，第 92 页。

文主要有：周桂钿的《陈亮宇宙观剖析》（《浙江学刊》1984 年第 1 期）、何汝泉的《陈亮的变通思想》（《浙江学刊》1984 年第 1 期）、何应灿的《陈亮、叶适逻辑思想刍议》（《华东师范大学学报》1987 年第 6 期）、石群的《陈亮人学思想及其借鉴意义》（《安徽工业大学学报》2005 年第 5 期）等。其中，周桂钿认为，陈亮的哲学主流是唯心主义的天命论，其政治、军事思想强调功利，讲求实效，虽未上升到哲学理论的高度，其精神则是"吻合于唯物主义的原则"①。这一解读，可修正之前的陈亮哲学派性之争。而何应灿、石群分别从现代逻辑学、人学思想对陈亮哲学进行某种现代诠释。

涉及历史观的论文有：方如金的《论陈亮的哲学历史观》（《浙江师范大学学报》1990 年第 1 期）、方同义的《历史化的道德和道德化的历史——陈亮、朱熹历史哲学比较》（《学术月刊》1993 年第 5 期）、陈锐的《陈亮与浪漫派历史哲学之比较》（《杭州师范学院学报》2006 年第 4 期）、雷信来的《陈亮和朱熹的史学观之比较探析》（《学术探索》2010 年第 6 期）等。其中方同义认为，陈朱之争，并非仅是"义利王霸之辨""唯心主义与唯物主义"的斗争，究其实质，乃是历史本位说与道德本位说的冲突。陈亮要求以历史为本位去看待一切道德原则，所主张的价值尺度是动机与效果的统一，反对只以动机衡量功过。与朱熹相比，陈亮的历史观更接近近代文化的要求。② 而陈锐认为，陈亮的历史观较复杂，不同于通常意义上的史学，他对事功的强调也不等同于纯粹的功利主义，其思想与 19 世纪初欧洲的浪漫主义历史哲学有一定相通，均消解了理性的二元论，将抽象普遍的道和具体的经验事物看成一个不可分离的变化整体。③ 这些观点对理解陈亮的历史观有一定的启发意义。

（二）王霸之辩与功利思想

对王霸之辩及功利思想的讨论，也是这一阶段陈亮研究的焦点，发表论文有 40 余篇，占论文总数近四成之多。主要有：简贵雀的《陈亮与朱熹之辩论》（《台湾师范大学国文研究所集刊》1984 年第 29 期）、舒平的

---

① 周桂钿：《陈亮宇宙观剖析》，《浙江学刊》1984 年第 1 期。

② 方同义：《历史化的道德和道德化的历史——陈亮、朱熹历史哲学比较》，《学术月刊》1993 年第 5 期。

③ 陈锐：《陈亮与浪漫派历史哲学之比较》，《杭州师范学院学报》2006 年第 4 期。

《陈亮事功之学的基本特点》（《浙江学刊》1984 年第 1 期）、张永儁的
《朱熹"义利之辨"之历史探源略论》（《第二届国际华学研究会议论文
集》，"中国文化大学"文学院，1992 年）、方同义的《陈亮义利观辨
析——简论陈亮与朱熹道德价值观的分歧》（《中国哲学史》1993 年第 1
期）、叶世昌及马新爱的《陈亮主张"义利双行"说质疑——兼论陈亮、
朱熹在义利观上的分歧》（《孔孟月刊》1997 年第 8 期）、朱瑞熙的《朱
熹和陈亮"义利之辩"的启示》（《上海师范大学学报》1998 年第 3 期）、
方如金及姜鹏的《论"朱陈之辩"并非陈亮的"免死之计"》（《浙江师
大学报》1999 年第 6 期）、漆侠的《浙东事功派代表人物陈亮的思想与朱
陈"王霸义利之辨"》（《河北大学学报》2001 年第 3 期）、朱晓鹏的《论
陈亮事功主义伦理思想的基本特征》（《杭州师范学院学报》2005 年第 3
期）、石群的《陈亮事功伦理思想探析》（《浙江学刊》2006 年第 6 期）、
陈国灿及吴锡标的《陈亮的反理学思想和"朱陈之辩"》（《浙江学刊》
2009 年第 6 期）、张汝伦的《朱陈之辩再思考》（《复旦学报》2012 年第
6 期）等。

其中，张永儁分析了"义利之辩"之历史渊源，方如金等则对汤勤
福将"义利之辩"归因于陈亮"免死之计"进行批评。关于陈亮功利学
说内涵特征的概括，大致形成"功利主义""义利双行""义利统一"三
派不同观点；而关于"义利之辩"的实质，方同义、盛霞指出陈亮是
"历史本位"，而朱熹是"道德本位"。

检点学界对陈亮功利学说的研究，普遍存在两方面的问题：其一，不
假思索地以西方学说中的"功利主义"概念（以及与之相关的动机论与
效果论）来描述陈亮的功利学说，未能反省这种概念套用到陈亮身上是
否合适；其二，由于陈亮的功利思想集中体现在"朱陈之辩"之中，故
论者多从陈亮与朱熹的对比中加以讨论，这无疑夸大了陈、朱之异，而忽
略二人之同。如张汝伦指出，在朱、陈之争对"汉唐功业"评价的历史
语境中，会发现陈亮不仅讲功利（效果），也讲道义（动机），反之，朱
熹亦然。陈、朱的最大不同，是陈亮未能区分理想与现实，有以现实为理
想，走向"智力把持"的倾向，故招致朱的批评。[①] 张氏的观点颇有见

---

① 　张汝伦：《朱陈之辩再思考》，《复旦学报》2012 年第 6 期。

地，值得学界反思。

（三）政治、经济思想

2003 年以来，随着改革开放的深入，经济、政治改革成为社会焦点。学者们力图从历史中寻求启发，故陈亮的政治经济思想受到关注。其中，讨论政治思想的有：李俊芝、卢国强的《浅谈陈亮的法律思想》（《衡水师专学报》2003 年第 2 期），肖建新、李永卉的《陈亮法制思想的特色》（《安徽师范大学学报》2004 年第 6 期），白晓霞、范立舟的《陈亮政治思想新探》（《船山学刊》2005 年第 4 期），张玉霞的《试述陈亮的法律思想——关于"任人"与"任法"》（《黑河学刊》2007 年第 4 期），王颢的《试论陈亮以事功学说为基础的法律思想》（《哈尔滨市委党校学报》2006 年第 2 期），杨翠兰的《论陈亮的功利主义法律思想》（《湖南科技学院学报》2011 年第 3 期）等，这些讨论虽是初步的、试探性的，但拓宽了陈亮研究的主题。而关注陈亮经济思想的论题最为集中，主要有袁德萍的《陈亮财政思想述论》（《浙江师范大学学报》2004 年第 6 期）、赵瑶丹的《论陈亮富民强国的经济思想》（《温州大学学报》2005 年第 3期）、陈剑峰的《陈亮的农业经济思想》（《古今农业》2006 年第 2 期）、赵瑶丹与方如金的《论陈亮"农商相藉"的重商思想及经商自救活动》（《清华大学学报》2011 年第 1 期）等。这些论文从陈亮的经济、财政、"农商相藉"的重商思想及其对现代浙商精神的影响等方面展开讨论，具有一定的现实启示。

（四）词与文论

陈亮的词学与文学一直为学界所关注。这一时期的研究主要有：施议对的《论陈亮及其〈龙川词〉》（《厦门大学学报》1982 年增刊）、王开元的《简论陈亮的抗金词》（《新疆大学学报》1986 年第 4 期）、姜世平的《豪气淋漓，高腔镗鞳——陈亮词论》（《安徽大学学报》1991 年第 4期）、郑谦的《陈亮词对传统写法的打破》（《思想战线》1984 年第 4期）、宋新桂的《论陈亮抗战爱国词》（《江苏社会科学》2000 年第 4期）、刘锋焘的《论陈亮词》（《陕西师范大学学报》2004 年第 1 期）、李春英的《论陈亮对稼轩词的接受》（《黔南民族师范学院学报》2007 年第1 期）、叶文举的《陈亮词论的内涵及其在龙川词中的反映》（《浙江师范大学学报》2010 年第 4 期）、汪许莹的《从唱和词观陈亮对辛弃疾词作的影响》（《社会科学家》2012 年第 5 期）等。

这些论文基本达成共识：陈亮的大多数词作抒发其恢复壮志，风格豪放悲壮，表现出强烈的民族正义感，故其词被定位为豪放词派。而姜世平从题材与情感表达两方面，对陈亮与辛弃疾的词进行比较，认为辛词的题材比陈词广泛，但在抒发情感时，陈亮的情感更体现为一种呼天抢地式的感情喷发。① 房日晰还比较了陈亮与刘过，认为二人词风相近、创作成就相若，在词史上并驾齐驱。郑谦则认为陈亮之词，有超越常规的艺术美，主要表现在：论有辞采，理由情致；以气取胜；虽属辛派，自成一家；间有生涩，不足为病。②

除词之外，这一阶段对陈亮的文论也开始有所关注。主要有张美娥的《陈亮散文研究》（台湾师范大学国文所硕士学位论文，1997 年）、林凤仪的《陈亮政论文论略》（《语文学刊》2004 年第 2 期）、闵泽平的《陈亮的艺术精神与文章创作》（《武汉大学学报》2006 年第 6 期）、李小山的《论陈亮的文学假寄托观》（《中州学刊》2008 年第 4 期）、刘天利的《南宋中兴狂士陈亮的精神个性与论辩文风》（《辽宁师范大学学报》2009 年第 2 期）、李建军的《人龙文虎：陈亮的锐气与雄文》（《兰州学刊》2011 年第 5 期）等。这些论文对陈亮的散文创作、政论文风格及文学观进行了阐述。其中闵泽平认为，陈亮散文"气势恢弘，笔力矫健，情感激越，灵思奔腾，往往使人心骇目夺，足与当时文章家相颉颃。尤其在软媚之风弥漫的南宋文坛，陈亮之噌吰镗鞳，如洪钟巨吕，振聋发聩，催人警醒，不无针砭时弊、拨乱反正之效用"③，可作为对陈亮文论的代表解读。

另外，近年来以独特视角对陈亮进行讨论的，还有李承贵的《陈亮视域中的佛教——陈亮佛教观的双重结构及其检讨》认为陈亮在物质领域支持佛教，在精神领域却批判佛教"万法皆幻""出世离家"，呈现出双重结构，体现了"经权相交""儒体佛用"的特征。④ 而麻尧宾《与朱

---

① 姜世平：《豪气淋漓，高腔镗鞳——陈亮词论》，《安徽大学学报》1991 年第 4 期。

② 郑谦：《陈亮词对传统写法的打破》，《思想战线》1994 年第 4 期。

③ 闵泽平：《陈亮的艺术精神与文章创作》，《武汉大学学报》2006 年第 6 期。

④ 李承贵：《陈亮视域中的佛教——陈亮佛教观的双重结构及其检讨》，《浙江社会科学》2005 年第 3 期。

子的对峙：试释永康之心性路径》运用与朱子对照的视野，阐述了被世人忽略的陈亮心性之学。[①] 李小山的《陈亮的士人人格心理初探——从其生存方式着眼》则以生存方式为背景，探讨了陈亮独特的人格心理结构。[②] 这些研究，突破了传统论域，颇有新意，预示了陈亮研究开辟出新生长点的可能。

四　反思与出路

综观陈亮的研究，20 世纪 50 年代以前为第一阶段，主要叙述陈亮的生平事迹，宣扬其抗金北伐和积极事功的精神，进而砥砺国人气节，激发爱国主义精神。第二阶段将陈亮的哲学作为唯物主义和爱国主义的典型，以此评判朱熹的唯心主义。这两阶段的研究，给陈亮附加了过多的价值关怀和意识形态色彩，导致许多论著理性客观成分不够，呈现出"思想凸显"而"学问欠缺"的迹象。第三阶段则摆脱了政治意识形态的影响，对陈亮的历史观、朱陈之辩、词论及政经思想进行了学理的阐述和梳理，显得较为客观公允，有某种"思想淡出""学问凸显"的迹象。这些成果有力地促进了陈亮及永康之学研究的繁荣。当然，还存在值得努力的地方。

其一，政治思想和意识形态色彩还未完全褪去。由于陈亮在不同时期分别被塑造为民族英雄、爱国主义、唯物主义甚至重商主义的典型，这种"刻板印象"还有意无意地潜存于研究者的视野中。一些研究者依旧简单归类套用，不仅有"过度解释"且有夸大之嫌，也不利于对陈亮作客观深入的解读。

其二，哲学思想关注不够。作为理学时代的思想家，陈亮与朱熹、吕祖谦、陆九渊、张栻有共通的哲学观念，其事功学说也建立在此种哲学观念的基础上。而以往研究集中于其事功学说，很少探索这一观念的哲学渊源。有之，也扎堆于唯物、唯心主义的性质之争，将他塑造为反朱熹理学的健将，无视他们在理、气、道、器、心、性等方面的共通性，这无疑与

---

① 麻尧宾：《与朱子的对峙：试释永康之心性路径》，《四川大学学报》2012 年第 5 期。

② 李小山：《陈亮的士人人格心理初探——从其生存方式着眼》，《殷都学刊》2011 年第3 期。

事实不符。

其三，不加反省地套用西方"功利主义"概念，遮蔽了陈亮事功思想的真相。众所周知，功利思想及与之相关的朱、陈"王霸义利之辩"历来是研究焦点，正如张汝伦指出的，陈亮事功思想不能简单套用西方"功利主义"概念，而应回到朱、陈对"汉唐功业"评价的具体历史语境中去梳理，只有这样，才能化解陈亮事功学说所谓的"功利主义""义利双行""义利统一"三家之争。

其四，无视陈亮思想的演变过程。以往对陈亮的思想研究，绝大多数聚焦于朱陈之辩，不断凸显陈亮的经世事功，以致"事功"思想成为永康学派的标签与唯一特质。其实，陈亮的学术思想前后有一重大转变。在前期（1178 年前），他向慕伊洛之学，编纂张载、二程的著作，认同"道"的客观存在，肯定"道德至上"的儒家义利观，与朱熹的思想颇为相似。直到后期尤其是吕祖谦病逝后，他才逐渐形成系统的事功学说，与朱熹抗衡。因此，不梳理他的早期思想，既难以呈现陈亮一生学术的鲜活转变，亦不能理解为何他强烈反对朱熹斥责他"王霸并用，义利双行"的观点。因为在陈亮的事功思想中，义与利并非决然对抗，而是浑然一体的。这一特征，即是前期心性之学的浸润所致。

其五，过于关注陈亮词作的爱国和豪放风格，窄化了其文学成就。其实，除了风格豪放的词作外，陈亮还有不少清新委婉、写景咏物的词作，特别是他在咏梅词方面也取得了不凡的造诣，可惜对其此类咏物词作的研究，几乎阙如，均是今后研究的突破点所在。

第四节　事功学的多元诠释：宋代永嘉学派研究平议

宋代永嘉学派，草昧于北宋"皇祐三先生"王开祖（约 1035—1068）、丁昌期（生卒年未详）、林石（1004—1101）。三人讲明经义，唱修己治人之学。之后"永嘉九先生"周行己（1067—1125）、许景衡（1072—1128）等人传关洛之学。南宋之时，郑伯熊（1124—1181）、薛季宣（1134—1173）开创事功之学，陈傅良（1137—1203）继之弘扬，到叶适（1150—1223）则集永嘉学派之大成，成为继吕祖谦后与朱熹"理学"、陆九渊"心学"鼎足为三的浙东学派之代表。叶适反对空谈性理，提倡事功之学，重视商业，与陈亮同气相投，与吕祖谦在师友之间，但与朱熹、陆九渊多有颉颃。在诗文创作上，他继承韩愈"务去陈言"、"词必己出"的精神，力求新颖脱俗。

永嘉诸贤很早就进入古今学者的视野，如朱熹、王朝佐、黄宗羲、全祖望、章学诚、孙衣言、宋恕、陈虬、陈黻宸等人都对宋代永嘉之学有过精彩评论。20世纪以来的现代学者，以不同于传统的路径对永嘉学派展开研究，取得了较为丰硕的成果。对这些研究加以回顾和评述，以裨于将来永嘉学派研究的进展。

百年来宋代永嘉学派研究，按主题与进展节奏，可分为四大部分：一是清末民初温州籍学人对永嘉之学的整理和弘扬；二是对永嘉学派的滥觞——"皇祐三先生"与"永嘉九先生"的梳理；三是对永嘉学派的中坚郑伯熊、薛季宣、陈傅良的研究；四是对永嘉之学集大成者叶适的研究。

一　清末民初温州籍学人对永嘉学派的整理和弘扬

永嘉学派大盛于南宋，叶适之后却后继乏人，最终在宋元之际断裂。直到清道光年间才出现复振迹象。从孙希旦、张振夔尤其到孙锵鸣之后，孙衣言、宋恕、陈虬、陈黻宸等温州籍学人开始思考永嘉文化衰落不振的原因，并对宋代永嘉之学进行整理和研究，以图永嘉学术的重光。

面对晚清列强入侵，东南国门洞开，这些永嘉士人首先感受到压力和屈辱，也最先受到西方文化与"洋务"的冲击。然而，当时晚清学界还处于汉宋分裂的局面，治汉学者埋头训诂考据，遗忘了儒学的生命道统；治宋学者坐谈性理，忽视了实践事功。为重光永嘉之学，回应外来挑战，他们"综汉宋之长而通其区畛"，心性与事功并举，希冀通过整理文献，发掘精神。

首先是三孙对永嘉学派文献的收集和整理。孙衣言宗奉永嘉事功之说，"常欲鸠集乡先哲遗文广为传播，……而世之有志于永嘉之学者亦有所津逮"[1]。其弟孙锵鸣崇尚顾炎武、王夫之、颜元的实学，追慕黄宗羲、

---

① 温州市政协文史资料委员会编：《孙诒让遗文辑存》，浙江人民出版社1990年版，第335页。

全祖望、章学诚的史学，并将《明夷待访录》《颜氏学记》传授于女婿宋恕，陈虬、陈黻宸、胡调元等人均受其影响。孙衣言与子诒让毕生致力于阐述永嘉遗学，搜辑遗佚文献编成《永嘉集》74 卷，校刻《永嘉丛书》13 种，编有《瓯海轶闻》57 卷。

其中《永嘉丛书》收录温州历代文献，包括刘安上、刘安节、许景衡、薛季宣、林季仲、陈傅良、叶适等人著述，入选书目体现了弘扬永嘉学派的鲜明特色。在这些人物中，孙诒让称薛季宣、陈傅良为"永嘉诸儒之宗"，视二人分别为永嘉学派的创始人和承先启后者；称叶适为"水心论学在宋自为一家"，视其为永嘉学派的集大成者；许景衡、刘安节、刘安上等人，则被称为"厥后永嘉学者后先辈出，多于忠简公为后进，或奉手受业其门，……永嘉经制之学，所以能综经义治事之全者，诸先生为之导也"①。这些搜辑与评论，对探求永嘉学派的源流和发展，显然有重要意义。

《瓯海轶闻》前 21 卷为"永嘉学术"，以年代先后为经，思想异同为纬，分为"学术总略""学术之始""洛学之传""经制之学"等部分，论述永嘉学术的渊源、形成、传统和特色，对薛季宣、陈傅良、叶适等人物还列有专案，同时还专列"永嘉朱学之传"，收集了永嘉朱子弟子陈埴、叶味道等人的语录、书信。在论述永嘉学术的渊源时，孙衣言认为永嘉之学传胡瑗的经制之学，务通经以致用。对永嘉之学的特色，他赞成叶适的说法："永嘉之学，必兢省以御物欲者，周（行己）作于先，郑（伯熊）承于后；……必弥纶以通世变者。薛（季宣）经其始，陈（傅良）纬其终也。"在孙衣言眼中，永嘉之学虽主张心性与事功并举，但又强调以通经为本，言下之意，永嘉之学的根本仍是重视事功。

受孙衣言父子影响，孙锵鸣女婿冒广生编刊了《永嘉诗人祠堂丛刻》。《丛刻》第一册，收录了唐释元觉《禅宗永嘉集》《证道歌》和宋王开祖《儒志编》。前者为现今保留的最早的温州籍人著作，为永嘉学术起源"释兴儒道继说"提供了实证材料；后者王开祖被人称为"永嘉理学开山祖"，刊刻其著作，显然有探求永嘉学术源流之意。继两部丛书后，宋恕、陈黻宸的学生黄群刊有《敬乡楼丛书》，在前两种基础上，续

---

① 孙诒让：《横塘集·跋》，载《许景衡集》，上海社会科学院出版社 2006 年版。

刊了叶适《习学记言序目》、蔡幼学《育德堂外制》、周行己《浮沚集》以及戴溪《春秋讲义》《石鼓论语答问》等5种。至此有关永嘉学派从先驱、开创者到集大成者的著作基本出齐，直到现在仍是永嘉学派研究最重要的资料，为后人研究提供了基础性文献。①

其中，温州人林损可谓永嘉学派的殿军，又是对永嘉学派有专攻的第一位现代学者，代表作有《永嘉学派通论》《永嘉学派述》。他认为："永嘉诸子之言事功者，亦不能离心性。"② 他认为，在永嘉之学的体系中，事功与心性的关系是："心性，体也，事功，用也，无事功之心性，则为无用之学，无心性之事功，则为无体之事。"③ 他指出，永嘉之学与周、程、朱、陆之学都是颂法周孔，反对佛老，排斥王安石新学。象山之学虽偏向心性，但尝讲习骑射以备抵抗金人，也有意于事功。朱熹虽偏义理，然由上孝宗书可见其事功追求。换言之，两宋诸大儒都是心性与事功合一。心性与事功的分裂，只是后学门户意气纷争所造成的。④ 为此，他担忧永嘉诸子被视作经济之学，"永嘉诸子非不言心性也，其所谓心性者，经济之心性耳；非不习文章，其所谓的文章者，亦经济之文"⑤。他还对朱熹、吕祖谦批评薛季宣"喜事功"之说法进行了辩护，认为这是朱熹、吕祖谦听信学生的一偏之见产生的印象。⑥

此外，林损还区分了真经济之学和非经济之学。他说：

> 是故徒服官政，非经济之学也；徒倡横议，非经济之学；徒逐朋党，非经济之学也；徒张士气，非经济之学也。有攻难而无设施，非经济之学也；失先后本末之学，非经济之学也。夫先有博学审问慎思明辨笃行之序，以通物我家国天下之故，而有一物以持其中，则诚也。无序无贯，又不主之以诚，轻举而妄发之，是以天下徇事功，非

---

① 宋恕的《浙学史》《永嘉先辈学案》等文，虽论及永嘉学派的渊源、脉络、人物等问题，但所论基本不出孙衣言《瓯海轶闻》中"永嘉学术"的范围。

② 陈肖粟、陈镇波编校：《林损集》，黄山书社2010年版，第340页。

③ 同上书，第349页。

④ 同上书，第341页。

⑤ 同上书，第342页。

⑥ 同上书，第350页。

能以事功济天下也。①

在他看来，永嘉之学是有本有末、有序有贯，能以事功济天下的真经济之学。关于永嘉之学的学术渊源，林损不满于全祖望将永嘉之学推原于二程的说法，认为全氏过于牵合迁就，是"非善论学术者也"②。林损非常推重王开祖在永嘉学术中的开启作用，这一观点至今对王氏研究仍有参考价值。总之，林损主张心性事功合一而强调"经济之心性"，区分真假经济之学而强调"真经济之学"，都是对永嘉学派思想的创新和发展。这些观点给那些只凸显永嘉"经济之学"的现代学者提供了鲜明的对照。

二　永嘉学派的滥觞——对"皇祐三先生"与"永嘉九先生"的梳理

学界对"皇祐三先生"的研究聚焦于王开祖，一致推许他为永嘉学派的开山。前文所及，较早研究者是林损。他的《永嘉学派述》一文围绕王开祖的《儒志编》对其学术思想做了细致分析和梳理，肯定了他对永嘉学派的开启作用。

周梦江接林损之续，刊发《永嘉学术开创者王开祖》，更坚定了此观点。③ 赵钊的《王开祖〈儒志编〉研究》则对《儒志编》的文本及其蕴含的学术思想展开了较详细的研究。④ 而陆敏珍的《王开祖及其观念：濂洛未起前的道学思想》从宋代"道学"而非"理学"兴起的脉络来肯定王开祖先驱者的地位，值得关注。⑤ 近年来，林石也逐渐进入学者的视野，如杨万里的《林石与温州"太学九先生"之显》论述林石为学不辞新旧，经术事功兼重，长期以《春秋》教授乡里，肯定其有培养"永嘉九先生"之功。⑥

对于"永嘉九先生"，学界则多推崇他们在永嘉学派发展过程中承上启下的作用。重要的论文有：周梦江的《试论永嘉"元丰九先生"》、陆

---

① 陈肖粟、陈镇波编校：《林损集》，黄山书社 2010 年版，第 345 页。
② 同上书，第 358 页。
③ 周梦江：《永嘉学术开创者王开祖》，《杭州师范学院学报》1990 年第 2 期。
④ 赵钊：《王开祖〈儒志编〉研究》，浙江大学硕士学位论文，2010 年。
⑤ 陆敏珍：《王开祖及其观念：濂洛未起前的道学思想》，《中国哲学史》2009 年第 3 期。
⑥ 杨万里：《林石与温州"太学九先生"之显》，《清华大学学报》2010 年第 2 期。

敏珍的《违志开道：洛学与永嘉九先生》、杨万里的《温州"太学九先生"的学术及其文学创作》等。其中，周梦江认为"永嘉九先生"将关洛之学传入永嘉，对浙东学术的走向有着重大的影响。① 而陆敏珍则从"地域学术"的视角，指出作为地域学术的"永嘉九先生"，借助于洛学在全国获得了集体性的意涵，又通过士人社群确立了相互认同，拥有了对本土和群体本身共同的情感。② 杨万里则讨论了文学创作的内容和贡献，肯定九先生在文学史上的地位③，让我们认识到永嘉学派重文学有其较早的历史渊源。

"永嘉九先生"的个案研究则集中于周行己、许景衡二人。1990年代初，经济改革尤其是财政改革成为社会的焦点。在寻找历史资源的过程中，周行己的货币思想逐渐被学者挖掘。如余德仁认为周行己主张国家控制货币发行权，实行铁钱、夹锡钱与铜钱分路流通，发行纸币等货币思想，对治理当前经济环境和整顿经济秩序有一定的启发和借鉴意义。④ 侯厚吉则重点诠说周行己的"钱本无轻重，而相形乃为轻重"的货币价值论。⑤ 这些研究在凸显学者的现实关怀外，也再次强化了永嘉事功学的现代价值。

对许景衡的研究，基本从文献角度展开。⑥ 其中，最重要的成果是陈光熙、丁治民点校的《许景衡集》（上海社会科学院出版社2006年版），补遗诗歌17首，并附录有关许景衡的文献资料，为研究者提供了坚实的文本。

很明显，既有的永嘉九先生研究多聚焦于周行己、许景衡，对刘安上、刘安节等其他七人，除陆敏珍的《宋代永嘉学派建构》（浙江大学出

---

① 周梦江：《试论永嘉"元丰九先生"》，《杭州师范学院学报》1991年第5期。

② 陆敏珍：《违志开道：洛学与永嘉九先生》，《中山大学学报》2009年第6期。

③ 杨万里：《温州"太学九先生"的学术及其文学创作》，《文学遗产》2010年第6期。

④ 余德仁：《周行己的货币思想研究》，《河南师范大学学报》1990年第2期。

⑤ 侯厚吉：《周行己的货币理论》，《中南财经大学学报》1992年第6期。

⑥ 主要论文有：陈光熙的《许景衡〈横塘集〉及佚作》（《温州大学学报》2007年第3期）及《许景衡的文集及佚文》（《古籍整理研究学刊》2008年第1期），方晨光的《〈方文林墓志铭〉文献价值考述》（《图书馆研究与工作》2008年第1期）及《宋许景衡〈方文林墓志铭〉考述》（《杭州研究》2009年第3期），张显运的《新郑发现北宋晚期朝议大夫石谞墓志铭的说明及标注》（《铜仁学院学报》2008年第2期）。

版社 2013 年版）有所提及外，其余着墨不多，尤其没有个案研究的专著，成为未来永嘉学派研究的生长点之一。

总之，上述研究大都将"皇祐三先生"与"永嘉九先生"当作永嘉学派的源头，并较为清晰地梳理其中的传承脉络。也有学者对永嘉学派与洛学甚至宋代"道学"之间的复杂纠葛做了较深入阐述，凸显了永嘉之学与程朱性理之学的不同。然而，问题恰恰在此，永嘉之学与性理之学的对立和鸿沟有如此之大吗？是否被人为夸大？值得后来者思考。

三　永嘉学派之中坚——郑伯熊、薛季宣、陈傅良研究

永嘉学派转向事功之学，郑伯熊具有开创之功，薛季宣、陈傅良继之发扬，此三人成为永嘉学派形成过程中的中坚。

尽管学界早就意识到郑伯熊是永嘉学派传承的重要环节，但迟至最近十年才对其展开个案研究。其中，周梦江所编的《二郑集》，为郑伯熊研究打下了坚实的文献基础。[①] 相关论文主要有：周梦江的《论郑伯熊的学术思想》和《永嘉之学如何从性理转向事功》，何俊的《郑伯熊与南宋绍淳年间洛学的复振》，陆敏珍的《笔开象外精神：郑伯熊与永嘉学派》等。周梦江指出，南宋永嘉事功学派从周行己开始实现性理之学的转化，而推动这种转化的是郑伯熊、伯英兄弟。二人目睹了空谈性命对国事无补，于是转向事功之学，其传人陈傅良则予以发扬光大。[②] 何俊、陆敏珍等人在宋代道学运动与永嘉区域思想互动的脉络中，表彰郑伯熊推动了洛学在绍兴、淳熙年间的复兴，也促使衰竭的永嘉学术得以重光。[③] 这些研究已跨出泛泛而谈，能深入历史语境作精细解读，为后续研究提供了范式。

关于薛季宣，在早期讨论永嘉学派的论著中虽有所触及，但作专门研究则开始于衷尔钜。90 年代初，衷氏撰《薛季宣、陈傅良哲学思想初

---

① 周梦江编：《二郑集》，上海社会科学院出版社 2006 年版。

② 周梦江：《永嘉之学如何从性理转向事功》，《孔子研究》2006 年第 2 期；及其《论郑伯熊的学术思想》，《温州师范学院学报》2006 年第 1 期。

③ 何俊：《郑伯熊与南宋绍淳年间洛学的复振》，《复旦学报》2010 年第 4 期；陆敏珍：《笔开象外精神：郑伯熊与永嘉学派》，《浙江社会科学》2012 年第 8 期。

探》，对薛、陈两人的道器论及实践事功观念进行了讨论。① 此后，其他学者逐渐参入，出现了大量成果，重要的有：王宇的《薛季宣和永嘉制度新学的开创》（《中国哲学史》2005 年第 2 期）、段现成的《论薛季宣辞赋的事功情怀》（《成都理工大学学报》2006 年第 4 期）、任峰的《薛季宣思想渊源新探》（《中国哲学史》2006 年第 2 期）及《儒学与经世：南宋儒者薛季宣的事功精神》（《孔子研究》2007 年第 5 期）、张平的《艮斋诗初论》（《海南大学学报》2008 年第 1 期）、孙金波的《永嘉学派的解〈易〉进路——以薛季宣、叶适为中心》（《中州学刊》2008 年第 5 期）、陈安金的《薛季宣事功政治思想述评》（《浙江学刊》2010 年第 6 期）及《薛季宣学术思想及其事功特质》（《浙江社会科学》2011 年第 8 期）、刘培的《情深文明的诗人之赋——论薛季宣的辞赋创作》（《辽东学院学报》2012 年第 5 期）、魏鸿的《永嘉三巨子与南宋孙子兵学研究》（《滨州学院学报》2011 年第 10 期）等。

综观这些研究，它们无不承认薛季宣是永嘉学派承上启下的关键人物，重点阐述并肯定其事功思想及实践，其中任锋、王宇、陈安金的研究颇有特点。任锋指出，薛季宣强烈的事功精神，不仅受到北宋洛学的影响，而且与王安石新学、苏轼苏学渊源颇深，既继承了洛学和苏学的仁义中道等儒家义理原则，也充分吸收、融合了他们思想中具象性和实践性的理论因素。作者还认为，由于对王安石的反思，促进了薛季宣对儒家道德义理的肯认，深化了其对政治改革的理解。② 王宇、陈安金则以"永嘉制度新学"为标志，从温州区域文化与北宋后期以来的道学传统相对照的视角，肯定薛季宣开创事功学派的贡献。③ 这些研究代表了此一阶段薛季宣研究的水平。

此外，对薛季宣关于《孙子兵法》《山海经》的研究拓宽了人们的视野。其中，魏鸿指出，永嘉学派是南宋孙子兵学研究的重要力量，薛季宣及其后学陈傅良、叶适对孙子的研究及批评对南宋孙子兵学产生了深刻影响，促进了孙子兵学研究的繁荣，同时也加剧了对孙子的质疑和批评，这

---

① 衷尔钜：《薛季宣、陈傅良哲学思想初探》，《浙江学刊》1994 年第 1 期。

② 任峰：《薛季宣思想渊源新探》，《中国哲学史》2006 年第 2 期。

③ 王宇：《薛季宣和永嘉制度新学的开创》，《中国哲学史》2005 年第 2 期。

一观点颇为新颖。①

相对于郑伯熊和薛季宣，关于陈傅良的研究较多。较早专文研究陈傅良的是徐规的《陈傅良之宽民力说》（《浙江学报》1947 年第 1 期）。20世纪 50 年代以后涉及永嘉学派的论著中对陈傅良也有零星提及。到了1980 年代，周梦江推动了陈氏研究。他不仅整理了《陈傅良文集》（浙江大学出版社 1999 年版），还撰写了《〈宋史·陈傅良传〉补正》（《河南大学学报》1988 年第 1 期）、《陈傅良〈止斋文集〉的留传与价值》（《古籍整理研究学刊》1990 年第 4 期）等系列论文，对陈氏展开相当深入的研究。

在周梦江的带动下，陈傅良研究逐渐繁荣。主要成果有：蔡瑞霞的《陈傅良与湖湘学派》（《求索》2002 年第 4 期）、王宇的《南宋科场与永嘉学派的崛起——以陈傅良与〈春秋〉时文为个案》（《浙江社会科学》2004 年第 2 期）及《试论永嘉学派的活动方式——以陈傅良门人集团为中心》（《浙江社会科学》2007 年第 4 期）、曹丽萍的《南宋科场文体典范——陈傅良试论研究》（《北京化工大学学报》2005 年第 3 期）、肖建新的《公正求实：宋代陈傅良的法制理念》（《安徽师范大学学报》2008年第 1 期）、俞兆鹏的《论陈傅良的民本思想》（《南昌大学学报》2009年第 2 期）、任锋的《陈傅良政治思想的厚与薄》（《政治思想史》2010年第 3 期）、朱晓鹏的《从陈傅良的思想特质看永嘉学派的思想史地位和学派归属》（《浙江学刊》2011 年第 5 期）、张平的《止斋诗初论》（《西北大学学报》2011 年第 3 期）、郗丙亮的《论陈傅良的事功诗学思想》（《求索》2012 年第 11 期）等。

这些研究大都围绕陈傅良在永嘉学派的重要地位及其事功特色（甚至在研究其诗文及人事交往时，也不忘强调此特色）而展开。其中，任锋的《陈傅良政治思想的厚与薄》认为，陈傅良在道法之辩与古今之论的基础上，以三代政治精神解读宋代立国基础，试图树立可以取法的政治传统；他对王安石变法的激烈批评，意在改革宋代政体之中央集权主义和君主专制主义的弊政，积极培植民众社会与政治精英的活力，以实现国家富强的理想政治。因此在作者看来，单纯的事功范畴无法概括陈傅良的儒

---

① 魏鸿：《永嘉三巨子与南宋孙子兵学研究》，《滨州学院学报》2011 年第 10 期。

者实践抱负。他的思想涵摄了儒者修身立命与经世成务两个根本的面向，贯穿的是"以经制求事功"的整体思路。① 这一观点可谓是对近年兴起的以"制度新学"为视角研究永嘉学派的回应，也是对传统以"事功"概括永嘉学派的质疑，值得学界的思考。

另外，陈傅良的"时文"也成为研究热点，如王宇的《南宋科场与永嘉学派的崛起——以陈傅良与〈春秋〉时文为个案》由以《春秋》为中心的时文的流行，推见陈傅良为代表的永嘉学人集团的崛起与科场有着非常密切的关系。② 这一观点虽有继续商榷的余地，但研究视角颇为独特。

四　永嘉之学集大成者叶适的研究

叶适是永嘉学派的集大成者，故历来是永嘉学派研究的焦点。据统计，叶适的研究成果，其数量比"皇祐三先生""永嘉九先生"以及郑伯熊、薛季宣、陈傅良研究成果之总和还要多，可见他的地位之高和影响之大。对于叶适研究的综述，已有张洁的《叶适思想研究概述》（《温州师范学院学报》1999 年第 4 期）、叶晓凤的《21 世纪初叶适研究综述》（《儒藏论坛》2009 第 2 期），但仍有进一步全面整理和评论的必要。

纵观百年来对叶适的研究，大致可分为三阶段：民国至 1980 年代之前为第一阶段；1980 年至 2000 年为第二阶段；2000 年至今为第三阶段，这一阶段在继承前两阶段的基础上，更加深入、多元。

（一）第一阶段

较早对叶适进行专文研究的是吕振羽。他在《中国政治思想史》（1932）一书中对叶适的哲学、政治思想作了初步的探讨。紧随其后，何格恩、罗根泽也开始对叶适进行研究。何格恩《叶适在中国哲学史上之位置》认为叶适的思想，一方面受周行己、郑伯熊"克兢省以御物欲"之教，主张"慎独""克己复礼"；另一方面又重考据、尚礼学，关注财赋、兵田、制度。这说明，在何氏心中，叶适既讲心性，又言事功。他还

---

① 　任峰：《陈傅良政治思想的厚与薄》，《政治思想史》2010 年第 3 期。

② 　王宇：《南宋科场与永嘉学派的崛起——以陈傅良与〈春秋〉时文为个案》，《浙江社会科学》2004 年第 2 期。

指出，叶适否定程朱理学建构的"道统"，对曾子子思之学、佛教、老庄、陆学颇有微词，这一点对后世思想影响很大，在中国哲学史上占有重要地位。① 罗根泽《叶适及其他永嘉学派文学批评》，则肯定了叶适文学批评的特征及其在中国文学史上的价值。② 总之，何、罗二人较早突破永嘉之学的地域范围，从中国哲学史和文学史来肯定叶适在全国的影响。

20世纪50年代以后，中华书局整理了《叶适集》（1961），后又出版《习学纪言序目》（1978）的点校本，为叶适研究奠定了文献基础。与此同时，许多专家、学者对叶适的思想进行了较为系统的研究，重要论文有：潘富恩的《叶适的唯物主义认识论》（《光明日报》1957年2月20日）、吕振羽的《论叶适思想》（《历史研究》1960年第1—2期）、华山的《叶适思想批判》（《山东大学学报》1961年第4期）、包遵信的《叶适哲学思想的评价问题——从〈习学记言〉的出版说起》（《社会科学战线》1978年第3期）。通史性论著也出现较多涉及叶适的篇章，如侯外庐主编的《中国思想通史》第四卷（下）（人民出版社1960年版）专列"叶适的唯物主义思想及其对哲学遗产的批判"一章；任继愈主编的《中国哲学史》第三册（人民出版社1964年版）也有"陈亮、叶适的唯物主义思想"篇目。

综合考察，这些论著是在唯物与唯心主义两条路线的斗争中写成的，故对叶适思想的阶级性和哲学派性的讨论成为研究的重点。由于叶适言及"理"与"物""道"与"器"的关系时重视"物""器"在先的意义，主张"理为物之理"。故潘富恩认为在认识论上，叶适是唯物主义的，进而肯定叶适哲学的唯物主义性质。此后，吕振羽、华山、侯外庐在认识论、天道观、历史观等方面继续论述叶适的唯物主义性质。其中，吕振羽在梳理叶适的哲学、史学、经济、政治思想后指出：

> （叶适）在哲学上是与唯心主义作斗争的唯物主义流派，政治上是与保守派作斗争的具有进步倾向的改良主义流派，与主和派即妥协、投降派作斗争的主战派。这是和其时社会经济结构、阶级关系、

---

① 何格恩：《叶适在中国哲学史上之位置》，《岭南学报》1944年第4期。
② 罗根泽：《叶适及其他永嘉学派文学批评》，《文艺先锋》1945年第4、5期。

部族关系的复杂情况相适应的。叶适的全部思想，贯穿了一种批判精神，正反映了其时社会的阶级矛盾、部族矛盾以及地主阶级内部诸阶层间的利害冲突的复杂、尖锐和深刻。①

而侯外庐《中国思想通史》将叶适视作庶民地主及个体农民和工商业者的代表，与程朱道学为代表的封建地主阶级思想作斗争。

"文革"结束后，包遵信不满于学界将叶适简单归为唯物主义和反地主阶级阵营的提法，在仔细解读《习学记言》文本后他认为，在唯物主义发展史上，叶适与程朱道学唯心主义的斗争，虽坚持了唯物主义路线，但他的认识论是狭隘的经验主义、天道观，违背了唯物主义，而具有唯心主义的面向，叶适也不是侯外庐所说的"庶民地主及个体农民和工商业者"的代表，他与程朱道学的斗争也不是农民工商业者与封建地主阶级的斗争，而是地主阶级内部不同派别的斗争。② 很明显，包氏不满于学界对叶适思想"标签化""教条化"的研究，力图全面客观地评价叶适，但仍未跳出阶级分析法及唯物主义与唯心主义二元对立的思维模式。

相对于大陆政治意识形态的视角，这一时期台湾学者则能对叶适思想有一纯学理的研究。重要论文有：牟宗三的《对于叶水心"总述讲学大旨"之衡定》（分四期发表于《民主评论》1964—1965 年）、周学武的《叶适研究提要》（《木铎》1978 年第 7 期）及《叶适》（《中国历代思想家》1978 年第 6 期）、《叶适研究》（台湾大学中国文学系硕士学位论文，1979 年）等。其中，牟宗三认为叶适的可取之处，并非在于其对宋儒思想的批评，而在于他对宋代政制的批评。在牟的视域中，叶适对程颢的批评，消解了儒家"形而上"的要求，等于否定了儒家的高明智慧，容易自我贬抑，把心灵之光压抑至原始的状态，因而开辟不出高级的智慧。③ 很明显，牟宗三继承了程颢、陆九渊、王阳明心学的"心"本体论，将心的自觉视为人类摆脱物化状态的关键，因而反对叶适的"物本"说，进而对叶适的外王说作了批判。

----

① 吕振羽：《论叶适思想》，《历史研究》1960 年第 2 期。

② 包遵信：《叶适哲学思想的评价问题——从〈习学记言〉的出版说起》，《社会科学战线》1978 年第 3 期。

③ 牟宗三：《对于叶水心"总述讲学大旨"之衡定（四）》，《民主评论》1965 年第 2 期。

（二）第二阶段

进入 20 世纪 80 年代，大陆政治意识形态淡化，客观的学理研究突出，叶适研究进入了繁荣时期，最具代表性的学者是温州人周梦江。他先后撰有《叶适与永嘉学派》（浙江古籍出版社 1994 年版）、《叶适年谱》（浙江古籍出版社 1996 年版）、《叶适研究》（人民出版社 2008 年版）三书。其中，《叶适与永嘉学派》从永嘉学派形成、发展、鼎盛的学术史出发，对叶适的师友渊源、史学、哲学、经济、政治等方面进行了评价，并讨论了叶适与永嘉学派思想的关联。全书取材广博，考订翔实，多发前人之所覆，尤其对原始记载与今人论述的失误多有更正，奠定了其在永嘉学派研究中的地位。

此外，侯外庐主编的《宋明理学史》（上册，人民出版社 1984 年版）、冯友兰主编的《中国哲学史新编》（第五册，人民出版社 1988 年版）、胡寄窗的《中国经济思想史》（下册，上海人民出版社 1981 年版）、陈少峰的《中国伦理史》（上册，北京大学出版社 1996 年版）、韦政通的《中国哲学史》（台北大林出版社 1985 年版）、贾丰臻的《中国理学史》（台湾商务印书馆 1982 年版）等书都以相当的篇幅论及叶适的哲学、伦理、经济思想。

80 年代以来，关于叶适研究的专文也大量涌现。其中，研究叶适哲学思想的主要有：杨金炎的《叶适的"功利之学"》（《新湘评论》1981 年第 11 期）、陈金生的《〈习学记言序目〉正名》（《中国哲学史研究》1983 年第 4 期）、李经元的《叶适思想及其对理学的批判》（《中国史研究》1984 年第 1 期）、何应灿的《陈亮、叶适逻辑思想刍议》（《华东师范大学学报》1987 年第 6 期）、王育济的《叶适的智勇观及其认识论意义》（《孔子研究》1989 年第 4 期）、内山俊彦的《叶适思想浅说》（《东洋史研究》1990 年第 1 号）、来可泓的《试论叶适的事功思想》（《上海大学学报》1993 年第 5 期）、张义德的《如何评价叶适的"中庸"、"致中和"思想》（《孔子研究》1993 年第 3 期）、董平的《叶适对道统的批判及其知识论》（《孔子研究》1994 年第 1 期）、王伦信的《略论叶适思想的学术渊源和地位》（《浙江学刊》1994 年第 1 期）、徐洪兴的《论叶适的非孟思想》（《浙江学刊》1994 年第 3 期）、何隽的《叶适与朱熹道统观异同论》（《学术月刊》1996 年第 8 期）、龙跃中的《叶适哲学思想新论》（《广西民族学院学报》1997 年第 S1 期）、吴松的《学术关怀与事功关怀——略论叶适的文化批判及其超越》（《思想战线》1998 年第 7 期）、朱汉民的《叶适的经学评论与理学批判》（《船山学刊》1998 年第 2 期）、陈国灿的《南宋反理学思潮的理论总结者——叶适》（《文史知识》1999 年第 1 期）等。

这些研究仍集中于对叶适功利思想及反理学特质的阐述。其中董平、何隽、朱汉民、陈国灿等学者从道统、经学角度凸显了叶适与程朱理学的差异和批判精神。周梦江不满于包遵信贬低叶适哲学的倾向，认为叶适具有唯物主义的自然观、认识论以及朴素的辩证法思想。这些观点继承了前人将叶适与程朱理学对立的思维模式，落入心性与事功、永嘉之学与程朱理学对立的窠臼，颇显遗憾。当然也出现了新的声音，青年学者龙跃中在《叶适哲学思想新论》一文中批评叶适研究中此种僵化对立的思维，指出叶适赋予功利思想以"仁义礼乐"的基础，其所推崇的"崇义以养利，隆礼以致力"并非儒家叛逆者，而是儒家学说在宋代新兴发展的又一个支系，无疑是持平之论，值得重视。

同一时段，伴随经济改革和经济建设成为现实课题，如何汲取古人的智慧来推动经济建设是学者的重要关怀。因此，关于叶适经济、管理思想的研究骤然增多，主要有：俞兆鹏的《叶适货币思想研究》（《中国钱币》1987 年第 2 期）、周梦江的《叶适的经济思想》（《温州师范学院学报》1988 年第 1 期）、沈荨的《叶适反传统的国民经济管理思想》（《历史教学问题》1988 年第 3 期）、周梦江及汪圣锋的《叶适管理思想研究》（《浙江学刊》1989 年第 4 期）、叶坦的《叶适经济思想研究》（《中国社会经济史研究》1991 年第 3 期）、孙文学的《略论叶适的赋税思想》（《税收纵横》1991 年第 3 期）、杨翠微的《试论叶适经济思想的社会基础》（《求是学刊》1992 年第 3 期）、吴松的《叶适理财思想述评》（《思想战线》1998 年第 3 期）、李传印的《叶适对儒家传统财政思想的批判》（《安庆师范学院学报》1999 年第 3 期）等。其中，俞兆鹏指出，叶适对货币的起源、本质和流通规律都做过相当客观的论述。对于货币管理，他主张统一钱币铸造，实行恶币回笼，保证币值稳定和货币兑换，促进货币畅流。在作者看来，叶适的货币管理主张，是他货币理论的具体运用和发挥，与他对货币的本质及主要职能的正确理解分不开。而这一系列切中时弊的货币管理主张，又是以他的经济思想为背景的。[①] 叶坦则认为，叶适的人口和土地分配原则含有平等思想，他鼓励富民，反对重农抑商，提出了"铜币为纸币所驱"是一种必然规律等观点。[②] 这些观点均具有启发意义。

与经济主题相关的是教育、人口、人才问题的凸显，而对这些专题的研究，也极大拓宽了叶适研究的题材范围。相关论文有：董淮平的《苏轼、叶适人口思想之比较》（《思想战线》1989 年第 2 期）、周梦江的《叶适教育思想述论》（《温州师范学院学报》1988 年第 3 期）、张祖桐的《论叶适的人才观》（《浙江学刊》1986 年第 1 期）、黄启昌的《叶适人才思想述论》（《求索》1990 年第 6 期）、王育济的《试论叶适的战争观》（《东岳论丛》1989 年第 1 期）等，对叶适的人才观、教育观乃至战争思想做了相当深度的研究，发前人之所未发，为更全面了解叶适思想做了很好的探索。

（三）第三阶段

2000 年至今的 10 余年，随着地方文化建设的热潮以及学术层面"中国经典的现代诠释"的推动，叶适研究进入空前的高峰期。这种繁荣，不仅表现在研究视野更为广阔，方法更加多元，还体现在研究队伍不断壮大，涌现出数量可观的新生力量。

在哲学思想方面，叶适的道统论、历史观及反理学的功利思想仍是研究的重点。主要有：何俊的《叶适与道统》（《温州大学学报》2000 年第 2 期）、汤勤福的《论叶适的历史哲学与功利思想》（《云南社会科学》2000 年第 1 期）、李明友的《叶适的道器观及其对心性之学的批评》（《浙江大学学报》2001 年第 1 期）、景海峰的《叶适的社会历史本体观——以"皇极"概念为中心》（《哲学研究》2001 年第 4 期）、曾春海的《叶适的义利观及其在伦理学之意义》（《哲学与文化》2001 年第 4 期）、蒙培元的《叶适的德性之学及其批判精神》（《哲学研究》2001 年第 4 期）、陈远平及肖永明的《论叶适经制事功之学的渊源及其与理学的分歧》（《湖南大学学报》2001 年第 S2 期）、陈安金的《叶适的事功价值

---

① 俞兆鹏：《叶适货币思想研究》，《中国钱币》1987 年第 2 期。

② 叶坦：《叶适经济思想研究》，《中国社会经济史研究》1991 年第 3 期。

观初探》（《哲学研究》2001年第4期）、何晓涛的《叶适的史评特色——以〈习学记言序目〉的唐史论断为例》（《中州学刊》2004年第2期）、麻桑的《叶适功利儒家伦理观管窥——以"义""利""害"范畴之解析为进路兼以朱学为基本参照》（《浙江社会科学》2005年第5期）、向世陵的《叶适的虚实观及其对理学的批评》（《中国社会科学院研究生院学报》2011年第3期）、崔海东的《论叶适的形上学》（《中州学刊》2011年第3期）、陈国灿的《叶适与南宋反理学思潮》（《西华大学学报》2011年第2期）等。其中，何俊认为，叶适建立了以"治道"为标示的道统观，使其功利哲学得以张本，从而与朱熹的道统观相对立。① 对于历史观，景海峰指出，永嘉之学能与朱、陆相抗衡，就在于它形成了一套既不同于道本论又不同于心本论的社会历史本体观，而叶适用"皇极一元"的观念将这些思想整合为一体，加以系统化、哲理化，使之上升到了相当高的历史理性水平。② 蒙培元认为，叶适的成德之学，是从日常的"所见所闻""择善固执"中形成人生的品质、美德，"叶适并不是功利主义者，而是德性主义者。但叶适的德性主义却能与功利结合，因而是一种独特的德性学说"③。而崔海东的《论叶适的形上学》指出，叶适在批判、解构思孟道学一系义理的同时，又依托《周易》等建构了特点鲜明的形上学体系，包括以乾代道之乾论、刚习并重之性论，以及溯源体乾、循流用刚的上达与践履兼备的工夫进路。④ 这类研究给我们展示了叶适思想的形上学面向，颇为新颖，值得重视。

近年来随着经学研究渐热，叶适的经学注解及其所蕴含的思想成为关注的焦点。代表性的论文有：黄开国的《叶适的经学批判（上、下）》（《中共宁波市委党校学报》2004年第1、2期）、孙金波的《叶适易学思想研究》（《华侨大学学报》2005年第1期）及《永嘉学派的解〈易〉进路——以薛季宣、叶适为中心》（《中州学刊》2008年第5期）、蒋伟胜的《"乾，物之主也"——叶适的易学形上学》（《周易研究》2006年第

① 何俊：《叶适与道统》，《温州大学学报》2000年第2期。
② 景海峰：《叶适的社会历史本体观——以"皇极"概念为中心》，《哲学研究》2001年第4期。
③ 蒙培元：《叶适的德性之学及其批判精神》，《哲学研究》2001年第4期。
④ 崔海东：《论叶适的形上学》，《中州学刊》2011年第3期。

6 期)、唐明贵的《叶适〈论语〉学思想的特色》(《孔子研究》2010 年第 4 期)、蒋国保的《叶适易学思想发微》(《杭州师范大学学报》2011年第 1 期)、陈锐的《叶适对〈中庸〉的批评及其对儒学的阐释》(《杭州师范大学学报》2012 年第 2 期)、王长红的《叶适易学哲学体系管窥》(《东岳论丛》2012 年第 6 期)等。其中,黄开国指出,叶适的经学是宋代经学的重要组成部分,他的经学评判以厘清五经为前提,以批评《系辞》诸传、思孟之学特别是以程朱为代表的宋代经学为主要内容,重点肯定《周礼》《左传》为代表的古文经学典籍,而对《系辞》诸传、《礼记》《公羊》等今文经学典籍予以否定,带有偏重于历史上的古文经学的特点。① 蒋伟胜认为,叶适通过对《周易》的辨章,建立了系统的易学形上学理论,而"乾道"就是他形上学理论的核心概念。② 这些从经学角度阐述叶适思想的观点,颇有启发意义。

随着市场经济建设的进一步深化,人们力图借鉴前人的智慧来解决所面临的现实问题,故叶适的经济思想受到较大的关注。重要的论文有:孙丽君的《叶适的反抑商思想》(《东北财经大学学报》2000 年第 1 期)、朱晓鹏的《试论叶适的经济思想及其现代意义》(《温州大学学报》2001年第 2 期)、唐刚卯的《读南宋叶适〈淮西论铁钱五事状〉》(《中国钱币》2004 年第 4 期)、张家成的《析叶适的富民论》(《华东师范大学学报》2002 年第 1 期)和《析叶适的重商思想》(《中国哲学史》2005 年第 2 期)等。其中,唐刚卯认为叶适不仅首先完整描述"劣币驱逐良币"的货币流通规律,更重要的是发现了宋代钱币的版别,这种小版别的研究,即是后世钱币学研究的"基础学科"。③ 而张家成认为,叶适对"贵义贱利""重农抑商"的传统观念提出尖锐的批判,并在理财、货币、土地乃至兵制等方面,提出了一系列富于商品经济意识的深刻见解和主张。作者还指出叶适重商,并不意味着他否认德性与道义。因为叶适在肯定财富价值的同时,并未否定儒家的伦理规范,还力图将财富与伦理结合。从其基本立场及思想渊源来看,叶适的重商思想仍属于儒家传统。④

---

① 黄开国:《叶适的经学批判(下)》,《中共宁波市委党校学报》2004 年第 2 期。
② 蒋伟胜:《"乾,物之主也"——叶适的易学形上学》,《周易研究》2006 年第 6 期。
③ 唐刚卯:《读南宋叶适〈淮西论铁钱五事状〉》,《中国钱币》2004 年第 4 期。
④ 张家成:《析叶适的重商思想》,《中国哲学史》2005 年第 2 期。

　　最近几年，随着学科之间的交叉互动，一些从事文学研究的学者对叶适的文学观青睐有加。如赵敏及崔霞的《叶适与永嘉四灵之关系论》（《广州大学学报》2003 年第 11 期）、钱志熙的《叶适〈白石净慧院经藏记〉读后记作——一种乡土文化式的解读》（《古典文学知识》2003 年第 6 期）、李新的《叶适的中和文艺美学观》（《中共中央党校学报》2008 年第 2 期）、沈松勤的《叶适"集本朝文之大成者"之刍议》（《文学遗产》2012 年第 2 期）、郑慧的《试论叶适的道统论与文学思想》（《古籍整理研究学刊》2012 年第 5 期）等。这些研究多集中在叶适的文论、诗文风格、"选体"之影响，以及其文学与永嘉辞章学的关系。如陈安金认为，永嘉学派在南宋末期衰微后，叶适及永嘉学派的"永嘉文体"仍然能够不绝如缕地传承，这就是从永嘉学派到永嘉文派的演进发展过程。其中陈耆卿、吴子良、舒岳祥、戴表元、车若水等人在水心辞章之学的大众化和异化过程中扮演了主要角色。[①] 沈松勤则认为，北宋以来文道分裂乃至对立的情况下，叶适提出了"德艺兼备"文道观，并在"经欲精，史欲博，文欲肆"的知识结构的基础上，将自己的文道观落实到具体的创作实践中，在当时获得"集本朝文之大成者"的隆誉，在宋代文学史上有着举足轻重的地位。[②] 至于叶适与"永嘉四灵"的关系，赵敏、崔霞指出，"永嘉四灵"与叶适之间交往密切，并受到了叶适的提携，这是"永嘉四灵"文学成功的原因。[③]

　　此外，叶适研究的题材进一步拓宽，如研究其教育思想的有：肖正德的《略论叶适的功利教育思想》（《宁波大学学报》2003 年第 2 期）、孙金波的《叶适的教育思想》（《现代教育科学》2008 年第 6 期）等；研究其军事思想的有：刘煜瑞的《试论叶适的军事战略思想》（《民族论坛》2010 年第 2 期）、张洁的《试论叶适的军事思想》（《河北学刊》2001 年第 1 期）等；研究其社会思想的，有崔海东的《上下"一本"何以可能——论叶适重建南宋基层社会的方案》（《中共宁波市委党校学报》2011 年第 1 期）等。这些研究使我们了解到叶适思想的不同层面，有利

[①]　陈安金：《论水心辞章之学的大众化和异化》，《学术界》2006 年第 3 期。

[②]　沈松勤：《叶适"集本朝文之大成者"之刍议》，《文学遗产》2012 年第 2 期。

[③]　赵敏、崔霞：《叶适与永嘉四灵之关系论》，《广州大学学报》2003 年第 11 期。

于全面认识叶适。

五 反思与出路

百年宋代永嘉学派研究，始于清末民初温州籍学人对永嘉学派的文献整理及精神弘扬，小成于20世纪八九十年代，大盛于2000年以来的10余年，并涌现出多位有代表性的学者，早期如孙衣言、林损，20世纪八九十年代的周梦江，及最近的何俊、陆敏珍、陈安金、王宇、任锋等人。同时，出现了以温州大学（前身为温州师范学院）为中心的永嘉学研究阵地。这些浙籍学者的研究，加上全国其他学者的努力，共同推动了宋代永嘉学派研究的繁荣。当然，在学术的内在层面，仍存在诸多值得改进与补足之处。

其一，研究过于集中，分布极度不平衡。如前所述，80年代以来的宋代永嘉学派研究主要集中于叶适。据笔者所及的四五百篇研究论著中，关于叶适的研究占到4/5，数量远大于"皇祐三先生""永嘉九先生"、郑伯熊、薛季宣、陈傅良等人的总和。由于大量的时间精力、学术资源集中于叶适，也就出现了许多重复成果。相对而言，对其他永嘉人物（如周行己、郑伯熊、郑伯英、薛季宣等人）的研究还远远不够。

其二，许多学人有意识无意识地受地域限制，对永嘉学派的研究推崇过多，批判性较少。据笔者的估量，百年来的研究成果，绝大部分是温州籍学人（或与温州有各种渊源的浙籍学人）所撰。他们大多熟悉地方历史文献，对推动永嘉学派研究功不可没，但相当多的学者倾注过多的桑梓情感，在研究过程中有意无意地推崇、拔高永嘉学派的学术创新及其地位，较少从整个宋代儒学的角度看待永嘉学派，甚至有将其凌驾于程朱理学和心学之上的倾向，表现出一定的地方主义色彩。

其三，将以叶适为代表的永嘉学派与程朱理学相对立。以往对永嘉思想的研究多集中于唯物主义与唯心主义的性质之争，功利与义理之争，事功与理学的对立，把叶适塑造为反朱熹理学的健将，却无视叶适与朱熹、吕祖谦、陆九渊、张栻在理、气、道、器、心、性等方面的共通性。众多学者并不明白永嘉事功之学与性理之学的对立和鸿沟究竟有多大？或许，林损主张永嘉学派合心性、事功为一，强调"经济之心性"，以及蒙培元认为的"叶适并不是功利主义者，而是德性主义者，叶适的德性却能与功利结合"等观点，最值得我们思考。因为永嘉学派并非不谈心性，而是他们反对空疏的心性。他们强调事功，但反对急躁冒进的事功，与程朱同属儒家修身治世的传统。

其四，缺乏整体统合的视野。目前的研究成果，多是学者从自身专业知识出发，就事论事，或文、或史、或哲，单面阐发叶适的文学、史学、理学思想。这样的研究，尽管较为细致、深入，然缺乏整体、全面的视野，难以呈现叶适思想的全貌，也难以领会在叶适思想中，究竟以何种思想为主导，是否统摄、贯穿其他学说。如能绾合叶适的义理、事功、文章之学，梳理其心性、事功、经制、史学之间内在的逻辑关联①，或能开辟永嘉学派研究的新路径。

第五节　经学与理学：北山四先生研究的二重维度

南宋朱熹殁后，后学林立。朱子高弟黄榦一支，学脉悠长，号为朱学正宗，其后学主要分江西、浙江两脉。浙江一脉，由黄榦传何基（1188—1268）、何基传王柏（1197—1274）、王柏传金履祥（1232—1303）、金履祥传许谦（1270—1337），因四人皆籍金华，故史称"金华四先生"，或称"北山四先生"，其学派称北山学派。

何基，字子恭，号北山，婺州金华人，受学于黄榦，终身讲学著述，隐居北山盘溪。毕生笃信朱子学，曾辑录朱子著述，并作《易启蒙发挥》《大传发挥》《太极通书西铭发挥》《大学发挥》《中庸发挥》《论孟发挥》等，疏解《朱子斋居感兴诗二十首》。其理学强调朱子—黄榦一系之道统，纵论太极阴阳说、理气论及理一分殊说，开北山学派之先河。

王柏，字会之，号鲁斋，婺州金华人。出身于金华王氏世家，从学于何基，一生不仕，多次受聘任教于丽泽、上蔡书院。一生著述繁富，计800余卷，可惜大多亡佚。其治经主张"以传求经"，重视儒家经传，却又不盲从，充满疑经精神，所著《诗疑》《书疑》对传统儒家经典多有质疑，故在后世的经学家眼中褒贬不一。

---

① 这四者的逻辑线是清晰的，若要使心性义理行于天地人世间，就必须做治国平天下的事功。而要在不利的困局中做事功，就必须进行政治社会制度的改革。若要制度改革，就必须从经学研读中寻找可资借鉴的规制，然拘泥于经学者常不适于用，又需研读历史以总结得失而寻找变通，因此通经制者必兼史学。

金履祥，字吉父，号次农，学者称仁山先生，婺州兰溪人。从学王柏，又因王柏而登何基之门。元军围攻襄樊，他曾向朝廷献"牵制捣虚"之策，请以重兵由海道直趋燕蓟，可惜未被采用。一生不仕，执教钓台、齐芳、丽泽等书院。代表作有《通鉴前编》《濂洛风雅》《大学疏义》《论孟集注考证》。

许谦，字益之，号白云，金华人，31 岁时从学金履祥，后隐居东阳八华山讲学。著有《白云集》《观史治忽几微》《诗集传名物钞》等。其理学发挥朱子的"格物致知说"，疏解《四书集注》，屡屡有创新。四先生中，许谦弟子最多，影响最大，与北方的许衡并称为"南北二许"。雍正二年（1724），四先生集体入祀孔庙，标示了国家权威对他们的认定。

北山学派以传承、护翼朱学为己任，师门兴盛，学脉绵绵，成为元代朱子学的重镇和明初洪武儒学的主流，被后世尊为"朱子世嫡""理学正传"。在浙东学派源流史上，北山学派无疑是宋末至明初浙东学派的砥柱。

自元以降，宋濂、黄宗羲、全祖望、李清馥等鸿儒均对北山四先生有大量的记载与评述。然而近代以来，在现代学术视野与方法的观照下，北山四先生的研究起步则相对迟缓，经历了由忽略到重视、由简略到细致、由单一到多元的发展进程。50 年来的北山四先生与北山学派研究，大体可分为三个阶段：1960—1980 年代为第一阶段，以台湾学者为研究主力，侧重经学、文献学的考述。大陆学者从哲学角度的初步涉及，亦不容忽视。1990—1999 年为第二阶段，除相关著作外，关于北山四先生的单篇论文逐渐增多，研究重心渐由中国台湾移至大陆。2000 年至今为第三阶段，研究已不囿于经学、理学的阐释，其视野、方法更为多元，同时开辟出北山后学的研究，广度与深度不断拓展，与朱学的关系也有了新解释，昭示着这一专题研究的方兴未艾。

一　北山四先生研究的起步

相对于朱熹、王阳明、王夫之等享誉中外的大思想家而言，学界对北山四先生这类所谓"二、三流思想家"的关注与探究相对较晚。在 1960 年代之前，运用现代学术视野、方法解读北山四先生的思想，寥若晨星。1960 年代，台湾学者在朱子学研究的光环下，开启了北山四先生研究的端绪，并取得了系列成果，涌现出以台湾大学程元敏、何淑贞为代表的研究群体。程元敏在其硕士学位论文《王柏及其经说》的基础上，著成《王柏之生平与学术》，从文献学角度详细勾画了王柏的家世、生平，并分经、史、子、集四部考证其浩繁宏富的著述，又从经学层面诠解了王柏的理学与四书学、尚书学、诗经学成就，同时厘清其学说之渊源和流传，考订翔实，分析缜密，无疑是当时乃至现今王柏研究的重要成果。① 而何淑贞的《金履祥的生平及经学》对金履祥的生平、理学、经学的渊源及流传等做了较深入的考证梳理。② 其另一文《宋元之际的学者——金履祥和他的遗书》在简述博士学位论文中金履祥生平、经学章节的基础上，增补对金履祥史学著作《通鉴前编》、文学辞章及编订《濂洛风雅》成就的深入探讨。③

同时期其他台湾学者亦对王柏、金履祥的著述及朱子学展开阐发，如孙克宽在《元代金华学术》中将金履祥、许谦作为南方隐逸士人的代表，在南北学术格局中，考察其地位与意义，研究视野不同于传统的哲学解读，颇具新意。④ 赵制阳《王柏〈诗疑〉评介》则对王柏的《诗疑》作了客观评价。⑤ 而龚道运《元儒金履祥之朱子学》从哲学命题出发，分析金履祥理学体系中的心性、理与气的关系、对气命的体会以及存养、慎独、格物穷理、诚意正心等践修工夫，是哲学研究范式下考察金履祥的扎实之作。⑥

由于大陆在 20 世纪六七十年代处于学术萧条期，对北山一派的研究阙如。而进入 80 年代，在传统文化得到肯定及学术步入正轨的背景下，作为后朱子时代朱子学的重要代表，北山四先生逐渐受到学者的关注。如在侯外庐等人主编的《宋明理学史》中，率先专设"金华朱学的主要特点和历史影响"一章，重点探讨了北山学派的道统观、分殊而理一的认识方法与"由传而求经"的学术特色，认为北山学派继承了朱熹、黄榦

---

① 程元敏：《王柏之生平与学术》，学海出版社 1975 年版。
② 何淑贞：《金履祥的生平及经学》，台湾大学博士学位论文，1975 年。
③ 何淑贞：《宋元之际的学者——金履祥和他的遗书》，《书和人》第 80、90 期。
④ 孙克宽：《元代金华学术》，东海大学出版社 1975 年版。
⑤ 赵制阳：《王柏〈诗疑〉评介》，《中华文化复兴月刊》1984 年第 5 期。
⑥ 龚道运：《元儒金履祥之朱子学》，《"国立编译馆"馆刊》1981 年第 2 期。

建立的理学道统，但不可避免地带有浓厚的宗法色彩。在认识论上，北山一派也继承了朱子重分殊甚于理一的为学途径，并将这一理念运用于学术研究，表现出"由传以求经"的特色。作者尤其高度评价了王柏、金履祥不墨守朱子、敢于质疑问难的学术精神，认为二人的疑经思想是金华朱学最具特色与最有价值的部分。但书中也指出许谦通过传注维护朱学，实将朱学引向了末路，其虽较王柏、金履祥更加"醇正"，却失去了理论上的创造精神。在节末，作者还评判了金华朱学促进理学北传、开启明初理学的历史影响。① 朱仲玉从地域维度，将北山四先生与吕祖谦、唐仲友、陈亮等金华学人统归为金华学派，亦涉及北山四先生博学多识、务实致用的学术特色。② 在理学的通论著作中，也开始出现金华朱学的身影，如蒙培元《理学的演变——从朱熹到王夫之、戴震》专辟金华朱学一节，对其发展朱熹哲学作了论述，但作者认为北山四先生在理气关系和性命问题上，皆墨守朱熹的理气说。③

这一阶段的研究，以台湾学者为主力，重点阐发北山四先生的经学成就及相关文献的考订，这与他们的文学、文献学知识背景密不可分，然而稍稍缺乏思想史及整体学术维度的审视。80 年代的大陆学者从哲学角度分析金华朱学的理学体系，尽管成果稀少，但不容忽视。而从研究对象来看，两地学者多集中于王柏、金履祥，对何基、许谦的探析相对不足。但这些研究均重视文献解读，细致深入，且起点较高，为后续研究作了很好的指引与示范。

二　经学与理学的并重

1990—1999 年的研究，在前一阶段发轫的基础上继续推进。其蒸蒸景象，主要体现在金华朱学在儒学、理学、经学等通代或断代学术史中的篇幅大量增加，同时专门的单篇论文也日渐涌现。

在通论著作中，赵吉惠《中国儒学史》在简述许谦的生平与学术后，

---

① 侯外庐、邱汉生、张岂之主编：《宋明理学史》上册，人民出版社 1987 年版，第 645—676 页。

② 朱仲玉：《试论金华派的形成、学术特色及历史贡献》，《浙江师范大学学报》1989 年第 4 期。

③ 蒙培元：《理学的演变——从朱熹到王夫之、戴震》，福建人民出版社 1984 年版。

详细讨论了其在元代理学中合会朱陆的问题，肯定他发挥儒家义理等方面的学术贡献。① 徐远和《理学与元代社会》单辟"北山学派"一章，讨论四先生的理学思想及其演进，是这一时期继《宋明理学史》之后北山学派研究的代表性著作。书中以何基为北山学派的首庸、王柏为宗师、金履祥为干城、许谦为朱学大师，认为北山学派在传授朱子理学的过程中，既保持着道学"真统绪"的正统色彩，又越来越显示出自身的特点。在北山一派的衍变上，作者沿袭《宋元学案》对许谦的评价，认为："北山学派从许谦开始，逐渐流于章句训诂之学。许谦之后，在北山学派的发展中，确实存在着这种趋势。正是这一学术发展趋势，导致了北山学派的衰落。"② 董洪利《孟子研究》一书涉及金履祥、许谦的《孟子》研究，对金履祥的《孟子集注考证》和许谦的《读四书丛说》作了浅述。③ 罗立刚独辟蹊径，从象数卦画的角度，考述出王柏在哲学体系中糅入许多道教思想，以象数明义理，并多处突破朱学藩篱。与护翼朱子学的观点不同，作者还认为北山一派从不自觉地亲近陆学走向主动靠近，已越出门户束缚，可惜未展开细论。④

这一时期，除了儒学、理学通论对北山四先生有着墨外，一些《中国史学史》教材，或《资治通鉴》研究论文，也对金履祥的《资治通鉴前编》有简略介绍。但这些研究均是在"通鉴学"研究视野下的零星引述，对其史学思想缺乏深度的发凡起微。

单篇代表性论文有徐远和《金履祥——元代金华朱学干城》指出金履祥的理学并非一味株守程朱旧说，而是提出众多创新见解，肯定其为元代金华朱学干城的地位。⑤ 何植靖《许谦的宇宙观及其融合朱陆思想的倾向》重点分析许谦的宇宙、鬼神观，认为其宇宙观基本继承、发挥和改造了朱熹的思想，但又具有融合朱陆的倾向，是朱熹理学向王阳明心学过渡的中间环节。⑥ 李才栋《考亭嫡传勉斋后学北山四先生与书院教育》则

---

① 赵吉惠：《中国儒学史》，中州古籍出版社1991年版。
② 徐远和：《理学与元代社会》，人民出版社1992年版，第178页。
③ 董洪利：《孟子研究》，江苏古籍出版社1997年版。
④ 罗立刚：《宋元之际的哲学与文学》，复旦大学出版社1999年版。
⑤ 徐远和：《金履祥——元代金华朱学干城》，《浙江学刊》1990年第2期。
⑥ 何植靖：《许谦的宇宙观及其融合朱陆思想的倾向》，《南昌大学学报》1994年第6期。

对北山四先生及其弟子的书院讲学等教育活动作了考述。① 龚剑锋从《双溪戚氏宗谱》中辑佚出许谦写给戚崇僧的两封书函，有助于许谦生平与思想的研究。②

台湾学界在 90 年代继续保持北山学派研究的兴趣，出现了两篇硕士学位论文。许玉敏《北山学派文道合一发展脉络之研究》探讨了何基、王柏、金履祥如何结合文、道思想，以及如何将文学与道统两者合而为一，以道统体系建构一套符合理学家思想的"文统"架构。作者以北山学派为基点，以求窥测宋元理学家文、道关系由分而合的变化历程。③ 汤倍祯《金履祥〈濂洛风雅〉研究》，首次从文学角度对金履祥的《濂洛风雅》作了剖析。④

这十年间，较具重要意义的是出现了何植靖的《许谦评传》（附《许衡评传》后），尽管存在"对所引用的材料进行断句时破句现象严重，有时还因此将意思完全弄反"，以及"喜欢对所引用的文字全部作翻译式的讲解"⑤ 等不少缺点，但毋庸置疑，这是许谦研究的首部评论性传记，开创之功不可抹杀。书中对许谦的生平、学术渊源，以及哲学、教育、政治等思想等进行了全方面的探讨，总结出许谦强调分殊而理一、重视经传、注重知行并用的显著特点，认为许谦坚持朱学而又折中朱、陆，代表了当时许谦思想研究的水平。⑥

三 北山学派研究的多元视角

2000 年至今的 10 余年，随着"经典文本"或"精英人物"的中国思想史、哲学史的研究转向"一般思想"研究，以及地方文化热潮的迭兴，北山四先生这些所谓"二、三流思想家"的研究也随之风生水起，

① 李才栋：《考亭嫡传勉斋后学北山四先生与书院教育》，《江西教育学院学报》1994 年第 3 期。

② 龚剑锋：《许谦、黄溍、宋濂佚文辑考》，《浙江师大学报》1998 年第 6 期。

③ 许玉敏：《北山学派之文道合一发展脉络之研究》，台湾成功大学中国文学系硕士学位论文，1991 年。

④ 汤倍祯：《金履祥〈濂洛风雅〉研究》，台湾政治大学中国文学研究所硕士学位，1994 年。

⑤ 魏崇武：《20 世纪大陆地区元代理学研究述评》（下），《哲学动态》2004 年第 4 期。

⑥ 何植靖：《许谦评传》，南京大学出版社 1995 年版。

彰显出繁盛面向。除相关著作中的篇幅日益增多外，最突出的表现即是专题性论文大量诞生，同时对北山后学的研究也得以展开。这些研究更为深入、具体，同时视野逐渐放大。

（一）理学思想的研究

作为朱子后学，理学思想的发覆无疑是北山四先生研究的重心，因而这方面的研究成果最为丰硕，水准也最精湛。陈开勇重点分析了何基的理学思想，勾勒出何基的"理"论、心性论、知行观与文学观，认为何基之学虽源于朱熹，但比朱熹简洁纯粹，其为学重点在于践履，注重思想与道德生活实践的相通契合，为后世儒者之践履树立榜样。[①] 此为国内首篇研究何基思想的专题论文，观点与意义皆值得重视。王锟《北山四先生——朱子理学嫡脉》从道统论、护翼四书及朱子集注、理一分殊的认识方法、天道论、心性论和修养工夫等方面细论北山四先生在思想上对朱子理学的师法发明，还简述四先生在播传朱子学中所起的津梁作用，两方面论证了北山四先生诚为朱学嫡脉。[②] 高云萍以北山四先生为例，管窥出朱子后学在传承朱学的过程中，思想的理论性虽渐减退，却呈现出可操作性、形而下的走向。[③] 刘海泉《许谦与金华朱学》则是对许谦的个案研究，主要围绕许谦和会朱陆的理学思想进行具体分析，通过阐述许谦对朱学的继承、发展、传播，探讨了其在理学史上的地位。[④] 韩国学者在研究朱子的过程中，也关注王柏、金履祥的理学思想，如李尚坤的《金履祥的宇宙论》（《韩国诗歌文化研究》第 38 辑）、韩汝愈的《王柏的"天地万物造化"论》（《韩国思想史学》第 42 辑，2012 年），对王柏、金履祥的宇宙论展开论述。

与前两时期的理学思想研究相比，这一时期的研究除继续重视北山四先生与朱陆之学的思想对比外，还能紧扣宋末元初具体的时代背景与学术

[①] 陈开勇：《"为世宗儒"：何基理学与文学思想论》，《浙江师范大学学报》2006 年第 4 期。

[②] 王锟：《北山四先生——朱子理学嫡脉》，载梅新林主编《江南文化研究》第 3 辑，学苑出版社 2009 年版。

[③] 高云萍：《扩展中异化的后朱熹时代的道学话语——以北山学派为例》（《浙江学刊》2009 年第 5 期），《浙东朱子学的链接——何基与朱熹、黄榦的思想关联》（《中共宁波市委党校学报》2010 年第 6 期）。

[④] 刘海泉：《许谦与金华朱学》，湖南大学硕士学位论文，2009 年。

环境，呈现出研究逐渐深入、立体的可喜动态。

除理学内部的命题分析外，众多学者也从思想史的角度考察了北山四先生的理学、学术与师承、乡学的关系。何俊择取四先生中的王柏、金履祥两人，指出北山一系处于后朱学时期，他们的思想有向学术化转型的发展趋势。① 董平则在分析了四人各自的思想特点后，突出强调北山一派作为金华朱子学而带有浓厚"婺学"的思想成分，将其划归为吕祖谦学说的传人。② 陈国灿叙述了北山四先生巩固朱学、捍卫道统的建树，并特别指出四先生不专注性理空谈，而重视实际，是深受"浙学"求实致用传统学风的影响。③ 张晶也将北山四先生作为吕学、朱学在金华学术衍变、异化的重要环节。④ 这些论断显示，不少浙籍学者已不满于北山四先生学脉独源于朱学的传统定位，他们试图论证、嫁接北山四先生与本土吕祖谦学派的渊源关系，从另一侧面也印证了地方文化研究兴盛下，学者逐渐确立、探寻、梳理地方文化自身源流的自觉意识。

（二）经学与文学研究

在 21 世纪经学研究成为学界热的局面下，北山四先生的经学研究也迅速升温。俯瞰这些研究，基本都是择选一部专书，管窥北山四先生对朱子经学的增补、纠正。而表举许谦对朱子《四书集注》的阐发、补充与订正，尤成为学界研究的兴奋点。台湾学者廖云仙继承先辈经学、文献学的研究路径，详述了许谦《读论语丛说》的论说体例，也探赜出许谦对朱子《论语集注》的阐发、补充与订正，肯定许谦对朱子学的继承与改进。⑤ 廖氏另两篇论文仍以具体案例切入，分别探讨四先生的《论语》学注疏及许谦对朱子《四书集注》的因袭与开创。⑥ 此一观点，也得到大陆

---

① 何俊：《南宋儒学建构》，上海人民出版社 2004 年版，第 368—374 页。

② 董平：《浙江思想学术史》，中国社会科学出版社 2005 年版。此观点还见于董平《南宋婺学之演变及其至明初的传承》，《中国学术》第十辑。

③ 陈国灿：《论宋代"浙学"与理学关系的演变》，《孔子研究》2000 年第 2 期。

④ 张晶：《宋元时期"婺学"的流变》，《中国文化研究》2003 年第 3 期。

⑤ 廖云仙：《许谦〈读论语丛说〉序说》，载杨晋龙编《元代经学国际研讨会论文集》，"中央研究院"中国文哲研究所，2000 年。

⑥ 廖云仙：《金华四先生〈论语〉学述评》，《勤益学报》2004 年第 2 期；廖云仙：《元代〈四书〉学的继承与开创——以元儒许谦为例》，《东海中文学报》2009 年第 21 期。

学者的响应与赞和。如唐明贵、高云萍、崔志博、卢矜等人通过解读许谦的《读论语丛说》《诗集传名物钞》，认为许谦虽宗主朱学，但非朱云亦云，而敢于纠正朱注不足，其以文字训释《四书》经义，又辅以图表，发朱子《四书集注》之未发，堪称朱注之羽翼。①

对北山四先生经学的研究，目前以周春健较具代表。他先后发表了《许谦与〈读四书丛说〉》与《金履祥与〈论孟集注考证〉》。前文从卷数与体例、内容特色、评价三方面对许谦的《读四书丛说》展开详尽论述，肯定其对朱熹《四书集注》训诂名物之缺失的考订，但认为许谦在义理阐发方面大致沿袭朱熹，创新之处甚少，渐流于章句训诂。② 后文与前文可谓姊妹篇，以同样范式对金履祥的《论孟集注考证》作了研究，探窥出《论孟集注考证》实为朱子《四书集注》之"疏"，其中订正了朱熹诸多讹误，表明金华朱学在元代初期仍然具有相当的学术活力。③ 此外，他的《元代四书学研究》附有《元代四书类著述考》，亦对金履祥、许谦的四书类著述作了文献学上的梳理，既考察著述的版本、存佚，又收录序跋及前人评语，征引广博，有助于查阅后人对金、许二人四书著作的评论。④

随着学术的深入与跨学科知识的互动，经学与文学的关系等新课题勃勃萌发，文学界也开拓出对理学家文学思想的研究，北山四先生这类理学家的文学思想也渐受文学研究者的青睐。从研究领域来看，主要聚焦于王柏的《诗疑》及"删诗"、金履祥选编《濂洛风雅》。

王柏的"删诗"行为在诗经学研究史上，备受争议，褒贬参半。对此问题与行为，这一时期的学者则基本持肯定态度。如杨艳娟指出王柏的《诗疑》秉承了宋代学术上的怀疑风气，其中对《诗经》的完整性和其他方面提出大胆质疑，杨艳娟肯定其大刀阔斧的"删诗"行为。⑤ 李家树则

---

① 唐明贵：《许谦〈读论语丛说〉探微》，《齐鲁文化研究》第六辑，2007 年；高云萍：《许谦〈诗集传名物钞〉对朱熹〈诗集传〉的补充、纠正与发挥》，《书目季刊》2009 年第 2 期；崔志博、卢矜：《〈诗集传名物钞〉对〈诗经集传〉的增益补缺之功》，《河北大学学报》2010 年第 3 期。

② 周春健：《许谦与〈读四书丛说〉》，《中国典籍与文化》2007 年第 4 期。

③ 周春健：《金履祥与〈论孟集注考证〉》，《中国典籍文化》2009 年第 1 期。

④ 周春健：《元代四书学研究》，华东师范大学出版社 2008 年版。

⑤ 杨艳娟：《王柏和他的〈诗疑〉》，《太原教育学院学报》2004 年第 S1 期。

追溯了王柏"删诗"说的来源与内容，讨论了"删诗"对元明以后"诗经学"的影响。① 陈战峰也认为王柏是继朱熹之后"义理解《诗》"的代表人物，其不受朱学范囿，将朱熹的"淫诗"说向前推进了一步。② 可见，新世纪对王柏"删诗"行为的评判，已越出传统汉宋学术的门户之争，能够较客观地评价与理解此类学术史公案。

金履祥编订的《濂洛风雅》，是对《濂洛诗派图》中48位理学家诗作的选录，系中国文学史上第一部理学诗总集。在前人评价的指引下，新世纪的学者又对《濂洛风雅》的编选宗旨与文学观进行深度发掘。王利民认为该书以理学为精神底蕴，代表"濂洛诗派"审美倾向和艺术风格，较深刻地反映了理学家的灵魂。③ 高云萍也认为《濂洛风雅》的编订，标志着"风雅"理学诗观的真正建立，实现理学家对诗歌认识从视为末技到自觉重视的成功转变。④ 王友胜则指出《濂洛风雅》专为理学家编选诗作，不仅对传播、保存理学家之诗价值非凡，而且对后世理学诗派的作品编选影响重大。⑤ 韩国学者金洞的《朴世采〈增删濂洛风雅〉增补作品考》通过对比《濂洛风雅》与朴世采的《增删濂洛风雅》，考证后者的增补内容。这些论断均极大肯定了《濂洛风雅》的文献价值与文学史意义。

此外，在综合评定北山四先生的文学观方面，学界对四人"以诗说理、以理解诗"理学化的文学特点达成共识。然而不同的是，石明庆认为北山四先生以朱子理学道统传人自居，以濂洛道统的义理诗为风雅正统，片面发展了朱熹的诗学思想。⑥ 王锟则赞赏北山四先生"道本文末""文以载道"的诗文宗旨，以及自然平实、条分缕析的文风，均直承朱子一脉的文学观。⑦ 可见，关于北山四先生与朱熹文学观的比对，仍需进一

---

① 李家树：《王柏"删诗"说溯源及回响》，《江南文化研究》第3辑。

② 陈战峰：《王柏的〈诗经〉观与拟删诗》，《中国文化研究》2010年秋之卷。

③ 王利民：《濂洛风雅论》，《文学遗产》2006年第2期。

④ 高云萍：《〈濂洛风雅〉与理学诗观》，《江西社会科学》2008年第6期。

⑤ 王友胜：《论〈濂洛风雅〉的编选宗旨与文学史意义》，载沈松勤主编《第四届宋代文学国际研讨会论文集》，浙江大学出版社2006年版。

⑥ 石明庆：《论宋末金华朱子后学的极端化理学诗论》，《湖州师范学院学报》2008年第5期。

⑦ 王锟：《北山四先生理学化的文学观述论》，《浙江师范大学学报》2010年第4期。

步考察。因为这既关乎四先生文学的定位，亦涉及朱熹文学思想的整体解读。

（三）文献辨伪与考订

北山四先生著述丰赡，淹盖四部。仅王柏一人，所撰就达百部之多。然现今四先生著述，或散或佚，或经篡改作伪，极大影响了北山四先生研究的推进。有鉴于此，不少学者从事此类专题的考订、辨伪。吴洋认为今传本《诗疑》是将原本属于《诗辨说》的《诗十辨》以及其他材料，结合王柏文集或著作中各种论《诗》语编辑而成，成书大概在元代中后期，因而流传今日的《诗疑》系伪书。[①] 王建生《〈濂洛风雅〉问题举隅》则对《濂洛风雅》编刻中出现的错页、诗人名字混淆等讹误进行了比勘。[②]

蔡根祥与许育龙则对后世所载金履祥《尚书注》的真伪展开往来辨析。蔡氏经过比对，确证《尚书注》实乃作伪者抽绎《通鉴前编》中所述《尚书》学说拼凑而成。[③] 许氏受蔡氏研究之启发，得悉号称金氏《尚书注》十二卷尚有清代方功惠《碧琳琅馆丛书》本之《尚书金氏注》十二卷，而此本与《十万卷楼丛书》本内容差异极大，进而考得《碧琳琅馆丛书》本亦乃伪作。[④] 蔡氏读完许文后，意犹未尽，多方搜括，综合推断《碧琳琅馆丛书》本《金氏尚书注》一书之伪作者，以方功惠嫌疑最大。[⑤] 经过蔡、许二人的追踪、考辨，金履祥《尚书注》的真伪最终破译。

十年来对北山四先生著述的版本考证也取得了系列成果，如学界分别对金履祥的《大学疏义》、许谦的《读四书丛说》与《白云集》的版本源流，以及何基的著述状况作了厘析。而《金履祥〈论孟集注考证〉研究》《〈论语集注考证〉整理与研究》《许谦及〈诗集传名物钞〉研究》等几部硕士学位论文，既有文献的梳理考辨，亦不乏理论的解析，颇见

---

① 吴洋：《王柏〈诗疑〉成书考》，《中国典籍与文化》2008 年第 3 期。

② 王建生：《〈濂洛风雅〉问题举隅》，《中国典籍与文化》2009 年第 2 期。

③ 蔡根祥：《金履祥〈尚书注〉十二卷考异》，《中国经学》第五辑，广西师范大学出版社 2009 年版。

④ 许育龙：《〈碧琳琅馆丛书〉本〈金氏尚书注〉著者考疑》，《台大中文学报》2011 年第 1 期。

⑤ 蔡根祥：《〈碧琳琅馆丛书〉本〈金氏尚书注〉十二卷伪作补考》，《扬州大学学报》2013 年第 2 期。

分量。

（四）北山后学研究的开辟与扩展

北山一脉，师门兴盛，除四先生外，先后涌现出柳贯、吴师道、朱震亨等大批知名学者，而黄溍、吴莱于四先生虽未执弟子礼，然与许谦及四先生门人处师友、学侣之间，渊源颇近，学术相类，亦属北山学派。由这些先生传下的宋濂、王祎、戴良、胡翰诸人，由元入明，为朱元璋开邦立国，襄赞尤巨。北山之学也随之成为洪武儒学的主流。因此在北山四先生研究如火如荼之时，对北山后学的梳理与考量也逐渐展开，并随之拓展。

对北山后学的研究主要从三个方面展开：一是生平行迹与内心世界的钩沉。现有研究不仅考察北山后学的师承、交游、生平事迹诸问题，还窥测宋濂、戴良等人在元明易代的大变局下如何抉择人生出处的复杂心态。二是理学与文学思想的阐发。在肯定北山后学学术卓荦的同时，指出他们理学与文学的交融汇通，也从整体上把握宋末至明初婺学发展的特征，即"流而为文"的学术迹象。三是年谱、文集的编订与整理。此项工作在目前的北山后学研究中，成就最为突出。学界不仅撰有柳贯、黄溍、胡助、吴师道、吴莱、宋濂、胡翰、王祎等一大批北山后学的翔实年谱，而且先后推出《柳贯诗文集》《黄溍全集》《吴师道集》《戴良集》《吴莱集》《宋濂全集》等大量全新标点本。这些扎实的文献编排考订，无疑为深入研究北山学派提供了信本与便利。

在北山四先生研究方面，这一时期最值得称道的是出现了两部代表性专著。一是王锟的《朱学正传——北山四先生理学》，系国内首部整体研究北山四先生的著作。在融汇前人研究的基础上，作者讨论了北山四先生的道统论、太极阴阳论、天地生物之心、理气关系、理一分殊、修养工夫等理学核心问题，同时又探讨了他们在护翼朱子《四书集注》"疑经"、辨正佛道陆学以及对文学、史学的重要贡献，从中梳理出北山四先生坚守朱学正统和创新理学的双面特征。

此外，书中还蕴藏着对中国哲学研究的两大反思。一是如何处理思想家的师承与地域问题，即如何判定思想家的学派归属。作者以北山四先生与朱子学关系为例，提出一位理学家是否属于朱子学的六大核心观测点，即道统说、格物致知、太极无极、理一分殊、重视四书、春秋史学与文学观。作者也正是从这六个方面系统论述北山四先生对朱子理学的一脉相承，洵然是朱学正传，而不应当划属本土的吕祖谦之学。由此说明，判断思想家的学派归属，解读他们的思想师承明显比简单的地域分类更为准确。二是如何看待中国哲学的创新问题。作者指出中国哲学属于"经典诠释型"，不同于西方的"理论建构型"。中国哲学的创新采取"层累构造"的模式，其新观点、新概念散落、层累于旧有名词之上，使得创新看上去零散、不系统，甚至不显著。因此，解读古代思想家的学术创新时，必须从经典的具体疏义中作细致的考索，方能发现其所具有的新观点、新概念。①

另一部是高云萍的《宋元北山四先生研究》，该书从思想史角度对四先生的生平、理学思想和历史地位作了深入浅出的阐述、评定。尤其别出心裁的是，作者运用思想谱系学的方法，对后人对北山学派的认识、认同以及该名称定型由来的历史过程作了梳理，令人耳目一新。②

由上可知，这 20 年的研究出现了可喜的变化，一是对北山四先生的论述不只是思想史论著中的一掠而过，专题论文大量产生，意味着研究的细化与深入；二是研究群体不断壮大，具有文学、哲学、文献学背景的学者纷纷加入这一专题的研讨，从不同角度、不同方法，凸显北山学派的理学、文学、史学造诣。

四 反思与出路

综观 50 年来的北山四先生研究，1960—1980 年，基本以程元敏、何淑贞等台湾学者为轴心，侧重经学、文献学的考订。对北山四先生的重视，基本是 1990 年尤其是 2000 年以来的几十年余间，前后涌现出的两代学者发轫并开展的。1990 年代以中国社会科学院的黄宣民、徐远和为研究领袖，受侯外庐学派的浸淫，善于以社会史与哲学史的研究路径诠释四先生的理学成就，相关成果为后来研究奠定了扎实的学术积淀。2000 年来的十余年间，王锟、周春健、高云萍等青年学者，从哲学、文献学、思想史等角度共同修正、深化北山四先生的研究。可以说，北山四先生的研究已由浮光掠影的笼统概括过渡到深刻入微的分析阐释，取得了较为可观

---

① 王锟：《朱学正传——北山四先生理学》，上海三联书店 2010 年版。
② 高云萍：《宋元北山四先生研究》，浙江大学出版社 2012 年版。

的成就，但其中存在的问题、缺漏仍然不少。

其一，对北山学派的学术定位仍需进一步讨论、判断。在四先生研究中，学者对王柏、金履祥的经学、史学及其疑经精神赞誉有加，论述较为一致。而对何基、许谦之学，则大体形成两派，一派继承《宋元学案》的传统观点，认为何基株守朱学而无发歉，许谦之学则渐流于章句训诂；另一派以王锟为代表，认为何基倡导《四书》与《五经》互读，实其创见自得，又从论天命、论鬼神、论太极、论求知等方面，证明许谦屡屡有创新。同时提出许谦前期倾向于"格物致知"；后期则倾向于"主敬涵养"。《宋元学案》对许谦之学的误判既未注意到许谦为学方式的前后变化，也未能从许谦的训诂中剥离出"深造自得之语"。

颇为吊诡的是，周春健一方面认为许谦在义理阐发上沿袭朱熹，创新之处甚少，渐流于章句训诂；另一方面又说金华朱学在元代初期仍然具有相当的学术活力，观点相互抵牾。其实，他这一矛盾的解读实与上述两派观点的争议同轨合辙。因此，学界需进一步综合考察，才能对北山四先生与北山学派的学术地位作出客观认定。

其二，拓深何基思想及北山四先生史学、教育、礼学、书画思想的研究。从研究对象来看，前一阶段多扎堆于王柏、金履祥；后一阶段集中于许谦。唯独对何基思想的探微，少之又少。尽管何基著作仅存《何北山遗集》薄薄一册，限制了学者对其全面深入的研究。但何基的许多资料、语录大量散见于理学文献、地方县志、民间家谱中，耐心裒辑仍有不少。而从研究领域而言，现有成果多集中于理学、经学与相关著述的考订，对四先生的史学成就，除较早、较多提及金履祥的《通鉴前编》外，相关研究凤毛麟角。又如北山四先生一生以授徒讲学为业，探究其教育活动与思想，对于理解北山一派为何学派悠长、硕儒辈出至关重要。又四先生继承黄榦重礼的思想，在礼书诠释与礼仪制定方面不遗余力。此外，四先生在书画艺术上也有精湛造诣。这些课题均有待拾遗补阙、拓展深化。

其三，视野放宽，重视北山学派"当时""当地""异时""异地"的研究。具体而言，"当时"研究一方面指在晚宋朱学政治化、学术化的背景下审视北山四先生的学术思想；另一方面指北山学派与同时期其他朱子学的比较，如将其与朱子的其他浙江支脉、黄榦的江西等处弟子作充分的对比，以更好地理解北山学派"朱子世嫡"的学术地位。"当地"研究指观察金华朱学与婺州本土的吕祖谦、陈亮、唐仲友之学的前后关系，重点解决将北山四先生归于吕学传人是否合理的问题。"异时"研究则主要考察后世对北山之学的态度与接受，重点厘清四先生为何至雍正时期才入祀孔庙。因为在元明两世，不乏北山后学或地方士人为四先生增祀孔庙而奔走劳碌。

所谓"异地"研究则指北山学派在异地的播迁状况。四先生中尤其许谦的门徒众多，"远而幽、冀、齐、鲁，近而荆、扬、吴、越，皆百舍重跰而至"①。而今人对北山后学的研究，往往定格于金华朱学的本土承传，却遗忘了外籍弟子与后学。其实，《宋元学案》已注意到北山学派的异域传播，"鲁斋以下，开门授徒，惟仁山、导江为最盛。仁山在南，其门多隐逸；导江在北，其门多贵仕，亦地使之然也"②。当今也有一二学者意识到此问题，如慈波表彰了许谦弟子山东王麟在《白云集》成书过程中的关键作用。③ 罗海燕也钩稽出许谦传人龙泉王毅及其弟子在浙南传播金华朱学的学术贡献。④ 可见这一视角的研究，仍有待开垦。

其四，北山四先生的著作亟待整理。四先生著述丰赡，但后世散佚严重，目前除《许谦集》已整理并由浙江古籍出版社于 2015 年出版外，其他三先生的著作仍未得到全面搜集与整理。虽然《全宋诗》《全宋文》与《全元诗》《全元文》对四先生的部分诗文进行了点校，但均是少量的诗文、书函，不含理学与经义著作，且还有大量失收。因此，《北山四先生集》的标点整理是当前最需推进的工作。另外，北山四先生的年谱，古人虽有编订，但或阙或佚，也需今人重新编撰。这些文献的搜集与整理，一方面有助于保存四先生的著作；另一方面也可为学界研究提供便利的文本，同时对全面认识北山学派，解决系列聚讼争论，裨益重大。

---

① 宋濂等：《元史》卷一八九《许谦传》，中华书局 1976 年标点本，第 4320 页。

② 黄宗羲：《宋元学案》卷八十二《北山四先生学案》，中华书局 1986 年版，第 2765 页。

③ 慈波：《许谦〈白云集〉成书及版本考述》，《图书馆杂志》2010 年第 12 期。

④ 罗海燕：《元末金华之学被遗忘的重要一支——王毅及其弟子的人格、学术与文章》，《文学与文化》2011 年第 4 期。

第六节　从陆学附庸到四明学派：甬上
四先生与四明学派研究

甬上四先生指南宋明州的杨简（1141—1226）、袁燮（1144—1224）、舒璘（1136—1199）、沈焕（1139—1191）。四人生长、活动在慈溪、鄞县、奉化等地，位处四明山麓、甬江流域，故史称"甬上四先生"或"四明四先生"，又因他们的学术活动主要集中于淳熙年间，亦称"淳熙四先生"。四先生中，除沈焕问学于陆九龄，其余三人皆拜陆九渊为师，共同在浙东传播象山心学，开门授徒，聚结为四明学派，成为陆学传承两大支脉中的浙江一系。他们又吸收朱熹、吕祖谦之学，为陆学发展注入新的活力，成为南宋浙东学派心学一派的轴心与主流。

对甬上四先生，由宋迄清的历代学者均曾给予不同程度的关注，如王应麟、黄宗羲、全祖望等学术大家都作出一定评点与解读，相关论语对后世研究颇具参考价值。进入 20 世纪以来，随着中西交流互动频繁及现代中国学术范式的建立，学界对甬上四先生及四明学派的研究取得了较为丰硕的成果。但由于 1980 年代以前，无论大陆还是海外，宋明理学研究的聚焦点均落在程朱、陆王等几大学派上，对所谓"二三流学派人物"的稽考，几乎寥寥。有之，也多属轻描淡写，四明学派的研究境况亦莫能外。通观 1900—1980 年，国内外专门论述甬上四先生的论文仅有张寿镛的《慈湖著述考》及《续考》（《光华大学半月刊》1935 年第 3 期）、日本学者岛田虔次的《杨慈湖》（《东洋史研究》1966 年第 4 期）、牛尾弘孝的《杨慈湖の思想——その心学の性格について》（《中国哲学论集》1975 年第 1 卷）。即使在宋明理学史的通论著作中，也鲜有四明学派的独立篇章。

对甬上四先生及四明学派的真正研究，起步于 20 世纪八九十年代以来在广度与深度方面都有了推进与提升。这 30 年间，按研究的梯度与成就，可细分为三个阶段：1980—1990 年为第一阶段，此期学界大致认为四明学派是象山心学在浙东的继续与传播，视其为南宋陆学的附庸；1990—2000 年为第二阶段，学界逐渐意识到四明学派在学术史上有其独特性，可自成一派，以哲学研究为主；第三阶段则是 2000 年以来的十余年，学界继续 1990 年以来的研究路径，但在文献、视野、方法等层面上更为多元，取得了许多超越前代的成绩。

一 作为陆学附庸的甬上四先生

1980—1990 年的十年，是改革开放后包括宋明理学在内的中国哲学研究步入正轨的新时期。但由于学术研究初愈，这一时期的关注点仍局限在程朱、陆王这些"大学派"与"大人物"上。不过，在一些宋明理学史的著作中开始增入四明学派的篇章，如侯外庐、张岂之、邱汉生主编的《宋明理学史》（人民出版社 1984 年版）、李之鉴的《陆九渊哲学思想研究》（河南人民出版社 1985 年版）等涉及了四明学派的思想。前者由崔大华撰写，认为四先生在理论上弘扬发展了陆九渊心学，指出杨简以"万物唯心""万物唯我"的命题推进了象山心学；袁燮则将陆派心学引向政治和伦理，提出"天人一理""君民一体"的政治伦理观；舒璘将陆学引入日常生活，强调刻苦磨炼，"日有新功"；沈焕直接顺着陆学的路数，主张修养在于"先立大本"，为学在于"要而不博"。崔氏关于四明学派的论述，开大陆研究甬上四先生风气之先，其研究路径与学术观点，也代表了国内当时的最高水平，对后来研究者影响颇大。

同时期，相关论文有胡绳系的《杨简学行与慈湖书院》（《宁波师院学报》1986 年第 2 期）、滕复的《阳明前的浙江心学》（《浙江学刊》1989 年第 1 期）。其中，滕复注意到四明学派在心学本土化过程中承上启下的地位，认为甬上四先生在哲学、社会政治思想与学术风气等方面对象山心学都有重要发展，这些发展不仅赋予陆学以顽强生机，同时也为后来阳明学的兴起提供了文化基础与思想材料，这一思路为后来研究提供了新启示。

这 10 年的研究，整体而言，大陆学界多将四明学派定位为象山心学在浙东的继续与传播，视其为南宋陆学的附庸。不过值得肯定的是，在这些研究著作中，虽仍有一些唯物、唯心主义的评骘痕迹，但亦能在文献材料的基础上对四明学派的思想加以讨论，表明当时的研究逐渐摆脱教条主义的束缚而走向客观的学理分析与学脉梳理。相较而言，海外学者在这方面的起点较高，他们在原有学术成果的基础上，直接从专题入手探讨四明学派的著作与思想，如日本牛尾弘孝《〈己易〉訳注（その一）》《〈己易〉訳注（その二/三）》对杨简的《己易》作了深入解读。① 石田和夫则发表了《杨慈湖思想の一检讨》（《中国哲学史研究论集：荒木见悟教授退休纪念》，福冈苇书房 1981 年版）。

二　作为四明学派的甬上四先生

由 80 年代转入 90 年代，在文化热与学术潮的持续助推下，学界对四明学派的研究也有了变化。一部分学者继续承接上一阶段的思路，将四明学派作为南宋陆学附庸来论述，如徐定芳《陆象山弟子研究》（文津出版社 1990 年版）、陈来《宋明理学》（辽宁教育出版社 1991 年版）、管敏义《浙东学术史》（华东师范大学出版社 1993 年版）、蔡仁厚《宋明理学（南宋篇）》（学生书局 1999 年版）等著作内的"甬上四先生"部分，以及刘宗贤《杨简与陆九渊》（《中国哲学史》1996 年第 4 期）均不同程度地参考了崔大华的研究成果，认为以杨简为首的四明学派是象山心学在浙东的传播与余脉。

与此同时，越来越多的学者开始意识到四明学派在宋明心学发展史上的独特性，因而对四明学派的个案研究纷纷涌现。如董金裕《杨简的心学及其评价》（《政治大学学报》1990 年第 61 期）、萧锦塘《杨慈湖"万物唯我说"研究》（台湾师范大学硕士学位论文，1993 年）、刘秀兰《化经学为心学——论慈湖之经学思想与理学之开新》（台湾大学硕士学位论文，1998 年）等台湾学者一致认为杨简的学说固然深受象山影响，然更多的是通过对经书进行诠释而形成的自身思想。陈寒玉《杨简的泛心观及其特点》也认为杨简强调宇宙一体性、自然性的泛心观不仅具有独特性，而且呈现出系统化和条理化，对心学发展有重要贡献。② 王凤贤、丁国顺的《浙东学派研究》率先将甬上四先生独立命名为四明学派，虽未见任何阐释说明，但这一学派概念的编织，极有助于甬上心学的研究。③

---

① 牛尾弘孝：《〈己易〉訳注（その一）》，载荒木见悟教授纪念会编《中国哲学史研究论集：荒木见悟教授退休纪念》，福冈苇书房 1981 年版；《〈己易〉訳注（その二/三）》，《中国哲学研究》1981 年第 7—8 期。

② 陈寒玉：《杨简的泛心观及其特点》，《江西大学学报》1991 年第 2 期。

③ 王凤贤、丁国顺：《浙东学派研究》，浙江人民出版社 1993 年版。

　　1993 年，韦政通、傅伟勋主编"世界哲学家丛书"，杨简名列其中。受韦氏邀请，江西师范大学的郑晓江、李承贵合撰了《杨简》一书，体小却意赅，是四明学派研究史上的首部专著。全书重点阐释杨简的心学思想，虽以哲学的概念、范畴入手，但注重从原典出发，义理辨析与文献考证并进，较真实客观地展示了慈湖的思想，该书在写作方法、开掘新理、提升价值方面也独有建树，受到广泛好评，代表了当时的研究水准，也为后来的四明学派研究树立了新典范。① 在此期间，郑晓江还发表了《慈湖之"礼"论探微》（《中正大学学报》人文分册，1995 年）、《慈湖之"知"论探微》（《台湾大学文史哲学报》1995 年第 43 期）、《慈湖之"一"论》（《鹅湖》1997 年第 259 期）、《慈湖先生之"人"论探微》（《南昌大学学报》1997 年第 1 期）4 篇论文，探微了杨简对"礼""知""一"等基本哲学概念的见解。李承贵也撰写了《杨慈湖的政治思想及其价值》《论杨简的儒学观》，指出杨简的政治思想及其儒学观均具有独特的创见。② 值得一提的是，二人表彰慈湖之心学，除受人之邀外，亦有其现实关怀所在。作者有感于当时科学主义、经济主义极端发展所带来的种种弊端，认为慈湖心学在补救这些方面有其独特的现代价值。

　　同时期，傅荣贤《杨简易学略论》从建构论、方法论和目的论三个不同层面阐述了杨简易学的一般特征。③ 李才栋《甬上四先生及其后学与书院教育》（《江西教育学院学报》1997 年第 1 期）以及美国学者万安玲《南宋的书院与社会》 （*Academics and Society in Southern Sung China*，1999）关注了甬上四先生的书院教育。吴震《杨慈湖をめるぐ阳明学の诸相》则对杨简与明代阳明心学的关系作了考察，这是大陆学人在海外刊发的首篇关于杨简研究的论文，具有重要意义。④

　　综观 90 年代的四明学派研究，就研究群体而言，主要由台湾学人以及心学研究大本营江西的学者发动展开。这些研究成果虽局限于杨简一人，研究角度也多以哲学为主，但解读逐渐细致深入，也已跳出将四

---

　　① 郑晓江、李承贵：《杨简》，东大图书公司 1996 年版。

　　② 李承贵：《杨慈湖的政治思想及其价值》，《古今文艺》1996 年第 3 期；《论杨简的儒学观》，《南昌大学学报》1997 年第 1 期。

　　③ 傅荣贤：《杨简易学略论》，《周易研究》1996 年第 1 期。

　　④ 吴震：《杨慈湖をめるぐ阳明学の诸相》，《东方学》1999 年第 97 期。

明心学附在陆学后一带而过的窠臼，进入独立研究的阶段，昭示了研究的新趋向。

三　多元透视下的甬上四先生及四明学派

进入 21 世纪以来的十年，在学术与教育大繁荣的背景下，四明学派不仅在中国思想史、宋代思想史等通论性著作中篇幅日益增多，专题研究论文也有重大进展。这些研究较之前更加精细与深入，研究方法、视野也趋向多元化。哲学、经学、文学、社会史等研究方法，纷纷运用于这一领域，为将来研究指引了路径。

（一）哲学思想的研究

哲学角度的考察，历来是甬上四先生思想研究的重心。这一角度在前一时期研究的基础上稳步推进，且在主题与深度上均有开拓。单从哲学本体论探讨的有：王心竹《浅析杨简"心本论"思想》指出杨简之学并非"唯我论"，而是"心本论"。[①] 曾凡朝《杨简"心"本体阐释》认为杨简以"心"为本，将"心"之范畴彻底化、圆融化，建立了完全意义上的心本体学说，因而继承陆氏又超越陆氏，走向彻底的唯"心"论。[②] 蔡方鹿也认为杨简继承发展了陆九渊心性一物的思想，并对心性二分的倾向提出批评，其思辨性哲理在中国心学史上占有重要的地位。[③] 刘晓梅《杨简实心思想探微》（《兰州学刊》2006 年第 5 期）、张实龙《慈湖先生"本心论"发微》（《浙江学刊》2011 年第 3 期）、徐建勇《杨简心本论的内在进路》（《湘潭大学学报》2013 年第 1 期）、赵灿鹏《"心之精神是谓圣"：杨慈湖心学宗旨疏解》（《孔子研究》2013 年第 2 期）也对此问题发表了见解。而胡栋材《试论杨慈湖的仁说思想》（《井冈山大学学报》2013 年第 2 期）、孙齐鲁《"以觉训仁"的新形态——杨慈湖之仁说试析》（《鹅湖月刊》2011 年第 1 期）则是从心性论方面展开对杨简的研究。

不少学者也从修养工夫论展开相关论述。王心竹《杨慈湖之"毋意"

---

① 王心竹：《浅析杨简"心本论"思想》，《湖南大学学报》2005 年第 4 期。

② 曾凡朝：《杨简"心"本体阐释》，《孔子研究》2008 年第 6 期。

③ 蔡方鹿：《杨简的心学思想及其在心学史上的地位》，《中共宁波市委党校学报》2004 年第 4 期。

道德修养论刍议》认为杨简提出了"意虑不作，澄然虚明"的以"心"为中心的道德境界说，在陆王心学伦理思想史中占有独特地位。[①] 刘晓梅《溯源本心实体寻找达用工夫——杨简修身问学方法论探讨》（《中共宁波市委党校学报》2006 年第 2 期）、张实龙《杨慈湖的圣贤意识及其实践意义》（《哲学动态》2011 年第 3 期）探讨了杨简"内圣"思想的方法论。曾凡朝《杨简心学工夫论发微》强调杨简的工夫论以人心自明为前提，讲求"不起意"，心学的本体论和工夫论在内在理路上达到完美而有机的统一。[②] 曾凡朝《试论悟觉对心学构架的意义——以杨简为例》考察了杨简的屡次悟觉对其心学思想发展的重要性。[③] 董平、隋金波《圣人境界的通达之路——杨慈湖〈绝四记〉释论》是最近颇有新意的研究成果，认为杨简哲学存在着一个"一"—"心"—"觉"的动态结构，慈湖关于"绝四"的讨论，实际上为人们提供了一个以"心"与"一"纯然相契而实现"觉"的途径，是通达于圣人之境的光明之路。[④] 涂可国《试论杨简道德哲学思想》从道德本体论、人格论和工夫论三部分剖析了杨简的道德哲学思想。[⑤] 此外，曾凡朝《论杨简与朱、陆道器观的异同》（《山东教育学院学报》2007 年第 1 期）、黄佳骏《论杨简"心"学思想下的阴阳观》（《新竹教育大学人文社会学报》2010 年卷 3）、张念诚《杨简心学定位的两个问题》（《"中央大学"人文学报》2001 年卷 23）从道器、阴阳观角度分析评价了杨简的心学思想。

这一时期，也纷纷出现以杨简哲学思想作为硕博士学位论文的选题，如张实龙《杨简研究》（浙江大学博士学位论文，2001 年）、徐建勇《杨简哲学思想研究》（湘潭大学硕士学位论文，2002 年）、王心竹《杨简哲学思想研究》（中国人民大学博士学位论文，2002 年）、赵灿鹏《"精神"与"自然"：杨慈湖心学研究》（香港岭南大学博士学位论文，2005 年）、马慧《杨简对"内圣外王"思想的心学阐释》（山东大学硕士学位论文，

---

① 王心竹：《杨慈湖之"毋意"道德修养论刍议》，《玉溪师范学院学报》2003 年第 12 期。
② 曾凡朝：《杨简心学工夫论发微》，《理论学刊》2007 年第 6 期。
③ 曾凡朝：《试论悟觉对心学构架的意义——以杨简为例》，《兰州学刊》2009 年第 5 期。
④ 董平、隋金波：《圣人境界的通达之路——杨慈湖〈绝四记〉释论》，《中国哲学史》2011 年第 2 期。
⑤ 涂可国：《试论杨简道德哲学思想》，《中共济南市委党校学报》2013 年第 6 期。

2009 年）、吴淑雅《〈杨氏易传〉中的"道心"观研究》（河南大学硕士学位论文，2009 年）、隋金波《云间月澄——杨慈湖思想研究》（浙江大学博士学位论文，2011 年），对杨简的哲学思想及其道德践履的综合研究，都有不同程度的推进。

（二）经学、文学角度的阐发

象山心学与程朱理学互相抗衡，两者在经学上各具特色。作为心学的开创者，陆九渊一生述而不作，仅有后人辑录的《陆九渊集》传世，其"六经注我，我注六经"的宏论并未付诸实践，后人也难以窥测陆学经学的堂奥。而甬上四先生存有大量经学类的著述，将乃师"六经注我"的思想付诸实践，着力发明心学，形成了象山学派的经学，为深入研究陆学一派的经学思想提供了丰富资料，因而受到研究者的青睐。而在经学研究中，易学思想的研究占了绝大多数。范立舟、王华艳《杨简易学思想与其"复心"说》认为，杨简的易学不仅是对南宋心学派易学思想的完善，且下启明代王阳明与近代熊十力以自我意识为主轴的易学理论体系。[①] 张理峰《心学视域下的易学——杨简易学思想初探》（《周易研究》2006 年第 5 期）、邓秀梅《杨简易学析论》（《高雄师大学报》2007 年第 23 期）、佐藤鍊太郎《宋明时代の心学と〈易〉》（《中国哲学》2007 年第 35 期）也是杨简易学这一特征的反映。李承贵《杨简释"易"的路径及其省察》通过对杨简释"易"方法与特点的探讨，指出杨简释"易"是以"道心"为根据的心性方法，由此开启了解"易"的心学方向，但他同时认为杨简解"易"存在主观化、简单化、随意化等消极倾向。[②]

其中，曾凡朝对杨简的易学思想作过诸多深入的探赜，成果硕富。其《杨简易学思想研究》首先对杨简的心路历程和思想形成予以简要解说和追溯，认为杨简的心学之路从体认宇宙人生开始，通过反观自省，达到物我无二，杨简接受了陆氏关于本心的思想，认识到"见得孰是孰非，即是本心"的道德内涵，肯认主观精神境界和道德境界的合一。经过屡次悟觉，其心学思想由浅入深，最终把一切收摄于本心之中，确立了彻底的

---

① 范立舟、王华艳：《杨简易学思想与其"复心"说》，《西南民族大学学报》2004 年第 4 期。

② 李承贵：《杨简释"易"的路径及其省察》，《华南师范大学学报》2013 年第 5 期。

心学体系。作者通过这一追溯，认为与陆氏之心一开始便具有伦理道德内涵不同，杨简强调心之宇宙本体意义及澄然清明之心的自然发用。在此基础上，作者展开对杨简易学哲学的分析。其以《周易》为中心，论述了杨简的《周易》观与唯心、易道、心即道、工夫论思想，指出《周易》思想是杨简心学的重要渊源，其以心解《易》，又以《易》丰富心学，从而建立了完全意义上的心本体学说。以易学思想为视角，作者还概述了杨简"心"之本体的六个特性（内在性、超越性、神明性、虚而无体性、感通天地万物之性和道德伦理性）。最后作者认为，在杨简哲学中，此心是人人先天自有而又超越时空和人类个体的宇宙本根，它包含宇宙间的一切，涵盖宇宙的一切特质。心体呈现出形而上的状态，是一非实体性的超越经验界之存在，这也是心具有无限妙用的根基。心本然地自足自明自神，虚明无体而又范围天地，发育万物，贯通古今，自善自仁，为一伦理性的精神实体。正是以对"心"范畴的思维建构为基，杨简抛弃陆氏"沿袭之累"，在继承陆氏的同时又超越之，走向了彻底的心本论。[①] 在博士学位论文建构的易学体系下，曾氏进一步追问杨简的易学思想，《论杨简以阴阳解易及其心学特质》（《山东教育学院学报》2008 年第 4 期）、《从"己易"看杨简易学的心学宗旨及其学术意义》（《周易研究》2008年第 5 期）、《论杨简以五行解易及其心学旨归》（《山东教育学院学报》2009 年第 6 期）即是从阴阳解易、"己易"、五行解易等不同内容，分别揭示出杨简的解易方法均渗透和体现了其背后的心学旨归。

《诗经》在四明学派中颇受重视，并有不少发现。学界也观察到了这一现象，如赵玉强《〈慈湖诗传〉：心学阐释的〈诗经〉学》（浙江大学博士学位论文，2009 年）、黄忠慎《心学语境下的〈诗经〉诠释——杨简〈慈湖诗传〉析论》（《东吴中文学报》2010 年第 19 卷）、《〈诗经〉注我，我注〈诗经〉——杨简〈慈湖诗传〉再探》（《东吴中文学报》2011 年第 21 期）均以杨简的《慈湖诗传》为例，揭示其《诗经》学实质上是一个心学阐释的经学体系。另外，黄忠慎还以杨简与朱子高弟辅广

---

① 曾凡朝：《杨简易学思想研究》，山东大学博士学位论文，2006 年。

各自的《诗经》注疏入手，比对了朱陆诗经学的异同。① 叶文举《杨简〈诗经〉研究的心学特色》也认为杨简的《诗经》研究是其宣扬心学思想的载体，其以"本心"对《诗经》进行本体论的解说，以"思无邪"对《诗经》加以"道德"上的阐释，是心学一派"六经注我"的最鲜明践履。② 此外，曹亚美《杨简四书学思想研究》通过杨简对《论语》《大学》《中庸》《孟子》阐释的研究，发现其四书学思想体系亦是一种心学视域下的观照。③ 孙显军《杨简的〈大戴礼记〉研究》认为杨简对《大戴礼记》的态度，与朱熹相比，多持肯定态度，其将《大戴礼记》放到儒家思想特别是心性思想的语境中加以关注，提升了《大戴礼记》的思想意义。④ 李承贵《杨简释〈论语〉抉微——以〈论语〉中部分文本为案例》以杨简解释《论语》中部分文本为案例，对杨简解释《论语》的方法与特点进行了较为深入的探讨，认为杨简解释的生命基础是"道心的滋润"，精神方向是"德性的伸扬"，方法技巧是"以行明义"，成果面向为"知识的驱逐"，从而从解释方法的角度呈现心学的特性。⑤

同时，石明庆、王素丽《杨简心学及其诗歌思想》（《河北经贸大学学报》2006 年第 3 期）、陈忻《论南宋心学家杨简的文学思想》（《西南大学学报》2011 年第 6 期）、叶官谋《南宋理学家杨简之诗赋观及其诗赋创作刍论》（《理论界》2012 年第 5 期）从文学角度挖掘了杨简的文学思想。赵灿鹏《宋儒杨慈湖著述考录》（《书目季刊》2006 年卷 39）、《宋人曹彦约〈昌谷集〉中杨简诗作的羼入问题辨析——兼论〈永乐大典〉征引佚书的误辑问题》（《书目季刊》2007 年卷 41）梳理了杨简的著述总目及对《永乐大典》误收杨简的诗歌作了辨析。

经学与文学成就虽非四明学派的轴心，但对这些成就的阐发无疑是对四明学派心学特色的整体回应，也反映其心学思想的一以贯之，同时亦有

---

① 黄忠慎：《经典、道与文字——辅广与杨简〈诗经〉学之比较研究》，《政大中文学报》2011 年第 16 期；《辅广〈诗童子问〉与杨简〈慈湖诗传〉之比较研究——以解经方法、态度与风格为核心的考察》，《文与哲》2011 年第 19 期。

② 叶文举：《杨简〈诗经〉研究的心学特色》，《孔子研究》2009 年第 2 期。

③ 曹亚美：《杨简四书学思想研究》，华中师范大学硕士学位论文，2008 年。

④ 孙显军：《杨简的〈大戴礼记〉研究》，《徐州师范大学学报》2009 年第 4 期。

⑤ 李承贵：《杨简释〈论语〉抉微——以〈论语〉中部分文本为案例》，《江南大学学报》2012 年第 3 期。

助于理解四明学派的多元思想。

(三) 社会史与思想史视阈下的考察

随着哲学研究的反思以及跨学科之间的沟通互动，"历史上的理学"研究模式逐渐受到欢迎与接受，学界亦纷纷开始还原历史上的四明学派。陈晓兰《南宋四明地区教育和学术研究》、赵灿鹏《杨慈湖与南宋后期的儒学格局》即是成功运用结合思想史与社会史研究方法的典范。陈文下篇以甬上四先生为中心，将他们放在所处时代的社会环境、思想背景以及各种社会交往关系之中，对四先生之学以及南宋四明学术总体面貌的形成和演变加以把握。通过对南宋四明学术的具体研究，揭示出乾道、淳熙年间，甬上四先生分别接受心学思想并加以倡导和发展，成为陆学最重要的弟子。由于四先生的影响，陆九渊去世后四明地区成为陆学的中心，四明学术也因此呈现出陆学独盛的局面。南宋末年，王应麟、黄震、史蒙卿等重要学者纷纷出现，又使四明学术呈现出陆学、朱学和吕学并存且渐趋融合的发展趋势。四先生之学，对南宋四明学术的形成与发展无疑具有决定性的影响。[①] 赵文亦将杨简放在当时学术背景下，指出杨氏是南宋后期最有影响的儒者。慈湖心学在南宋后期儒学格局中的主导地位，一方面与南宋中后期掌握政局枢机的史氏家族的支持有相当关系；另一方面则是因为慈湖心学在政治、文化中心地域的广泛传布。慈湖去世之后，在浙江一带兴盛一时的陆学，逐渐失位于朱学。[②] 这一跨学科的研究方法值得继续学习与运用。

在千篇一律地强调四明学派为陆学传人的同时，一些学者也从学术渊源方面纷纷提出不同的见解。钟彩钧从家学论述杨简心学思想的另一渊源，认为杨简之父杨庭显颇为重视日常道德与改过的实践，并因此而发展出理、无我、觉悟本心等理学思想，对青年时代的杨简影响甚深。作者还比较了象山与慈湖的心学思想，发现杨简不仅发展了象山的概念，更重要的是走上了不同的方向。相对于象山的道德心，杨简主张形上心，这种区别，一方面是家学的发展；另一方面间接受到佛教的启发。[③] 张念诚结合

---

① 陈晓兰：《南宋四明地区教育和学术研究》，北京大学博士学位论文，2003 年。
② 赵灿鹏：《杨慈湖与南宋后期的儒学格局》，《湖南大学学报》2009 年第 4 期。
③ 钟彩钧：《杨慈湖心学概述》，《中国文哲研究集刊》2000 年卷 17。

心学与经学角度阐发杨简思想的同时，提出杨简虽系象山高足，然其心学特征、学思历程却与象山心学迥然相异。① 王心竹《儒与禅：杨慈湖心学与佛家思想的关系》论述了杨简心学与佛家的密切关系。② 孙齐鲁也通过文献梳理，指出慈湖与象山，固有师生之谊。然慈湖之学，并非主要得力于象山，而是在其父亲的教诲下研《易》、并深造自得的结果。慈湖对象山学之贡献，更多体现为对陆门声势的壮大，后世以慈湖最得象山之真传，不啻为儒家心学史一大误会。③ 刘玉敏《杨简思想渊源探析》则认为家传影响、象山启发、环境熏陶以及其本人的勤思默想都是杨简思想形成不可或缺的因素。④ 这些学术渊源的辨析，虽有待进一步解决，但对杨简思想整体风貌的认识不无裨益。

这一阶段，尤其值得关注的是，在充分发掘杨简的同时，四先生中的袁燮也得到更多关注。邢舒绪的《陆九渊研究》在"心学的传承"一章中对袁燮作了专门的论述，着重探讨了袁燮"心即理"的心学思想和"忧国忧民"的政治伦理思想。⑤ 张如安《浅论南宋学者袁燮的社会和谐思想》指出袁燮社会政治思想中"和"的意义，如加强民主、顺乎民心、强调自我修养等等，在当时的历史条件下，都焕发着思想的光彩。⑥ 其他学者通过考察袁燮的《絜斋家塾书钞》《絜斋毛诗经筵讲义》，发掘出袁燮经学的心学与经世致用的色彩。⑦

---

① 张念诚：《杨简心、经学问题的义理考察》，花木兰文化出版社 2010 年版。

② 王心竹：《儒与禅：杨慈湖心学与佛家思想的关系》，《哲学与文化》2003 年第 6 期。

③ 孙齐鲁：《陆象山与杨慈湖师弟关系辨证》，《现代哲学》2010 年第 2 期。

④ 刘玉敏：《杨简思想渊源探析》，《宁波大学学报》2011 年第 1 期。

⑤ 邢舒绪：《陆九渊研究》，人民出版社 2008 年版。

⑥ 张如安：《浅论南宋学者袁燮的社会和谐思想》，《中共宁波市委党校学报》2009 年第 5 期。

⑦ 相关论文有：张建民《袁燮〈絜斋家塾书钞〉初探》（《华夏文化》2010 年第 3 期），陈良中《袁燮〈絜斋家塾书钞〉学术价值探析》（《重庆工商大学学报》2013 年第 4 期），郝桂敏《袁燮〈絜斋毛诗经筵讲义〉的特点及成因》（《辽宁教育行政学院学报》2007 年第 7 期），娄璐琦《论袁燮〈絜斋毛诗经筵讲义〉的阐释特点》（《中共宁波市委党校学报》2012 年第 4 期），陈小亮《袁燮毛诗经筵讲义心学思想浅析》（《西安电子科技大学学报》2013 年第 6 期）、《论甬上四先生之一——袁燮的学术思想》（《宁波工程学院学报》2011 年第 1 期）、《浅论袁燮诗的心学特色》（《宁波工程学院学报》2013 年第 4 期），谢艳飞《袁燮思想研究》（宁波大学硕士学位论文，2010 年）。

以甬上四先生作为整体进行研究的也有零星成果，袁元龙重申甬上四先生的心学可冠以四明学派，有助于甬上心学的彰扬。[①] 於剑山的《南宋"甬上四先生"研究》把"甬上四先生"作为一个整体来考察，对四先生之间的互动以及对陆学的传承和发展等作了细致明晰的分析。夏健文《甬上四先生经世思想之探析》采用比较研究法，从"时间"与"空间"双向阐释四人经世思想的成型与影响因素，指出四人经世思想的内容可分为"立论明道根基""教化理念与贡献""治世法术与实践"三方面。作者还比较了四人经世思想的异同，并附有《甬上四先生简谱》《甬上四先生与浙东学者和朱熹交往互动表》，足见义理阐释外的沉潜考索之功，对四先生生平、交游的梳理裨益不小。[②]

阳明心学与象山心学一脉相承，而王阳明又与四明学派均处浙东，因此两者在地域与学术上的共性引起了这一时期不少学者的注意，出现了围绕甬上心学与阳明心学的关系及其差异的热烈讨论，如钱茂伟《论湛若水〈杨子折衷〉的学术价值》（《宁波大学学报》2002 年第 2 期）、游腾达《阳儒阴释：论罗整庵、湛甘泉对杨慈湖的评判》（《中国文学研究》2008 年卷 26）与《慈湖学说在明代中叶的回响——以阳明后学评骘"不起意"说为焦点》（《国文学报》2008 年卷 43）、贺广如《心学〈易〉之发展：杨慈湖和王龙溪的〈易〉学比较》（《中国文化研究所学报》2011 年第 52 期）、王金凤《略论阳明心学与陆九渊、杨简思想之关系》（《贵阳学院学报》2013 年第 1 期）、何静《杨简心学新论》（《社会科学研究》2013 年第 5 期），这些成果从长时段的历史视角，观察了杨简思想在明代的反响及对阳明心学形成的启发。而对甬上四先生后学的关注，也渐露端倪，主要集中于桂万荣医学成就的阐发，如张磊《〈棠阴比事〉版本考》（《图书馆工作与研究》2001 年第 3 期）、胡玉冰《和刻本〈听讼汇案〉考》（《宁夏大学学报》2010 年第 1 期）、邹瀚莹与陈立可《以〈棠阴比事〉为中心解读中国古代侦查方法及谋略运用》（《法制与社会》2011 年第 18 期）。

---

① 袁元龙：《四明学派·浙东学派·浙东史学派》，《中共宁波市委党校学报》2003 年第 5 期。

② 夏健文：《甬上四先生经世思想之探析》，台湾彰化师范大学博士学位论文，2009 年。

随着理论研究的深入，一些遗留问题或新课题的阐释，有赖更多史料的发掘，因而对文献的要求越来越高。学界也意识到这一点的重要性，浙江大学董平教授积数年之力，整理出版了《杨简全集》（浙江大学出版社 2016 年版），为学界研究提供了第一手且完备的信本。为进一步宣扬四明学派，2011 年宁波举办了国内首届杨简学术研讨会，论文结集成《慈湖心舟——杨简学术研讨会论文集》（浙江大学出版社 2012 年版），所论颇广泛，涉及杨简与心学，杨简与佛、道教及其他学者的互动，杨简与明代阳明心学等几大主题的探讨，掀起四明学派研究的小热潮。

四　反思与出路

通过上述梳理，可以看出，1990 年前对甬上四先生与四明学派的关注寥寥，有之也多视为陆学附庸一带而过。重视对四明学派的研究，主要是 1990 年代特别是 2000 年以来，并逐渐形成了三大研究群体，一是台湾地区以台湾大学、台湾师范大学、"中央大学"为中心的学术重镇，主要体现为多篇有分量的博硕学位论文；二是以郑晓江、李承贵为代表的江西学人以及有学缘的研究群体；三是浙江境内的浙江大学及四先生故里以宁波大学为代表的几所高校。前两派的研究时段集中于 1990 年代，关注的出发点主要是四明乃江西陆氏的浙东嫡传，故重点在于以心学为中心的哲学阐释。而四明学派受到浙籍特别是宁波学者的青睐，无疑源于地方文化建设的意识，他们在前人研究的基础上，从经学、文学等不同角度，深化了四明学派的研究，取得了颇为丰富的成果。但综观一系列的研究，其中的不足值得今后补罅。

其一，从研究对象与内容来看，现今对四明学派的研究，基本扎堆于杨简一人，大有以杨简取代其余三先生之势。对袁燮的关注多属浮光掠影，至于舒璘、沈焕二先生的专题探讨更是寥若晨星。对甬上四先生的后学如陈埙、袁甫、史蒙卿等人，也仅有地方报刊媒体的表彰，学术研究付之阙如。其实，正如文天祥所论："广平之学，春风和平；定川之学，秋霜肃凝；瞻彼慈湖，云间月澄；瞻彼絜斋，玉泽冰莹。"[①] 四人虽共同服

---

① 文天祥：《文山先生全集·郡学祠四先生文》，嘉靖三十一年刻本。

膺心学，但为学侧重点各有不同。但现有研究只对四人孤立探讨，对四先生思想、活动的内在同异较少涉及，还有待进一步审视。

其二，研究视野需要进一步放开，并进行横纵向的观照。四先生的学术渊源，已引起不少学者的质疑。四明学派承接象山心学外，还与吕祖谦之学常有互动。淳熙八年，吕祖俭出任监明州仓，常与甬上四先生切磋讲论，还应邀在明州各处书院讲学，将"得中原文献之传"的吕学也带到了甬上，受到当地学者的热捧，深深影响了四明学术的发展，所以全祖望甚至认为作为陆学弟子的沈焕亦属明招一脉，"端宪（沈焕）尤睦于成公（吕祖谦），及其家居，忠公（吕祖俭）又宦于鄞，切磋倍笃。故沈氏之学，实兼得明招一派，而世罕知之者"①。何炳松也认为："金华一支三家崛起之后产出一个吕祖俭，他把金华的史学第一次传到四明去，这都是我们研究浙东学术时必须注意的史迹。"② 可见吕祖俭明州之行，在浙东学术史上意义深远，因而四明学派与吕学的互动，以及这一交流到底有何影响？此外，朱熹在甬上也有大量传人，心学一派与朱学的辩驳融合如何？又，四明学派与江西的象山衣钵槐堂诸儒有何不同，二者如何定位？又如，南宋四明心学对当时四明学术的影响以及与后世本土诞生的阳明学派之关系究竟如何？这一系列课题，均值得深入发掘。

其三，现有研究多呈微观碎状，缺乏高屋建瓴的统筹意识，因而难窥四明学派的整体风貌。综观这些研究成果，学者们多从各自的学科领域出发，对四明学派展开哲学、文学、教育等方面的精细解读，取得了丰硕成果。但这些研究如"丸之走盘"，始终在"圆盘"内往复循环，无法证明四明学派心学思想的一以贯之，也难以体会四明学派以心学为主轴来统摄义理、诗文、经世。如能以综合的思维与宏观的模式，把握思想主线，当前四明学派的研究必能突破瓶颈。

其四，在研究方法上，文史哲打通的跨学科研究也有待进一步尝试与运用。现有研究多限于思想层面特别是哲学史角度的考量，方法比较单一。其实，四先生除哲学思想有精到见解外，在南宋的政治舞台上也占有

---

① 全祖望：《竹洲三先生书院记》，《全祖望集汇校集注》，上海古籍出版社 2000 年版，第2911页。

② 何炳松：《浙东学派溯源》，岳麓书社 2011 年版，第 160 页。

重要席位。从他们的政治主张和实践中，可以更加深刻地认识他们的思想，也有助于了解南宋社会的现实状况，以及思想家如何处理理想与现实的问题。

第七节　文献学与学术史：百年王应麟研究路径的交叠

王应麟（1223—1296），字伯厚，号厚斋，又号深宁居士，庆元府鄞县（今浙江省宁波市鄞州区）人，宋元之际著名的经史学家、文献学家。南宋淳祐元年进士，复中博学宏词科，历官太常寺主簿、通判台州，召为秘书少监、权中书舍人，知徽州、礼部尚书兼给事中等职。为人清介耿直，屡次忤触权臣丁大全、贾似道、留梦炎，后辞官回乡，专意著述二十年，宋亡后抱民族大义，深自晦匿，不与世人相接。王应麟出身于四明竹林王氏世家，其父王撝，为吕祖谦高弟楼昉的门人。王应麟幼承庭训，深受吕学浸淫，后又师从朱子后学王埜。故从师承而言，王应麟与朱、吕之学皆有渊源。

王应麟治学"汉宋兼采"，以求实致用为宗旨，广涉经史、天文、地理、典章、历算，蔚为一代通儒。其一生著作宏富，总计二十余种、七百多卷，涵括经、史、子、集四部。其中，《玉海》《困学纪闻》《汉书艺文志考证》《通鉴答问》《诗地理考》等最受学界推崇，《三字经》相传亦为其所编。作为宋末元初的学术代表及浙东学派史上的学术大宗，王应麟历来受到学者的瞩目，袁桷、黄宗羲、阎若璩、全祖望、钱大昕等人均对王应麟的生平行迹、经史之学及学术渊源做过述论。与传统札记式的评点相比，20世纪以来在现代学术视野与学科知识体系下对王应麟的百年研究，取得了更为丰硕的成果。回顾、评述这一学术研究史，无疑有裨于今后之研究。[①]

近百年的王应麟研究，按研究特征与学术进度，大体可分三大阶段：1980年前为初步期，大致围绕《困学纪闻》《玉海》及王应麟著述的版

本展开；1980 年至 90 年代末为第二期，主要阐发王应麟的文献学、目录学成就，对其理学思想的发掘也逐步兴起；2000 年以来的 10 余年为第三期，在继承先前研究的基础上，对王应麟理学、经学、文学思想的论述及学术渊源的梳理日渐兴盛，而关于《三字经》是否为王应麟编纂的讨论尤其成为学术热点。

一　文献学角度的解读

元明两世，虽有不少学者评点王应麟之学，但多为一鳞半爪。明末清初，由于社会背景、思想环境与王应麟所处时代相似，又因王应麟博学多闻、擅长考证、追求经世之学与当时崇尚实学的学风吻合，深宁之学备受关注而大放异彩。顾炎武、阎若璩等人在学术上深受王应麟影响，对王氏的考证学著作《困学纪闻》展开评论、笺注。乾嘉时期考据学大兴，《困学纪闻》亦大受学者热捧，程瑶田、屠继绪、万希槐、何焯、全祖望、翁元圻等人纷纷对此书进行考订、笺释。全祖望还于《宋元学案》内专立《深宁学案》，对王应麟的学术作了全面的概括、阐发。钱大昕首编《王深宁先生年谱》，简略地梳理王应麟的生平行迹。道光年间，鄞县人陈仅重订《深宁先生年谱》。光绪时期，杭州人张大昌完成浙江书局的王应麟著述整理，又将钱、陈二谱重订成新谱《伯厚先生年谱》。这些成果均为后世王应麟研究积累了基础资料，一些评价也为后来提供了启示。

进入 20 世纪，在西潮东渐的鼓荡下，西方现代学术思潮涌入中国，尤其是科学主义方法大受追慕。在史学领域，考证主义史学颇受国内学者的青睐。梁启超大力推崇清代学术的"科学精神"，在追溯清学的源头时，认为："宋王应麟《困学纪闻》，为清代考证学先导。"[①] 这一判定，基本成为日后的共识。1937 年抗战爆发后，面对中华民族的生死存亡，学者们积极投入学术救国之路，具有忠义气节、民族大义的历史人物纷纷受到表彰、颂扬。许钧撰《王应麟传》，详细介绍王应麟忠肝义胆、正直敢言的事迹与品格，对王应麟心系国家、民瘼的精神尤为赞赏。[②] 这些评

---

① 梁启超：《梁启超论清学史二种》，复旦大学出版社 1985 年版，第 380 页。

② 许钧：《王应麟传》，《河南博物馆馆刊》1937 年第 9 期。

点虽不乏独见，但无具体论述，多简略掠过，实质性成果较少。王应麟研究直到 20 世纪六七十年代，才有了突破与起色。

1964 年，著名目录学家、版本学家王重民发表《王应麟的〈玉海·艺文〉》，从目录学角度整体分析了《玉海》中《艺文》的编撰特色与价值，认为《玉海·艺文》虽没有形成完整的主题目录，但是带有引导我国分类目录走向主题目录的倾向，为主题目录打下了良好的基础。[①] 遗憾的是，随之而来的政治运动中辍了这一良好势头。在"批林批孔"运动中，作为传统蒙学教材的代表，《三字经》遭受大肆攻击，全国一度兴起"批判《三字经》热"。《三字经》因"性善论""三纲五常""学而优则仕"等思想被视为唯心史观、反动教育观，甚至被斥为"浸透着孔孟之道的毒汁""五毒俱全的大毒草"。[②] 在批判中，学者们也大多认为《三字经》为王应麟编纂。

70 年代的王应麟研究在大陆基本处于歪解、停滞阶段，而在台湾地区却取得了重大进展。这一时期台湾地区的传统思想文化氛围浓厚，又在钱穆、屈万里、戴君仁等人的表率培养下，逐渐涌现出一大批国学功底扎实的青年才俊，出现了多部关于王应麟研究的硕士学位论文。吕美雀的《王应麟著述考》（1972）从文献学角度对王应麟经、史、子、集四类著作的成书时间、写作背景、版本及演变过程等都作出了详细的考察。许光明的《王应麟研究》（1972）、庄谦一的《王厚斋学术及其著述考》（1977）则从生平、著述、经学、子学、诗文观及年谱编纂方面较全面地介绍了王应麟的学术与著述。三部论文，文献扎实，考证有力，能较系统地论述王应麟的著述与经史、诗文成就，深度与视野均超越先前。

硕士学位论文之外，这一时期具有深远影响的王应麟研究当属钱穆的《王深宁学述》。钱穆不认同全祖望"（王应麟）独得吕学之大宗"的论断，从师承与为学精神等方面论证王氏之学实源出朱熹学统，并偏重经史之学。同时又比较了顾炎武、王应麟二人的身世与学术，认为"《日知录》最与《困学纪闻》相似"，"深宁言作经载道，因经明道，亦可谓即是亭林经学即理学之先声"。除对王应麟学术渊源的判断外，此文的价值

---

① 王重民：《王应麟的〈玉海·艺文〉》，《学术月刊》1964 年第 1 期。

② 易仁森、张艮玉、汪新平：《〈三字经〉是什么货色》，《武汉大学学报》1974 年第 3 期。

还在于对朱子学以及整个中国学术分途的鉴别。他认为朱子之学可分性理、经史之学，中国学术也大体可分约礼、博文两类，整个传统学术流衍的趋势如汉学、宋学之争也都是在这两端之间互相更迭的结果。[①] 钱氏的论述，虽渗透了较多的主观偏好[②]，但其中的见识至今看来，仍不乏重要意义。此外，与民国时期称重《困学纪闻》却一掠而过相比，辅仁大学历史系甲凯对此书作了较为深度的解读，发表《王应麟〈困学纪闻〉》（《中央月刊》1978年第10卷第10期），开启了现代学术视野下的《困学纪闻》研究。

通观第一时期的王应麟研究，尚处草昧阶段，但学者们均认同《困学纪闻》的价值与影响。民国的研究以介绍性居多，而六七十年代大陆学者因受政治运动及教条主义的干扰，多歪曲《三字经》的教育意义。王重民及1970年代钱穆等学者从文献学、学术史角度梳理王应麟的著述、学术渊源，解读较为深刻、全面，起点颇高，代表了这一阶段的学术水准，同时也预示着王应麟研究逐渐走向深入、兴盛。

二　学术思想的初步观测

进入1980年代，伴随政治运动的结束与思想的大解放，大陆学术研究步入正轨，传统思想文化研究逐渐恢复生机。与港台学者的观测点不同，内地学者主要从思想史、学术史的视阈论述王应麟的思想成就。侯外庐等编著的《宋明理学史》认同全祖望对王应麟"独得吕学之大宗"的定位，在"吕祖谦的理学思想"后专设"吕祖谦的后学王应麟"一节，从家学、师承、交友等维度切入，指出王应麟"兼取诸家、不名一师、不主一说"的治学风格确实偏于吕学一脉。[③] 这是从理学角度对王应麟思想的首次系统论述，对于后人把握王应麟的学术思想具有指导意义。王文

---

① 钱穆：《王深宁学述》，《东方杂志》复刊八卷五期，1974年。
② 钱穆极喜朱熹，其对王应麟学术渊源的判断，虽有自家见解，但渗透了过多的主观喜好，实有失偏颇。此外，钱氏的许多论证也难以令人信服，如在此文中，全举《困学纪闻》而不见王应麟的其他著作。须知《困学纪闻》虽是王应麟的代表作，但不能涵盖其所有著作，也不能由此来概括王应麟之学术总面貌。又如钱氏极为批驳全祖望"深宁学出东莱"的观点，但整篇文章并未提及吕祖谦之学术及王应麟与其不同之处。
③ 侯外庐、邱汉生、张岂之主编：《宋明理学史》，人民出版社1984年版。

华《王应麟及其〈困学纪闻〉》从学术史角度衡量王应麟的地位，认为王氏师法吕祖谦，学问广博，重视历史文献的考订，该文着重阐述了《困学纪闻》的内容、治史方法，并以具体实例论证《困学纪闻》在考证方法上的承先启后的作用，以及王应麟"清代考据学先导"的地位。① 80年代史学界"五朵金花"的思维与讨论余波未退，因此王应麟的民族气节与爱国主义精神仍持续受到关注与表彰。另外，针对辑佚是否为王应麟首创等问题，王文华发表了《王应麟辑佚书问题》②，肯定了辑佚补缀之"成法"为王应麟所创。王文华从学术史、文献学角度对王应麟著述的探讨，引领了大陆《困学纪闻》的研究。

　　承接前一阶段的良好态势，80 年代的海外学者继续保持对王应麟的研究兴趣，刊发了众多成果。美国印第安纳大学 C. 布拉德福·兰利的博士学位论文《王应麟（1223—1296）：宋亡后的政治与学术史研究》（1980）主要从生平角度概述王应麟的一生，因偏重生平事迹，故对王氏学术思想的解读有限，但此文是西方王应麟研究的第一部著作，颇有开创意义。③ 台湾大学何泽恒的博士学位论文《王应麟之经史学》（1981）以《困学纪闻》为主要依据，重点考察王应麟的经学、史学成就，高度评价王应麟治经学能兼采汉宋，融会贯通，在史学上将史事与经义互证，并以经世致用为根柢。论文还分析了王应麟学术与清儒的关系，认为自顾炎武以下清儒的考证著书，多仿效《困学纪闻》的体裁，却忽视了王应麟"考证经史以申明义理"的一面。何氏的许多论断深受钱穆《王深宁学述》的启发，却能在钱文的基础上继续深化，解读深厚，至今仍是较有分量的论著。除整体观测王应麟的经史之学外，80 年代的台湾学者也多从文献学角度发掘《玉海·艺文部》的价值。其中，陈仕华的《王伯厚及其玉海艺文部研究》（东吴大学硕士学位论文，1984 年）深度梳理《玉海》的版本、《艺文部》的体制、分类、征引文献等，是当时全面研究《玉海·艺文部》的代表作。

---

　　① 王文华：《王应麟及其〈困学纪闻〉》，《史学史研究》1986 年第 4 期。

　　② 王文华：《王应麟辑佚书问题》，《中国历史文献研究》（三），华中师范大学出版社 1990 年版。

　　③ Charles Bradford Langley, *Wang Yinglin* (1223—1296): *A Study in the Political and Lectual History of the Demise of Song*, Ph. D. Dissertation, Indiana University, 1980.

与 80 年代普遍追求思想、自由、文艺的"文化热"不同，1990 年代的大陆学界在市场经济的大潮下，更加注重经济、法律等与现实密切相关的社会科学，呈现出理性、慎思、严密的学风。与之相应的是，学术史与实学思想研究迅速升温。作为中国学术史上的重要环节，王应麟自然受到学者的高度关注，出现了多篇有价值的论文，如魏殿金与杨渭生的《论王应麟的学术成就及其特点》（《浙江学刊》1995 年第 3 期）、张祝平的《王应麟〈诗考〉版本源流厘正》（《南通师专学报》1994 年第 2 期）、布仁图的《筚路蓝缕，开前人之所未开——谈王应麟在文献学方面的贡献和成就》（《内蒙古社会科学》1997 年第 5 期），从学术成就与文献学角度考衡王应麟的地位与著述。治学博洽、长于考证、兼容并蓄等论点基本成为王应麟学术的概括。这一时期，值得关注的还有吴松弟的《王应麟》，该文详细介绍王应麟在历史地理学方面的成就，认为他是"系统论述历代疆域政区沿革与军事地理的先驱"①。葛荣晋《中国实学思想史》、吴怀祺《宋代史学思想史》等思想史通论则初步发掘出王应麟"致力于实政、实事，提倡实修、实践"的为学风格与"见盛观衰，强调人事、民心、才德"的史学思想。② 这些研究虽略显粗糙，有待深入，但无疑扩大了研究范围，酝酿着王应麟研究的新变化。

与大陆相比，90 年代台湾的王应麟研究在前一阶段的丰厚积淀下，兴起了反思之风，表明学术研究的演进与深化。与学者赞赏王应麟的学术思想不同，张元从王应麟的《通鉴问答》出发，检讨其历史思想的不足。他认为王应麟扩大解释了历史中的"事"，也未完全理会朱熹、吕祖谦思考历史问题的方法，而且，王应麟过于关注典籍记载的文字含义，忽略了历史图像的模拟勾勒。③ 林素芬《博识以致用——王应麟学术的再评价》则对王应麟研究的误区作了胪列、矫正，指出王应麟的文献学、考证学深受理学的重要影响，其中蕴含经世致用的治学用意。受余英时"内在理

---

① 吴松弟：《王应麟》，载谭其骧主编《中国历代地理学家评传》第二卷，山东教育出版社 1990 年版。

② 葛荣晋：《中国实学思想史》第十二章"深宁学派及其实学思想"，首都师范大学出版社 1994 年版；吴怀祺：《宋代史学思想史》第十章"王应麟、黄震和胡三省的史学思想"，黄山书社 1992 年版。

③ 张元：《试析王应麟的历史思想》，台湾《清华学报》1991 年第 9 期。

路"说的影响，作者又从"内在脉络"角度考察人生轨迹、时代学风、经世要求对王氏学术的重大影响，并以《宋元学案》《四库全书总目》对王氏学术的不同评价，呈现学术评价与学术视域之间的交错互动。[①] 此文联合运用"内在脉络"与比较的解读方法，颇具新颖，且论证有理有据，参考价值甚高。

此外，值得一提的是，90 年代的王应麟研究还呈现了两大新亮点。一是与以往多将王应麟置于中国学术史中考察不同，随着这一时段浙东学派研究的兴盛，众多浙籍学者纷纷从浙东学派发展史的视野鸟瞰王应麟及其深宁学派，如王凤贤及丁国顺的《浙东学派研究》（浙江人民出版社1993 年版）、管敏义的《浙东学术史》（华东师范大学出版社 1993 年版）、钱茂伟的《浙东学术史话》（宁波出版社 1999 年版）均设有王应麟及其深宁学派的篇章，肯定王应麟及其弟子胡三省、戴表元、袁桷等人在浙东学术史上的地位。二是王应麟编纂的《三字经》开始受到肯定与关注。1990 年，《三字经》被联合国教科文组织列入《儿童道德教育丛书》，一跃成为世界性儿童启蒙教材。与此同时，国内正兴起第一波国学热。在这两股风潮的助推下，《三字经》逐渐受到青睐，宁波文化界还于 1996 年举办王应麟逝世 700 周年纪念会，表彰王氏编纂《三字经》的贡献。但在肯定其价值的同时，许多学者又认为《三字经》同一般传统文化一样，精华与糟粕并存，尤其一些反映封建社会伦理的道德观应当剔除。这一态度折射出世纪之交国人对传统文化仍保持谨慎的心态。

观察这 20 年的王应麟研究，已不满于简单介绍，而是向纵深、全面的研究趋势推进。学者们不仅深入考证《困学纪闻》《玉海》《诗考》的版本与内容，还对王应麟的学术成就、史学思想、历史地理学等进行了全方位、总结性的概括。而从研究群体与特点来看，大陆与台湾虽共同推动了这 20 年的王应麟研究，但呈现出两条不同特征的路线。台湾学者以继承前一阶段的良好势头为主，仍热衷从文献学角度考述王应麟的经史著作。与 1980 年前相比，大陆的王应麟研究则有了质的飞跃，侧重从理学、学术思想角度发掘王应麟作为思想家的风貌，这当然与各自的时代背景、

① 林素芬：《博识以致用——王应麟学术的再评价》，台湾大学硕士学位论文，1994 年。

历史环境息息相关。而 90 年代末对《三字经》的重视昭示出地方文化建设下，关于王应麟与《三字经》的讨论将成为学界热题。

三　多元视角的交织

延续 90 年代兴起的"学术史热"，2000 年以来的学术思想史研究愈来愈显示出它的蓬勃生机与活力，主要表现为：研究群体急剧扩大，史料文献更为丰富，研究的眼光更趋广阔，方法也愈加多元。在这一进程中，王应麟研究也呈现出几大新转向。

（一）王应麟的著述与文献学思想研究

作为文献学史上的名著，《困学纪闻》与《玉海》一直备受学者的赞誉。与以往相比，最近 10 余年的研究除继续考订《困学纪闻》《玉海·艺文部》的版本源流及文献价值外①，在深度与广度上均有了较好的进展。就研究深度而言，学者们运用目录学、注释学、图书编撰学等理论，分析《困学纪闻》《玉海·艺文部》的特点与价值，重要的论文有赵宣《简论〈玉海·艺文〉中主题目录的新方向》（《图书情报工作》2007 年第 8 期）、吴漫《论王应麟〈困学纪闻〉的注释特点》（《河南图书馆学刊》2008 年第 3 期）、武利红《王应麟与图书编撰学》（《山东图书馆季刊》2005 年第 3 期）、李润鹤《〈玉海·艺文〉的图书分类法及现代价值研究》（郑州大学硕士学位论文，2012 年）。经过学者们的爬梳、抉微，《困学纪闻》与《玉海》的众多价值得到了更丰富的展现。

而从研究范围来看，王应麟其他的重要著作如《汉书艺文志考证》《急就篇补注》《诗地理考》《诗考》也得到普遍关注。杨万兵《王应麟〈汉书艺文志考证〉的文献学贡献》肯定了《汉书艺文志考证》在文献学上的地位。② 杨毅《王应麟〈玉海〉与〈汉艺文志考证〉关系考略》分析了二者的关系，认为《玉海》的文献编撰为《汉书艺文志考证》积累

---

① 较有代表的有张骁飞《〈困学纪闻〉版本源流考述》（《中国典籍与文化》2009 年第 2 期、刘跃进《〈玉海·艺文〉的特色及其价值》（《复旦学报》2009 年第 4 期）。

② 杨万兵：《王应麟〈汉书艺文志考证〉的文献学贡献》，《安庆师范学院学报》2007 年第 4 期。

了基础，而《汉书艺文志考证》又对《玉海》作了深化与补充。① 李小茹《王应麟〈急就篇补注〉及相关问题研究》重点阐述王应麟的《急就篇补注》，并总结了其注释的原则和方法。② 魏娜《王应麟〈诗考〉与辑佚研究》评价了《诗考》的辑佚体例、内容与成就。③ 石玉《王应麟〈诗地理考〉研究》梳理《诗地理考》的内容与史料来源。④

　　《玉海》卷帙浩繁，共分天文、地理、官制、食货、艺文等 21 门，被誉为百科全书式的著作，历来受到高度重视。因此这一时期，除之前火热的《艺文部》研究外，其他门类也纷纷进入学者的视阈。龚延明《"千品"解及其他——王应麟〈小学绀珠·职官类〉札记》对《小学绀珠》中众多容易混淆的官名及其职掌作了考证与解释。⑤ 刘圆圆《〈玉海〉实录问题研究》（上海师范大学硕士学位论文，2010 年）、肖光伟《〈玉海〉所引隋唐五代文献研究》（上海师范大学博士学位论文，2011 年）对《玉海》中涉及隋唐、五代、两宋实录史料的编撰特点、价值作了精细的评述。杨佳媛《〈玉海·地理门〉文献部分述论》则从历史地理学角度研究王应麟的地理学成就与《玉海·地理门》的学术价值。⑥ 综观这些研究，除原有的文献学学者外，一些图书馆学、历史地理学背景的学者也纷纷加入王应麟著述的探讨，研究的范围与视野愈加宽广。

　　在考述王应麟文献学著作的同时，学界还整体考察了他的考据学理论，方如金等人的解读成为这一方面的代表。他认为王应麟重视史料、博取百家、补正注疏、疑古辨伪等考据学风深深影响了清儒的辨伪思想。与钱穆、何泽恒等人的观点不同，不少学者认为清代学术以经世致用为特质，清初诸儒"与王应麟有着共同的学术追求，并多方借鉴他的学术思

---

① 杨毅：《王应麟〈玉海〉与〈汉艺文志考证〉关系考略》，《图书情报知识》2012 年第 4 期。

② 李小茹：《王应麟〈急就篇补注〉及相关问题研究》，西南师范大学硕士学位论文，2005 年。

③ 魏娜：《王应麟〈诗考〉与辑佚研究》，河南大学硕士学位论文，2008 年。

④ 石玉：《王应麟〈诗地理考〉研究》，山东大学硕士学位论文，2009 年。

⑤ 龚延明：《"千品"解及其他——王应麟〈小学绀珠·职官类〉札记》，《北京联合大学学报》2013 年第 1 期。

⑥ 杨佳媛：《〈玉海·地理门〉文献部分述论》，陕西师范大学硕士学位论文，2013 年。

想和理论，为清代总结批判理学、倡导经世致用的新学风奠定了基础"①。而赵辉、施建雄的《历史情怀与求真意识：王应麟的历史考证》认为王应麟的历史考证包含着深深的历史情怀，也渗透着浓厚的求真意识。②

（二）王应麟的经学、史学、文学、蒙学思想研究

90年代的学界已初步发掘出王应麟"汉宋兼采，经史贯通"的经学特点与"见盛观衰，强调人事"的史学思想。这一时期在"经学热"与"史学热"研究的激发下，学者进一步发挥了王应麟的经学与史学思想。其中，对王应麟经学的研究，既突破了原有的研究范围，也不满足于就经学谈经学的模式，呈现出新的转向。王长红《王应麟易学思想研究》开拓出王应麟易学思想的研究，认为王应麟解易融象数与人文价值于一体，其中的处世哲学和治国理想，秉承了浙东学派的事功精神。③ 其采取史易互解互证的方法，丰富了援史解易的模式，将参证史事释易推向纵深。马丽丽在宋末元初"六经"学与"四书"学局面消长的视野中，考察了王应麟在治经上尊"六经"、退"四书"以纠正当时学风空疏的目的。④ 董铁柱《〈诗经〉与心学之原——从王应麟的论点出发》则将王应麟的经学观点放在心学思想的源流中考察，认为《困学纪闻》中将《诗经·敬之》视为心学之原的论断令人信服，也为理解心学的宗旨提供了新的视角。⑤

与经学研究相比，这一时期对王应麟史学思想的研究，数量较少，水平也较有限，主要以吴漫的论述为代表，集中于《从〈困学纪闻〉看王应麟的历史思想》（《史学理论研究》2004年第4期）、《王应麟〈困学纪闻〉的史学思想》（《史学史研究》2007年第3期）。她认为王应麟强调

---

① 方如金、陈欣：《王应麟的考据学理论及其对清代的影响》，《安徽师范大学学报》2004年第2期。

② 赵辉、施建雄：《历史情怀与求真意识：王应麟的历史考证》，《廊坊师范学院》2011年第6期。

③ 王长红：《王应麟易学思想研究》，《中州学刊》2012年第2期。

④ 马丽丽：《王应麟尊六经退四书探析》，《宋史研究论丛》第十四辑，河北大学出版社2013年版。此外，马丽丽还通过王应麟与《周礼》《伪古文尚书》的个案考证，凸显王应麟治学的求实之风，见氏著《王应麟与〈周礼〉》《王应麟与〈伪古文尚书〉》，分载《中国古典文献学丛刊》第八卷、第九卷。

⑤ 董铁柱：《〈诗经〉与心学之原——从王应麟的论点出发》，《汕头大学学报》2015年第1期。

社会发展中人事的作用，重视人的主观能动性，表现出一定的唯物主义倾向。但另一方面，又存在着天命观的影子，不能摆脱神学唯心主义的束缚。此外，《困学纪闻》注重史学的道德裁判，以实现维护封建统治秩序的目的。这些论断，沿袭了 90 年代的观点，还未跳出唯物、唯心主义二元对立的判断标准。

随着学科之间的频繁交流及学术研究的纵深发展，一批文学、教育学背景的学者也参与到王应麟研究中，开辟出王应麟文学、蒙学思想的研究。在文学研究方面，既有对其文学思想的整体观照，也有从诗论、文体学、词科学角度，或运用比较方法阐发王应麟的诗文成就，代表性论文有汪春泓《王应麟与〈文心雕龙〉》（《中国典籍与文化》2002 年第 2 期）、任竞泽《王应麟的文体学思想》（《济南大学学报》2011 年第 1 期）、王水照《王应麟的"词科"情结与〈辞学指南〉的双重意义》（《社会科学战线》2012 年第 1 期）、钱志熙《试论王应麟的学术思想与文学成就》（《求是学刊》2014 年第 1 期）、蒋寅《王应麟诗论的文本特征及其诗学史意义》（《上海大学学报》2014 年第 1 期）、曹家欣《王应麟〈词学指南〉研究》（华东师范大学博士学位论文，2014 年）。其中，王水照从王应麟家族的"词科"情结探讨《辞学指南》的编纂背景及其在文章学史上的意义。钱志熙结合南宋学术发展的内在理路，论述王应麟学术格局的形成及对其文学思想的影响。这二人的研究鞭辟入里，甚富意义，为突破王应麟研究的瓶颈作了很好的引领与启发。

《三字经》研究如火如荼的同时，不少学者跳出这一论争，对王应麟的蒙学思想展开探讨，相比而言，更为有效。唐燮军《论王应麟的蒙学》（《宁波大学学报》2001 年第 1 期）、吴清《王应麟蒙学研究》（兰州大学硕士学位论文，2011 年）从著作编纂、教育实践、教育观等方面盘点王应麟的蒙学著述与蒙学思想，为世人展示了除《三字经》之外，王应麟还有《小学讽咏》《小学绀珠》《姓氏急就篇》《急就篇补注》等大量蒙学著作。研究还指出，王应麟的蒙书编撰、补注、考辨，在体例、内容上，均进一步发展了前人的成果。而王氏"蒙以养正，寓教于乐"的蒙学思想建基于其学术思想之中，与其经世致用的治学宗旨相互契合。

（三）王应麟的学术渊源辨析

长期以来，对王应麟学术思想的探讨是王应麟研究的关注点。这一时期，有关这方面的研究，最突出的成果是对王应麟学术渊源的争论。因王应麟学出众家，学脉多元，与朱熹、吕祖谦之学皆有渊源。所以自其逝世起，历代对他的学术渊源就存在分歧，主要形成两派：一派主张源自朱熹，以贝琼、黄百家、四库馆臣、钱穆等人为代表；另一派认为他兼治众家，不主一说，偏向吕祖谦之学，以全祖望、童槐、侯外庐、王文华等为代表。综观这两派的观点，不难发现，古人多侧重于"印象式"与"标签式"，仅从师承关系上寻解。今人则大多"以偏概全"，或以《困学纪闻》一书代替王应麟之学术全貌，或仅论述其学术风格而忽视其思想。因此，面对这一悬置未决的学术公案，10 余年来学者从源头、文献方面也作了较多的肃清。

张三夕、杨毅《论王应麟的学术渊源》在检讨两派观点的优劣后，从王应麟的历史世界与思想学术考察，认为："王应麟在思想上认同朱熹，著作中体现道学思想也无足为奇，不能依此就把王应麟视为朱子之学统。王应麟为学不主一说，不名一师，理学思想有融会朱、陆之意，且又受到陈亮、叶适等人经世之学的影响。在学术方法上，他的一个最大特色就是综罗文献，遍采诸家之说。……无论在思想上还是在学风上，王应麟都与吕祖谦更为接近。"① 马艳辉《王应麟学术研究》认为王应麟兼采三家之学，于朱熹取其考据，于吕祖谦取其综罗文献，在理学思想上则兼取朱、陆，表现出不名一师、不专一说的特点。② 马丽丽在《王应麟学术思想研究》中则通过精心考证，否认了全祖望所谓的"深宁之父（王撝）亦师史独善以接陆学"以及"深宁之学得之徐氏凤"的说法，指出王应麟的学术实渊源于朱熹和吕祖谦，而与陆九渊之学无缘。③

至于王应麟是否主张"以朱变陆"，也曾是王应麟学术研究中的争议点。贝琼、黄百家等人强调王应麟倡导朱熹之学，以救治陆氏偏驳之弊，确认王应麟"以朱变陆"。而全祖望否认王应麟"以朱变陆"，认为其学术兼宗朱、陆之传。马丽丽通过文献钩沉发现，王应麟极力反对陆学弃书不观的做法，强调读书，并从经典中把握和体会人生，处处体现了维护朱

---

① 张三夕、杨毅：《论王应麟的学术渊源》，《浙江学刊》2010 年第 1 期。
② 马艳辉：《王应麟学术研究》，广西师范大学硕士学位论文，2006 年。
③ 马丽丽：《王应麟学术思想研究》，南开大学博士学位论文，2009 年。

学而纠正陆学，进而肯定其"以朱变陆"的特点。① 这些辨析虽还有待深化，但能立足文献本身，从思想内质入手，不盲从旧说，反映了学术研究的客观、理性与深入。

（四）《三字经》价值的阐发及作者、成书年代的争论

21 世纪以来，第二波国学热悄然兴起，一时间，"读经讲史""国学培训"风卷全国，传统蒙学读物"三百千"也随之成为儿童启蒙阶段的必读教材。在这一背景下，与 90 年代保持谨慎的态度不同，近 10 余年来，越来越多地彰显了《三字经》的积极意义。学者们从教育功能、哲学意蕴、文化精神等层面不断阐发《三字经》的意义与价值，认为《三字经》内容完备，知识广博，编写形式独特，体现了我国传统识字教学的智慧和蒙学教材的特色。当然仍有学者提出反对意见，认为《三字经》中有宣扬宿命论、顺民等封建礼教思想的内容，应加以扬弃。

关于《三字经》的作者归属、成书年代，自清代以降虽存在不同的说法，但多倾向于王应麟编纂，成书于宋末元初。而这一时期全社会对《三字经》的高度关注，点燃了学界对《三字经》作者、成书年代等系列问题的论争。关于《三字经》的作者，学界主要有两种观点：一是王应麟说，这一派以宁波籍学者居多。如戴松岳认为《三字经》的作者必须博学多才，同时又非常热爱儿童教育，王应麟正符合这一标准。他还指出宋以前的童蒙教材均为四言，至南宋时才出现三字句。《三字经》全篇以三字为句，一气呵成，这种特有的文体为王应麟所擅长，因而王应麟是《三字经》的作者。② 郑建军比较了《三字经》与王应麟的《小学绀珠》，认为两书思想内容完全一致，互为表里。同时《三字经》押的韵是宋代官韵，而王应麟对官韵很有研究。新发现的王应麟的三言韵文，也进一步佐证了《三字经》的作者应是王应麟。③ 为争夺王应麟的著作权，王应麟故里鄞州区还召开了"王应麟与《三字经》"学术研讨会，论文汇集成《蒙学之冠——〈三字经〉及其作者王应麟》由宁波出版社 2007 年出版。

---

①　马丽丽：《王应麟"以朱变陆"辨析》，《历史文献研究》第 33 辑，华东师范大学出版社 2014 年版。

②　戴松岳：《蒙学之冠——论〈三字经〉的作者及当代价值》，《宁波通讯》2008 年第 11 期。

③　郑建军：《〈三字经〉的作者究竟是谁》，《宁波晚报》2007 年 4 月 21 日。

　　二是宋末广东顺德区适子说，以广东籍学者为主力。李健明认为鄞县和宁波有关志乘和王应麟的传记，均无任何关于王应麟与《三字经》有关的记载。而明清民国时期的《顺德县志》《平阳区氏族谱》及相关残存资料都记录着区适子撰述《三字经》一事，因此区适子才是《三字经》的真正作者。① 李良品指出，王应麟确实具有撰写《三字经》的众多条件，但《三字经》里叙述史实有几处错误，少数地方行文不严密，与王应麟博学而严谨的风格不合。而清代李文田编辑的《三字经句释》，其封面上的"区适子手著"是《三字经》作者是区适子的最好佐证。②

　　其实，对《三字经》作者是否为王应麟的争论，虽有学术意义，但因缺乏强有力的文献的佐证，以猜测居多。这一争论背后更多地折射出的是历史文化资源的属地之争，隐藏着地方政府开发旅游文化、谋求经济效益等方面的功利目的，已大大越出学术研究的畛域。另外，与《三字经》作者密切相关的成书年代也成为争论焦点，学界主要有北宋初期、南宋中期、宋末元初、明代前期说。其中，诞生于宋末元初的说法占主流。

　　与前两阶段相比，这一时期海外学者对王应麟的研究兴趣大大减弱，较有价值的是德国学者苏费翔（Christian Robert Soffel）撰写的博士学位论文《博学鸿词的学者与朝代的交替——王应麟〈困学纪闻〉分析》③，主要通过《困学纪闻》中的一百多条材料，分析王应麟在蒙元统治下的故国心态。

　　除上述成果外，新世纪的王应麟研究还涌现出两大标志性成果：钱茂伟的《王应麟评传》与《王应麟与中国传统学术形态嬗变》。前者是首部王应麟学术思想评传，将王应麟放在当时的历史背景中，来理解他的人生轨迹与内心世界。该书考察了王应麟的生平履历、裔孙后学，以及学术风格与成就。④ 相比前者，后者的价值与范式意义更为显著。作者立足中国传统学术形态嬗变的大视野、大背景，对王应麟的学术成就、治学特点和

---

　　① 李健明：《〈三字经〉作者细考》，《学术研究》2007 年第 8 期。

　　② 李良品：《〈三字经〉的成书过程与作者归属考略》，《社会科学家》2004 年第 5 期。

　　③ Christian Robert Soffel. Ein Universalgelehrter ver arbeitet das Ende Seiner Dynsstie—Eine Exegese des Kunxuejiwen von Wang Yinglin. Muenchen Unitversitset, 1999.

　　④ 钱茂伟：《王应麟评传》，中华书局 2011 年版。

学术定位等，作了贯通性、多层面、问题意识强的新探索。尤为可贵的
是，作者将学人个案与传统学术形态发展轨迹进行观照的研究范式，彰显
了王氏在传统学术形态发展轨迹上的关键点位置，以及学术主流形态由汉
学而宋学而新汉学的嬗变过程。① 虽然书中某些论点尚需深化，但此书在
研究视角、研究方法以及拓展相关研究领域诸方面，无疑作出了创造性的
贡献，成为新世纪王应麟研究的典范。

　　二是《王应麟著作集成》的陆续出版。随着王应麟研究的深入与全
面铺开，对文献的要求越来越高，原来仅有的两部标点著作《困学纪闻》
《通鉴地理通释》，已远远不能满足研究需要。因此，王应麟相关文献的
整理被提上议程。2008 年，宁波市鄞州区政府与清华大学共建"王应麟
学术研究基地"，组织大批专家对现存王应麟著作《周易郑康成注》《诗
考》《诗地理考》《通鉴地理通释》《汉制考》《汉书艺文志考证》《通鉴
答问》《六经天文编》《困学纪闻》《玉海》《词学指南》《小学绀珠》
《姓氏急就篇》《四明文献集》，作全面、系统的点校整理，合为《王应麟
著作集成》，由中华书局陆续出版。这一整理，不仅有助于了解王应麟的
考据、辑佚及史学等多方面的成就，也更有利于切实保护和弘扬王应麟学
术文化，必将提升王应麟研究的整体水平。

四　反思与出路

　　纵观百年王应麟研究，民国至 60 年代期间的研究极少。对王应麟的
关注，始于 1970 年代。第一阶段的研究，以钱穆及吕美雀、何泽恒等台
湾学者为主力，热衷王应麟学术与著述的文献学考察。第二阶段，大陆学
者侯外庐、王文华等人侧重王应麟理学思想的阐发，与台湾学者一道推进
王应麟研究，研究重心逐渐转入大陆。第三阶段，海外学者逐渐退出，除
传统的文献学考述外，大陆学者从史学、文学、教育思想等角度拓展深化
王应麟研究，因而占据绝对优势，形成了以钱茂伟、钱志熙、吴漫等人为
代表的研究群体。而新近王应麟学术评传的出版与王应麟著述的全面整
理，标志着研究即将进入新的阶段。这些研究有力促进了王应麟研究的繁
荣，积累了丰富的研究成果。当然，还存在诸多问题，蕴藏着丰富的学术

---

① 钱茂伟：《王应麟与中国传统学术形态嬗变》，中国社会科学出版社 2011 年版。

生长点。

其一，王应麟的史学、理学思想研究仍需加强。学界虽积累了一些从史学史、思想史角度论述王应麟的论著，但相对其他方面的研究，数量屈指可数。在解读深度方面，大多祖述《宋元学案》等传统观点，有些甚至仍未摆脱教条主义的窠臼。可以说，目前王应麟的史学、理学思想研究基本停留在 20 世纪八九十年代的水准。作为晚宋理学格局中的重要人物，王应麟的著述虽渗透出浓厚的学术色彩，但其中对仁、本心、万物一体、格物之学等命题的讨论，分散各处，较为零碎，需细细爬梳。如不厘清王应麟的理学思想，将难以理解他为何倾向历史文献考订与坚持"经世致用"的治学宗旨。

其二，整体视野下的王应麟研究较为薄弱。现有研究多从文献、经学、史学、文学、蒙学等角度单面阐发王应麟的学术成就，取得了大量"专精"的成果。但王应麟实以"义理"之学来统摄考证、辞章、事功，寻求治学与经世的求实致用。因此，如能在整体视野下研究王应麟的生平与学术，将实现王应麟研究的突破。目前，钱志熙、王水照、钱茂伟等人绾合王应麟的生平经历、内心世界、历史背景以及中国学术形态的嬗变观照他的文学、理学、史学思想，值得汲取与发挥。

其三，对王应麟著述的关注明显失衡。百年王应麟研究，多扎堆于对《困学纪闻》《玉海》的文献学考述，无疑遮蔽了王应麟的其他学术成就。王应麟是汇综百家、博通经史的学术宗师，只有系统解读王应麟的全部著作，才能把握他的学术思想全貌，也才能解决诸如王应麟之学究竟源出朱学还是偏向吕学？王应麟是否为《三字经》的作者？王应麟的天文、地理、历算学思想如何？王应麟学术的经世致用精神是否影响清代的考据学？以及其他系列问题。

其四，需要延展王应麟学术思想研究的比较视野。目前的比较研究，多强调王应麟对清代学术的影响，奉其为清代考证学的先导，只注意到王应麟在中国学术史中的"启下"作用，却遗忘了其学术的"承上"关系，即忽视了王应麟学术的来源与对前人的继承。其实，王应麟与汉唐注疏学、宋代疑经思潮以及宋儒的义理考证均有极大的渊源。通过全面梳理王应麟学术的"承上"与"启下"，才能对其学术成就作出准确的定位，进而对中国传统考据学的流变有一更清晰的认识。而在区域史研究中，虽有不少学者注意到王应麟在浙东学派史中的重要地位，但王应麟及其深宁学派对浙东文化的影响到底如何等问题并未得到很好的阐释。这些均是王应麟研究中的大问题，值得继续努力。

第三章　明代浙东学派研究

第一节　从文学史到学术思想史：百年宋濂研究平议

宋濂（1310—1381），出生于金华潜溪，后迁居浦江青萝山，元末明初著名的文学家、史学家、教育家和思想家。宋濂学问渊博，融通儒佛道，在诗文和理学方面成就卓荦。他与刘基等浙东士人同入朱元璋幕下，鼎力相助朱元璋建立大明王朝。入明后，与王祎共任《元史》纂修总裁，同时裁定朝廷礼乐制度，被誉为"开国文臣之首"。宋濂亦是一位教育家，一生教学无倦，乐于提携后进，门生中不乏方孝孺等优异弟子。在浙东学派发展史上，宋濂俨然是元末明初浙东学派的中坚人物。

对于这一诗文与思想大家，明清学者如胡应麟、黄宗羲、全祖望等人都曾撰有评述与案语。近代以来，在现代学术视野与方法下，学界对宋濂的研究，有增无减，百年之间，涌现出大量的学术成果。学者们对这些研究，不时总结回顾，如相关博硕士学位论文的"学术史回顾"部分即有不同程度的触及，但限于篇幅，多泛泛而谈。周明初曾首次全面考察了1949—2009 年这 60 年间的宋濂研究论著，并作有高屋建瓴的评述。[①] 而近年来，宋濂研究风生水起，关注热度迅速提升，产生了"井喷式"的系列成果，因而有重新梳理之必要。

近百年的宋濂研究，按时段与进度，大致可分为三个阶段：1980 年之前为第一阶段，这一阶段几乎没有展开此一研究，少量的成果也多是讨论宋濂的生平及《送东阳马生序》的介绍性短文；1980—2000 年为第二

---

① 周明初：《60 年来宋濂研究述评》，《江南文化研究》第 5 辑，学苑出版社 2011 年版，第 214—219 页。

阶段，主要凸显了宋濂诗文的特征与成就，在文献整理方面成果重大；
2000 年至今为第三阶段，这一阶段在吸纳、承传前人成果的同时，无论
在研究的视野、方法，还是在发掘新史料方面，均取得了超越前代的
成绩。

一　缓步慢调与轻描淡写：宋濂研究的草昧期

在清末民初中国现代学术的初创期，学界的研究视点多聚焦于先秦思
想及历代大诗文家、大思想家。对于元明两代的文化成就，文学史领域大
部分关注的是元曲与明代小说，哲学领域则热衷阐发元代的宗教以及明代
王学，至于元末明初时代，多被视为诗文、学术思想史上的断层或平庸
期。基于这一态势，宋濂自然难入研究视野。所以，除了在文学史等著述
中有零星涉及外，研究宋濂的论文近乎阙如。从搜寻结果来看，仅有包怡
春的《读宋濂送东阳马生序》（《少年》1925 年第 6 期）、敬如的《书宋
濂〈秦士录〉后》（《钱业月报》1926 年第 8 期）等几篇读书札记，且篇
幅不足百字。日本学者在研究中国佛教的过程中，较早注意到宋濂的佛学
修养。如忽滑谷快天（Kaiten Nukariya）的《中国禅学思想史》（1925）
对宋濂与佛教的关涉有简略的说明，但他对宋濂的佛学水平似乎不太认
可，认为明代佛教无新佛经和新教义出现，处于衰落阶段，宋濂在佛教理
论上亦无惊人发明。[①] 这一论断只着眼于教义更新，却忽视了宋濂对维护
明初佛教所做的贡献，实有不少偏见。

1949—1979 年的 30 年间，大陆对宋濂的专门研究也未得到大幅度的
开展。除了几种知名文学史教材如《中国文学史》（游国恩主编）、《中国
文学发展史》（刘大杰主编）将其与刘基、高启合为一节简述外，关于宋
濂的专门论述、论著也未诞生。当时对宋濂的认知多来源于文学史的叙
述，认为宋濂的传记文较有现实意义，但部分贞节妇女传记也充满不少封
建陈腐气味，因此，认为其文学思想乃"发挥理学家文论并配合朱元璋
文化统治政策的言论"[②]，显然带有时代与政治的深刻烙印。

---

① ［日］忽滑谷快天：《中国禅学思想史》下册，杨曾文、朱谦之译，上海古籍出版社
2002 年版，第 712 页。

② 游国恩等主编：《中国文学史》（第四册），人民文学出版社 1964 年版，第 52 页。

1950 年代之后，台湾学者对宋濂的研究兴趣逐渐增加。胡信田的《谈元末学人宋濂的遭遇》（《新儒家》1967 年第 10 期）、徐道邻的《宋濂与徐达之死》（《东方杂志》1967 年第 4 期）、王杰谋的《记明初大儒宋濂》（《浙江月刊》1971 年第 1 期）等较多关注宋濂的生平事迹，并通过宋濂之死批判朱元璋统治的暴戾严苛，这种关注重点及评述与学者自身的处境以及现实关怀密切相关。而刘汝锡的《宋濂的政治思想》则从学术角度探讨了宋濂的政治思想，值得关注。① 孙克宽《元代金华学述》将宋濂及其师长黄溍、柳贯、吴莱等金华士人作为南方士人中"理学名儒"的代表，并放在元代南北学术的整体中考察金华学术②，其视野之广阔与解读之精细在当时堪称翘楚，对后来的婺学研究，启示颇多。

纵观 1980 年之前的研究，不论大陆还是台湾，大多是宋濂生平及介绍《送东阳马生序》的短文，不仅数量寥寥，学术价值亦属浅薄。这也表明，在这一时期的学者眼中，无论在文学还是思想史上，宋濂的地位并不重要。相对而言，台湾地区、日本的研究程度高于大陆，代表了这一时期的研究水准。尤其是刘汝锡与孙克宽的论述，对后继研究富有启示性。

二　从诗文到思想：宋濂研究的转型期

改革开放后，伴随着思想解放与社会的巨大变革，在"传统文化与现代化"的争论中，传统文化得到一定程度的肯定。学界对宋濂的研究，也逐渐有了起色与突破。这一时期按研究梯度，又可前后分为 1980—1989 年和 1990—1999 年两个小阶段。

因宋濂的《送东阳马生序》与《秦士录》被选入中学语文教材，所以出现了对这两篇文章的分析论文。③ 80 年代初也出现了几篇介绍宋濂生平的故事短文，如辛雨的《宋濂的遭遇》（《读书》1980 年第 1 期）、单

---

① 刘汝锡：《宋濂的政治思想》，《思与言》1979 年第 7 期。

② 孙克宽：《元代金华学述》，东海大学出版社 1975 年版。

③ 如陈永生的《说"蕴袍"》（《南京师院学报》1981 年第 3 期）、邱建忠的《"持汤沃灌"解》（《徐州师范学院学报》1988 年第 4 期）及马瑞芳的《画龙点睛　勾魂摄魄——简述〈秦士录〉的写人技巧》（《散文》1985 年第 3 期）、常振国的《文章之妙，贵在传神——读宋濂〈秦士录〉》（《新闻战线》1988 年第 10 期）对文章的词句或写作技巧作了解析。

锦珩的《宋濂》（《教学与研究》1980 年第 11 期）等。但这些文章均面向大众，学术意味不足。而从 1983 年开始，宋濂研究真正步入了学术研究阶段。朱仲玉、唐宇元、陈葛满等分别从史学、理学、文学领域引领了宋濂研究。朱仲玉的《宋濂和王祎的史学成就》对宋濂与王祎这两位《元史》纂修总裁的史学思想作了专门阐发，开大陆宋濂研究风气之先。① 唐宇元的《宋濂的理学思想》② 讨论了宋濂的"元气说"和"天地之心"以及"存心"工夫，认为宋濂是陆象山到王阳明之间的重要过渡。③ 此为宋濂理学思想的第一篇论文，其观点与时代意义尤为显著。陈葛满则从文学角度重点诠释了宋濂散文的创作与美学风格，发表了《宋濂散文述略》（《浙江师大学报》1987 年第 2 期）、《宋濂散文的阳刚美》（《浙江学刊》1988 年第 1 期）、《宋濂"养气"说述评》（《高校社会科学》1989 年第 6 期）。在这些前辈的带动下，宋濂研究的局面逐步打开，学术论文也日渐增多。其中涉及宋濂生平的论文有王永湘的《宋濂死于何地》（《读书》1983 年第 8 期）、盛翼昌的《宋濂之死》（《学术月刊》1989 年第 11 期）。对宋濂寓言作研究的，有马达的《宋濂寓言初探》（《西南师范大学学报》1985 年第 1 期）、祝普文的《宋濂寓言简论》（《艺圃》1987 年第 S1 期）。在宋濂个人传记方面，出现了钱伯城的《宋濂》④，不过较为简略。潘杰的《宋濂传》对宋濂的生平、创作、思想等方面作了较为全面的梳理，是宋濂生平的第一本翔实传记。⑤ 而祝普文的《宋濂寓言选释》（书目文献出版社 1988 年版）与马达的《宋濂寓言注译》（黑龙江教育出版社1988 年版）对宋濂的寓言进行了基础性选释。整体而言，80 年代的宋濂研究虽还处于起步阶段，论著成果与研究视野都较为有限，但宋濂这一诗文家、思想家已渐入学者的视域。

　　进入 90 年代，中国学术界逐步由宏观的思想讨论转向纯粹的学术研

---

　　① 朱仲玉：《宋濂和王祎的史学成就》，《史学史研究》1983 年第 4 期。

　　② 此文即侯外庐等主编的《宋明理学史》（下册）（人民出版社 1984 年版）中的"宋濂的理学思想"章节的主体内容。

　　③ 唐宇元：《宋濂的理学思想》，《孔子研究》1987 年第 3 期。

　　④ 钱著载山东大学文史哲研究所主编的《中国历代著名文学家评传》第四卷，山东教育出版社 1985 年版。

　　⑤ 潘杰：《宋濂传》，重庆出版社 1987 年版。

究，即所谓的"思想淡出，学问凸显"。在这一背景下，宋濂这类以往被忽视的诗文家、思想家逐渐被发掘与重视。从研究的广度与深度而言，均比80年代有了更全面的拓展，还一度形成讨论的小高潮。这10年的研究，涉及宋濂的生平著述、诗文成就、后世影响等方面，涌现出大量论文。陈葛满的《宋濂交游考——与师长交游部分》（《浙江师大学报》1992年第2期）、《宋濂简谱》（《浙江师大学报》1994年第2期）及《宋濂简谱（续）》（《浙江师大学报》1994年第5期），郭福义的《对钱伯城〈宋濂〉之补正》（《西南民族学院学报》1994年第2期），朱行天的《试论宋濂之死——兼及朱元璋对儒生的态度》（《宋濂暨"江南第一家"研究》，杭州大学出版社1995年版）、郭预衡的《朱元璋之为君和宋濂之为文》（《北京师范大学学报》1996年第3期）等均属于生平事迹的钩沉，既有对宋濂生平的简要编年，也有考察宋濂之死与朱元璋政治的关系，同时不乏对前人研究的补正，宋濂的生平、命运轮廓得以大致呈现。

宋濂作为一代诗文大家，其文学成就历来被学者乐道。与80年代多局限于寓言、散文研究相比，90年代在继承的基础上，研究更加细致深入，重点凸显了宋濂的传记文特色，同时还扩展到对宋濂诗歌的研究，如张涤云的《宋濂的诗歌理论》（《宋濂暨"江南第一家"研究》，杭州大学出版社1995年版）、张学忠的《论宋濂诗中的人物形象》（《宋濂暨"江南第一家"研究》，杭州大学出版社1995年版）、刘宇的《评宋濂、高棅的诗文理论》（《新东方》1997年第1期）。对宋濂的寓言研究，热度稍减，仅有谢其祥《宋濂的寓言创作刍议》（《广西师院学报》1998年第2期）一篇。其中关于宋濂散文与传记文风格的论文，重要的有郭建球、邓剑波的《论宋濂的传记文学》（《中国文学研究》1994年第4期），陈兰村的《论宋濂对传记文学发展的重要贡献》（《浙江师大学报》1995年第4期），张梦新的《论宋濂传记散文的特色和成就》（《宋濂暨"江南第一家"研究》，杭州大学出版社1995年版）。还有不少文章运用文艺理论探讨宋濂的文学观，如张仲谋的《论宋濂的文论与散文创作论》（《徐州师范学院学报》1996年第2期）、谢其祥的《论宋濂的为文思想》（《广西师院学报》1997年第2期）。廖可斌的《论宋濂前后期思想的变化及其他》则结合宋濂的人生道路与社会环境，在解读大量文献的基础上，实事求是，综合论述其思想的前后变化①，结论令人信服。这种将历史与文学结合的研究方法值得借鉴、汲取。这些论文基本达成共识，即宋濂的散文简练典雅，其文学观主张明道立教、经世致用。又由于宋濂人生经历的前后迥异，不少学者以应朱元璋之诏为界将其创作及风格划分为两个阶段，认为："前期的作品，多以反映逃避世乱、歌颂隐居为基调，而后期的作品，则多以积极进取为基调，但是，后期的某些作品，歌颂升平的倾向也是比较明显的。"②

值得注意的是，这一时期有不少文学专业之外的学者加入宋濂研究的队伍，宋濂的理学、宗教、政治、教育思想也被不同程度地勾勒出来。其中，理学、宗教思想的研究有陈寒鸣的《简论宋濂思想的特色》（《孔子研究》1993 年第 3 期）、沙似雪的《略论宋濂的理学思想和文学主张》（《明史研究》1994 年刊）、李道进的《宋濂的佛教观》（《浙江学刊》1995 年第 3 期）。政治、教育思想的论文有宋开之的《宋濂政治教育思想论》（《河海大学学报》1999 年第 4 期）、朱承辉的《宋濂的帝王教育》（《宋濂暨"江南第一家"研究》，杭州大学出版社 1995 年版）等。此外，龚剑锋等人收集了不少宋濂的佚诗与佚文，如《宋濂"诗文拾遗"》（《文献》1993 年第 1—3 期）、《宋濂诗文掇拾》（《文献》1993 年第 4期）、《许谦、黄溍、宋濂佚文辑考》（《浙江师大学报》1998 年第 6 期）。王兆鹏的《宋濂文集版本源流考》（《宋濂暨"江南第一家"研究》，杭州大学出版社 1995 年版）对宋濂文集的版本进行了梳理。陈葛满《宋濂诗文评注》（长江文艺出版社 1997 年版）一书对宋濂部分诗文作了评论、注释。这些辑佚、版本梳理以及诗文评注为后来整理《宋濂全集》作了很好的前期准备。台湾地区的宋濂研究，在这 20 年中其热度一如既往，出现了多篇有分量的论文。其中三篇为文学、文献学的硕士学位论文，③单篇论文以龚显宗的《宋濂诗论述评》（《华学月刊》1982 年第 8 期）、《宋濂与道教》（《道教学探索》1992 年第 6 期）及《宋濂与佛教》（《正

---

① 廖可斌：《论宋濂前后思想的变化及其他》，《中国文学研究》1995 年第 3 期。

② 高志忠：《学者之文　重在于用——宋濂和他的散文》，《北方论丛》1994 年第 2 期。

③ 即叶含秋的《宋濂年谱》（台湾东海大学硕士学位论文，1989 年）、颜瑞芳的《刘基宋濂寓言研究》（台湾师范大学硕士学位论文，1989 年）、陈方济的《宋濂生平及其寓言研究》（台湾政治大学硕士学位论文，1991 年）。

观》1997 年第 6 期）为代表，解读较为精细，观点亦属上乘。

这时期的宋濂研究，涌现出三大标志性成果：一是全国性的宋濂研究学术会议的召开。1994 年底，中共浦江县委宣传部和浙江省文学学会在浦江县主办了宋濂暨"江南第一家"学术研讨会，论文结集为《宋濂暨"江南第一家"研究》，较好地反映了这一时期宋濂研究的新成果和新动向。二是王春南的《宋濂评传》的出版。该书在叙述宋濂成才的基础上，深入剖析了宋濂的诗文成就及政治、理学、宗教、书画等诸多思想，同时对以往忽视、误解宋濂的现象，都有一客观、公允的评价，认为宋濂"在政治思想、哲学思想、文学理论研究及创作、明初思想文化建设等方面，均卓有建树。他对理学思想多所阐发，有独到见地；并极力用理学影响明太祖的思想和施政，颇著成效。……其著作足以代表元明兴代之际整个社会思想学术水平和特征"①。这是关于宋濂的第一部评传体学术专著，代表了当时国内宋濂研究的水平。而从丛书名称"中国思想家评传丛书"来看，宋濂在学者眼中，也不只是诗文家，已升格为卓著的思想家。三是《宋濂全集》的整理出版。浙江古籍出版社于 1999 年出版了罗月霞主持的《宋濂全集》点校本。全集以《四部备要》和《宋文宪公全集》为底本，参校多种明清刻本，并补收佚文数十篇，是当时收录宋濂诗文、著述最齐全的本子。全集的出版，为全面、深刻认识宋濂提供了基本条件，也为研究宋濂的同时代人提供了新资料，虽然，其中仍有一些纰漏、缺失，也有不少句读讹误。

这 20 年的研究，是宋濂研究从起步到繁盛的转承时期。研究已不满足于一般的平铺直叙，其视野逐渐开阔，解读也逐渐精细。而且，研究队伍也由单一的文学、文献专家拓展到具有哲学、思想史背景的学者。在史料整理方面，《宋濂全集》的出版无疑提供了便利与可信的文本，预示着新世纪宋濂研究高潮的到来。

三　多元视角与全面开花：宋濂研究的繁盛期

2000 年至今的 10 余年，随着社会层面的"文化热"与学术层面的"中国经典的现代诠释"的推动，以及地方文化建设热潮的兴起，宋濂研

---

① 王春南、赵映林：《宋濂方孝孺评传》，南京大学出版社 1998 年版。

究进入空前的高峰期。这种生机，不仅表现在研究视野的更为广阔与研究方法的更加多元，还体现在研究队伍的不断壮大，涌现出大量的新生力量。兹以文学、思想、文献等角度分梳，对这一时期的研究展开评述。①

（一）生平事迹的细化与心态史的开拓

宋濂一生交游广泛，师友众多，又有"隐"与"仕"前后两段不同的人生经历，晚年又沦落到被贬的悲惨境地。这一时期除了延继以往的生平研究模式外，还开拓出对心态精神史的探讨。窥测宋濂的内心世界，成为宋濂生平事迹研究中的一大亮点。徐永明的《不同处境下宋濂的活动与创作》对宋濂在入明前后不同境遇下的生平活动和文学创作进行了探讨。② 王春南的《宋濂入明后为何难有杰出作品》着重分析宋濂入明后不再写有杰出作品的原因。③ 魏青的《刘基和宋濂》（《殷都学刊》2000年第4期）和《志趣不同的知己——杨维桢和宋濂》（《中国典籍与文化》2004年第3期）、徐永明的《宋濂与戴良友谊变异探微》（《南京师大学报》2007年第2期）则通过宋濂与好友刘基、杨维桢、戴良的交往，阐述其内心思想的变化。唐惠美的《元明之际士人出处之研究——以宋濂为例》（台湾清华大学硕士学位论文，2000年）、徐子方的《从宋濂、刘基的早期诗文看其由元入明前后的心态》（《浙江社会科学》2005年第3期）、陈博涵的《期待的落差与角色的错位——论仕明前后宋濂的心态的变化》（《江汉大学学报》2010年第3期）以宋濂的人生起落为主线，从人生期待与角色扮演两个角度，探讨其仕明前后的心态变化。值得称道的是，在这些论文中，大多不仅关注宋濂的心态变化，而是以此为基点，进一步探讨心态变化后宋濂文学思想的转变以及元明之际文化思潮变动等大问题。

（二）文学角度的透视

宋濂的文学创作与诗文思想，一直是学界关注的重心。这一时期除继承原有路径外，在主题和深度上又有了重大创新。其中，对宋濂文学观作整体探讨的，有索宝祥的《论宋濂的颂圣文学——兼论颂圣文学的基本

---

① 观察此时期的《送东阳马生序》研究，亦多是针对中学课堂教学提出的指导与建议，价值有限，故从略。

② 徐永明：《不同处境下宋濂的活动与创作》，《浙江大学学报》2005年第5期。

③ 王春南：《宋濂入明后为何难有杰出作品》，《南京师范大学文学院学报》2002年第1期。

特征与明初君臣关系》（《文学遗产》2001 年第 3 期）、张思齐的《宋濂文章论的宗教意识》（《中华文化论坛》2003 年第 3 期）、王魁星的《论宋濂入仕明朝前的古文观及仕隐观——当前宋濂研究二热点新探》（《河南社会科学》2010 年第 6 期）、申明秀的《宋濂道统文学观之成因与内涵探析》（《江南大学学报》2011 年第 1 期）、刘文起的《宋濂之文论》（台湾《东吴中文学报》2011 年第 11 期）、周海涛的《宋濂"明道"文章观的演变及其悲剧人生》（《文艺评论》2012 年第 6 期）、于淑娟的《〈龙门子凝道记〉名义考论——兼论元末明初婺州作家外道内儒的文风》（《文学评论》2013 年第 1 期）、左东岭的《〈方国珍神道碑铭〉的叙事策略与宋濂明初的文章观》（《首都师范大学学报》2013 年第 6 期）等论文，或从微观解读入手，或以宏观叙述为主，考察宋濂的文学观及其佛学、理学思想与文学意蕴的关系，创见颇多。

这一时期亦不乏对宋濂散文、诗学与寓言的专门论述，进度、热度与上一阶段大体相当。研究其散文的，有谢其祥的《宋濂散文阳刚风格论》（《广西师范学院学报》2005 年第 1 期）、张思齐的《宋濂的散文艺术与绵延意识》（《中国矿业大学学报》2011 年第 4 期）、罗书华的《宋濂散文学初论》（《吉林师范大学学报》2012 年第 6 期）。其中，传记文的研究占了多数，如吴燕娜的《礼教、情感、和宗教之互动：分析比较〈型世言〉第四回和〈丽水陈孝女传碑〉对割股疗亲的呈现》（台湾《文与哲》2008 年第 6 期）、洪玉珍的《宋濂传记文的语言特色》（《文学教育》2007 年第 3 期）、曾礼军的《宋濂传记文的"小说化"与"史传化"错位融合及其文体意义》（《江南文化研究》第 5 辑）、张思齐的《宋濂的传记艺术比较研究》（《殷都学刊》2013 年第 3 期）等。在诗学、寓言方面，也产生不少成果，如左东岭的《论宋濂的诗学思想》（《首都师范大学学报》2009 年第 4 期）、陈昌云的《宋濂诗论的折中特征与时代价值》（《文艺评论》2011 年第 12 期）、孙小力的《宋濂〈越歌〉考论》（《中国诗歌研究》第九辑，2013 年）等。

也有不少学者跳出诗文的内部解读，从文学影响、后世接受的历史角度考察宋濂的地位与成就。许建中和李玉亭的《宋濂与台阁体》（《浙江社会科学》2008 年第 2 期）、陈昌云的《宋濂与"台阁体"关系新探》（《内蒙古大学学报》2010 年第 4 期）对宋濂与明初期"台阁体"作家的关系作了辨析，有助于宋濂诗文的再评价、再认识。周松芳的《岭南文学与江南文学的渊源——从明初岭南仕宦与宋濂等的交游谈起》（《昆明学院学报》2012 年第 2 期）从明初岭南士宦与宋濂等人的交游入手，考察岭南文学与江南文学的地理互动。陈昌云的《明人的宋濂文学接受》（《中国文学研究》2011 年第 3 期）与杨昊鸥的《明代史学转向与〈史记〉的文章学接受——以宋濂和归有光为中心》（《广东第二师范学院学报》2013 年第 2 期）则从接受史角度论述了宋濂文学在后世的影响。在学界与师友的合力影响下，许多青年学生纷纷以宋濂的文学思想作为博硕士学位论文的选题，形成了颇为可观的局面，涌现出谢玉玲的《宋濂的道学与文论》（台湾中正大学博士学位论文，2005 年）、陈博涵的《宋濂文章观念研究》（首都师范大学硕士学位论文，2008 年）、任永安的《宋濂与明初文坛研究》（上海师范大学博士学位论文，2012 年）等多篇论文，海峡两岸的青年才俊从各个方面共同深化了宋濂的文学思想研究。

（三）哲学、教育、艺术思想索赜

学界拾掇宋濂的思想家、教育家身份，在 20 世纪末已初现端倪。在近十余年内，这一定位已成学界共识，因而对宋濂诗文外的思想有了广泛、深入的考察。首先是对宋濂哲学思想的解析，主要有两条路径：一是从学术传承的思想外缘进行，如龚显宗的《千载悠悠——论宋濂对欧阳修、契嵩的接受与超越》论述宋濂对欧阳修、契嵩思想的继承与发展。[①] 徐儒宗将宋濂放在宋元婺学的传承体系中表举他的"集大成"地位。[②] 宋克夫、熊恺妮的《宋濂朱学渊源考》分别从"远绍"与"近承"两条师友脉络，厘清宋濂理学思想的来源。[③]

二是以哲学的基本概念、命题为主轴，阐发宋濂的理学、经学、宗教等思想，代表性的论文有任宜敏的《空有相资　真俗并用——明代"开国文臣之首"宋濂佛学思想述论》（《浙江学刊》2006 年第 4 期）、许建中和李玉亭的《宋濂与佛学》（《江南文化研究》第 5 辑）、陈军燕的《宋濂经学思想初探》（《兰州学刊》2012 年第 11 期）各自从理学、经

---

①　龚显宗：《千载悠悠——论宋濂对欧阳修、契嵩的接受与超越》，台湾《普门学报》2008 年第 1 期。

②　徐儒宗：《宋濂融贯众说集婺学之大成》，《江南文化研究》第 5 辑，第 41—48 页。

③　宋克夫、熊恺妮：《宋濂朱学渊源考》，《湖北大学学报》2013 年第 5 期。

学、佛道的具体范畴解读宋濂既有儒家内圣外王的思想，又不免沾染佛道的浓厚气息。以这一角度切入研究的博硕士学位论文有罗凤华《道家道教对宋濂及其文学创作的影响》（湖南大学硕士学位论文，2008 年）、谢智明《儒释道关系视野中的宋濂思想研究》（台湾彰化师范大学博士学位论文，2012 年）等 4 篇。而王宇的《试论〈明儒学案〉对明代理学开端的构建》运用思想史的视野，讨论黄宗羲以方孝孺为明代理学开端的目的，以及宋濂为何不入《明儒学案》的原因，既表明了黄宗羲对宋濂的学术态度，也重申了《明儒学案》的编撰标准，① 予人众多启示。

而对宋濂教育思想的讨论，论文数量颇少，质量亦属低层。徐文平的《宋濂〈龙渊义塾碑〉考——兼谈宋濂的书法艺术》（《美术大观》2009 年第 6 期）、吴泽顺与李义敏的《宋濂的书法美学思想》（《浙江师范大学学报》2011 年第 4 期）则从艺术角度对宋濂的书法艺术进行了评论，视野较为新颖。

（四）史学思想及文献学考证

随着学科之间的交替互动，一些史学、文献学的学者，对宋濂的史学思想与文献著述也青睐有加，撰写了多篇论文。从史学角度可称道的有：王嘉川的《〈诸子辩〉性质考辨》对宋濂的辨伪学名著《诸子辩》的性质作了考辨。② 许振兴的《〈洪武圣政记〉考索》以翔实的证据胪列，指出《四库全书总目》中的《洪武圣政记》内容分为"六类"和"不行于明代"，均是编撰者的错误记载。③ 许东海的《仙道、圣政、世变——宋濂〈蟠桃核赋〉之仙道书写及其明初史学意涵》（台湾《汉学研究》2008 年第 6 期），向燕南的《宋濂的史学思想与学术评论》、刘尚慈的《宋濂与〈元史〉》、许继起的《关于〈元史·礼乐志〉的几个问题》（均载《江南文化研究》第 5 辑）对宋濂的史学思想作有精彩的探讨与评点。然整体而言，这一阶段对宋濂史学思想的深掘多聚焦于宋濂与《元史》的编纂，推进迟缓，观点多陈陈相因。

宋濂著述宏富，淹盖四部。尽管历代对宋濂文集多有裒辑、刊刻，但

---

① 王宇：《试论〈明儒学案〉对明代理学开端的构建》，《中共浙江省委党校学报》2007 年第 4 期。

② 王嘉川：《〈诸子辩〉性质考辨》，《浙江社会科学》2004 年第 5 期。

③ 许振兴：《〈洪武圣政记〉考索》，台湾《东方文化》2005 年卷 40。

仍有不少遗漏。又由于宋濂的盛名，集中难免羼入不少伪作。学者们对这些文献问题都有细心的发现与矫正。常建华的《宋濂佚文〈杨氏家乘序〉及其价值》对新发现的宋濂《杨氏家乘序》的价值作了探讨。① 赵贵林的《〈入峡〉诗非宋濂作》指出该诗作者实乃宋濂弟子王绅。② 何宗美的《〈四库全书总目〉明人别集提要考辨——以〈宋景濂未刻集提要〉为例》选取《宋景濂未刻集提要》为个案，探讨《四库全书总目》明人别集提要中涉及文献的版本、流传、价值等突出问题。③ 其中，文献学研究令人瞩目的成果是任永安的《日本藏宋濂〈萝山集〉抄本考述》与《宋濂集类著述新考》。前者对国内久已亡佚，但日本国立公文书馆尚存的宋濂诗集《萝山集》作了介绍。在稽核该抄本的内容、体例之余，作者结合相关记载，考述了《萝山集》的成书过程及其诗文价值，认为："《萝山集》所收佚诗数量丰富、题材广泛，在补遗、校勘方面具有重要的价值。同时，这些佚诗也有利于我们重新认识、全面考察宋濂的诗歌创作。"④ 后文在前人研究基础上，对宋濂文集的版本源流重新进行辑考，发现不少新的版本，同时，对以往研究中的舛误也作了纠正。⑤ 这些史料发掘及学术积累，都为新版《宋濂全集》的整理作了很好的铺垫。另外，在社会"国学热"氛围的推动下，不少学者做了关于宋濂的普及工作，如高志忠和高天的《宋濂散文选集》（百花文艺出版社 2009 年版）、赵遵礼的《燕书通译》（陕西人民出版社 2008 年版），选编、译注了宋濂的散文、寓言。

这 10 余年除新增大量宋濂研究的论文外，还有值得称颂的三大喜事：一是再次召开全国性的宋濂学术研讨会。2010 年，适值宋濂诞辰 700 周年，浙江省社科联、浙江师范大学江南文化研究中心等单位在浦江县共同举办了"纪念宋濂诞辰 700 周年国际学术研讨会"。参会学者围绕宋濂交游、宋濂著作文献、宋濂与佛道、宋濂与明代文学、宋濂与婺学、宋濂与

---

① 常建华：《宋濂佚文〈杨氏家乘序〉及其价值》，《天津师大学报》2000 年第 1 期。

② 赵贵林：《〈入峡〉诗非宋濂作》，《重庆三峡学院学报》2011 年第 5 期。

③ 何宗美：《〈四库全书总目〉明人别集提要考辨——以〈宋景濂未刻集提要〉为例》，《文艺研究》2012 年第 2 期。

④ 任永安：《日本藏宋濂〈萝山集〉抄本考述》，《文学遗产》2011 年第 1 期。

⑤ 任永安：《宋濂集类著述新考》，《殷都学刊》2011 年第 1 期。

郑氏家族等相关主题展开深入研讨。与 15 年前相比，此次会议的规模、影响更胜一筹，并掀起学界研究的"宋濂热"。会议论文经遴选后，出版为《江南文化研究第 5 辑·宋濂研究专辑》。

二是出版了多部宋濂研究的专著。除台湾地区出版了宋濂研究的两篇博硕士学位论文外，① 大陆也推出多部涉及宋濂研究的厚重著作。魏青的《元末明初浙东三作家研究》由其博士学位论文《刘基与宋濂研究》（浙江大学，2001 年）发展而来，主要论述刘基、宋濂、戴良的理学、文学思想以及三者之间的交游状况。② 陈葛满的《宋濂漫论：外二种》则汇集了作者之前关于宋濂的研究论文及读书心得，颇可一观。③ 徐永明的《文臣之首——宋濂传》，通过"金华潜溪""休官归里""思想创作""地位影响"等章节展现宋濂一生，叙说娓娓，雅俗共赏，堪与王春南《宋濂评传》相媲美。④ 徐永明又在宋氏旧谱及自家《宋濂年谱》⑤ 编写的基础上，几乎增加一倍篇幅，完成新编的《宋濂年谱》。既利用最新最全的文献史料，又结合元明易代之大背景，凸显宋濂的活动轨迹与心态变化，这种编撰方式与体例为后世编谱树立了典范。⑥

三是新编《宋濂全集》的出版。黄灵庚辑校的《宋濂全集》从地方志、元明别集、民间家谱中采掇宋濂佚诗文 620 余篇，是迄今为止辑录最全的宋濂文集。同时对旧版中的标点断句、文字校勘讹误作了纠正，为学界提供比较可信的读本。⑦ 这无疑是宋濂研究史上重大的突破，也必将有力推动宋濂研究进入更新、更高的潮流。

四　反思与出路

纵观百年宋濂研究，1980 年代之前较少。对宋濂的重视与发掘，开

---

① 陈贞瑾：《宋濂传记文研究》，东海大学硕士学位论文，2006 年；谢玉玲：《宋濂的道学与文论》，中正大学博士学位论文，2005 年。

② 魏青：《元末明初浙东三作家研究》，齐鲁书社 2010 年版。

③ 陈葛满：《宋濂漫论：外二种》，中国文史出版社 2010 年版。

④ 徐永明：《文臣之首——宋濂传》，浙江人民出版社 2007 年版。

⑤ 徐永明：《元代至明初婺州作家群研究》下编《考证篇》五家年谱之一种，中国社会科学出版社 2005 年版。

⑥ 徐永明：《宋濂年谱》，浙江大学出版社 2011 年版。

⑦ 黄灵庚辑校：《宋濂全集》，人民文学出版社 2014 年版。

始于 80 年代，主要侧重宋濂的诗文成就，不过，其思想家的身份也逐渐被肯定。2000 年以来，学界在推重宋濂的基础上，阐发了其多元面向，并涌现出多位有代表性的研究学者，也逐渐凝聚成以浙江师范大学江南文化研究中心以及与之有学缘的研究群体。不同学者呈现出不同的研究特色，如浙江师范大学黄灵庚及其团队侧重宋濂文献整理，两次编纂《宋濂全集》。武汉大学张思齐集中于宋濂散文研究，首都师范大学左东岭擅长宋濂诗学理论研究，而浙江大学的徐永明则对宋濂传记及年谱的编撰，用力甚勤。这些学者的研究，加上全国其他学者的努力，共同推动了宋濂研究的繁荣。当然，其中也暴露出不少问题，值得改进与补足。

其一，对宋濂哲学、教育、史学思想的研究依旧薄弱。虽然学界发表了数篇关于宋濂的理学、教育思想论文，但研究多将二者作为其诗文研究的背景，重心仍是对宋濂诗文的阐释。更遗憾的是，理学、教育思想的探赜，深度尚属肤浅，规模亦称狭窄，与宋濂的理学家、教育家身份极不相称。这些解读的缺失或浅薄，也意味着宋濂思想的全貌未得到淋漓尽致的呈现，说明研究的循环、重复，甚至停滞。而对宋濂史学的稽考，也扎堆于《元史》得失的评判。其实，宋濂散文中的传记作品表现出"小说化""史传化"的融合，这一风格对《元史》人物传的编纂即有显著影响。而近来兴起的对宋濂书画思想的探讨，打捞出宋濂的艺术造诣。这些课题的继续，能更好地理解古人的审美情趣与多元成就。

其二，缺乏整体统合、还原的思维与视野。目前的研究，不少学者一方面从自身知识出发，就事论事，孤立阐发宋濂的文学、史学、理学思想；另一方面以现有研究模式甚至一己所需，不同角度肢解、裁定宋濂，在纵度上"颇显"深致、系统，然缺乏大格局、大视野，未能很好折射出宋濂思想的原生态，也难以窥识在宋濂思想中，究竟以何种思想为主导，是否统摄、贯穿其他学说。因此，当前最大的突破空间与学术魅力在于能否"回到宋濂"①。在定位宋濂其人其学时，须知宋濂既不为前人而活，亦不为后世而存，宋濂首先是自己的宋濂，不可一味将其与他人盲目对比。又譬如在剖析宋濂的文章观时，也应明白，在宋濂等传统士人心

_____

① "回到宋濂"的提法，得益于 2014 年"《宋濂全集》首发式暨浙东文化学术研讨会"上左东岭先生的启发。

中，文章首先应经国致道、关乎世运；其次方为作文载道、遣兴抒怀。修《元史》、制《大明历》，裁定礼乐，终究是刘基、宋濂等开国文臣的第一重事。面对这些误区与盲点，只有打破专业壁垒，将宋濂思想置于当时的政治、社会文化生态中，绾合宋濂的义理、事功、文章之学，文献与理论并重，形成系统而扎实的专著，或能走出困厄，拓成新的气象。如近些年思想心态史的开掘运用，极大程度地还原了宋濂不同环境下不同的内心世界，可谓卓然可行的研究路径，宜持之以恒。

其三，对宋濂的一些评判，更多研究沿袭《宋元》《明儒》两学案的案语，忽视原典的深入解读。如黄宗羲在《明儒学案》中直接越过刘基、宋濂等开国巨儒，将方孝孺作为明代理学初祖，这不啻抹杀宋濂等人的意义，遮蔽了学术史的真实。全祖望在补修《宋元学案》时，也未弥补这一缺失，仍将宋濂视为北山学派的附庸，叙述一掠而过，并不无訾议地说："婺中之学，至白云而所求于道者，疑若稍浅，渐流于章句训诂，未有深造自得之语，视仁山远逊之，婺中学统之一变也。义乌诸公师之，遂成文章之士，则再变也。至公而渐流于佞佛者流，则三变也。"① 对婺州的"流而为文"与宋濂的佞佛倾向，表现出较大的不满。其实，全祖望误读了这一现象，因为宋濂等婺州文人虽染尘佛道，却仍以儒学为归宗。对全氏这一评判，后继学者多趋步相踵，鲜有异议。平心而论，两学案堪称学术史巨著，但也糅合了编撰者的个人观点与喜好，恐不能当作宋明理学的全部实录，也不可以作为学术史研究的最终依据。所以，只有在原典解读的基础上，参考他人评判，综合审读，方不致于依样画葫芦，失之误判。

其四，一些聚讼问题及学术空白仍有待进一步解决、填补。相关聚讼问题如宋濂与"台阁体"的内在关系？宋濂理学思想到底尊陆还是宗朱？宋濂诗文的整体定位如何？如何评价宋濂的后期创作？等等，仍未得到完美的解答。许多学术空白，如宋濂为元末明初浙东士人的代表，其在元末明初的思潮与文风转变中作用如何？学界仍未作出详细分析。又如宋濂在世时，"士大夫造门乞文者，后先相踵。外国贡使亦知其名，数问宋先生

---

① 全祖望：《宋元学案》卷八十二《北山四先生学案》，中华书局 1986 年版，第 2801 页。

起居无恙否。高丽、安南、日本至，出兼金购文集"①。在其病逝后，著作也流传到东亚、欧美，影响远播海外。香港大学詹杭伦的《学术文章一世宗——论宋濂在朝鲜王朝的影响》（《〈宋濂全集〉首发式暨浙东文化学术研讨会论文集》）即成功运用新发现的域外史料，解读宋濂对朝鲜王朝的帝王之学、政事之学、史学、文学及人品的多方位影响，有助于丰富和加深对宋濂其人其学的认识。因而能否进一步深入、广泛发掘相关域外文献，考察宋濂在日本、越南等地的接受状况，进而窥探中外文化交流或域外看中国，意义自然重大。

第二节　从思想到学术：20世纪以来阳明学研究的流变与走向

王阳明（1472—1529）是继朱熹之后的另一儒学宗师，其开创的王学或阳明学在中国思想史上与朱学并峙。他的"万物一体说""致良知""心即理""知行合一"及"四句教"，以及传奇色彩的生平，广布天下的王门后学及其历史影响，在近世思想史上可谓无可匹敌。

对于王阳明，明末清初学人顾炎武、黄宗羲、李颙、孙奇逢、汤斌、万斯大、万斯同、全祖望、邵晋涵等人都曾撰有学述或案语。清代中晚期，由于朴学和程朱理学的复兴，王学研究一度沉寂。清末民初以来，受日本明治维新推崇阳明学的影响，知识界以现代学术的视野与方法对王阳明的研究有增无减，百年间涌现出大量的学术成果。对这些成果，学者不时总结回顾，但限于篇幅，多泛泛而谈。文碧方的《建国六十年来大陆的陆王心学研究》一文，较全面地考察了1949—2009年这60年间大陆的陆王心学研究，对阳明心学研究有一较好的梳理。②另张昆将的《当代日本学者阳明学研究的回顾与展望》（《台湾东亚文明研究学刊》第2卷第2期，2005年）及钱明的《阳明后学的研究回顾与展望》（《中国思想史通讯》第5期）二文，从不同的侧面对阳明学研究进行了梳理。然此三文对阳明学研究的考察，不同程度地存在着时空上的缺失和限制。因此在前

① 张廷玉等：《明史》卷一二八《宋濂传》，中华书局1974年标点本，第3784页。
② 文碧方：《建国六十年来大陆的陆王心学研究》，《现代哲学》2010年第2期。

人基础上，撷补民国以来海内外的研究成果，通过再次梳理王阳明研究的旧作与新论，评论其得失，寻绎王阳明研究的流变与节奏，以图寻求新的学术增长点。

百年来的王阳明研究，按时段与进度，大致可分为民国、改革开放前、改革开放后三个时期。民国时期（1911—1949），学人开始运用现代学术眼光和方法研究王阳明，是阳明学研究的奠基时期；改革开放之前大致分为两个阶段，"文革"前（1949—1966）为第一阶段；"文革"时期（1966—1976）为第二阶段。改革开放之后的研究也大致分为两个阶段，1977—1990 年为第一阶段；1990 年至今为第二阶段。第三个时期的研究在吸纳、承继前人成果的基础上，无论是研究视野、方法，还是发掘文献史料，均取得了超越前代的成绩。

一　日本阳明学研究的前后两阶段

清末民初以来，阳明学研究由沉寂走向繁荣主要受日本明治维新推崇阳明学的影响，故有必要先回顾日本的阳明学研究。近现代日本的阳明学研究，大致分为战前和战后两个阶段。

（一）战前第一阶段

第一阶段的研究，虽可从甲午战后掀起的王阳明研究热潮算起，但历史的铺垫可追溯得更远。众所周知，王阳明思想东渡日本，对 17 世纪初期的中江藤树、熊泽藩山等人有深刻影响。而 19 世纪中后期的明治维新人士如春日潜庵、梁川星严、吉田松阴、西乡隆盛、高杉晋作等，或为阳明学学者，或是阳明的仰慕者，他们大力鼓吹阳明哲学，其中"致良知""知行合一"的学说被奉为明治维新的精神动力。可以说，阳明学与明治维新密切相关。章太炎说："日本维新，亦由王学为其先导。"[①] 日本战后文学家三岛由纪夫也说："不能无视阳明学而谈明治维新。"[②] 被称为明治维新"首功"的吉田松阴，与大盐平八郎所著的《洗心洞劄记》就高度颂扬了王阳明的思想。吉田松阴讲学的松下村塾所培养的维新人物，也大

---

① 章太炎：《答铁铮》，《民报》第 14 号《附录》，1907 年。

② ［日］三岛由纪夫：《革命哲学としての阳明学》，《三岛由纪夫评论全集》第三卷，新潮社 1989 年版，第 566 页。

都带有阳明思想的因子。

甲午战后，日本学者鼓吹阳明学，掀起研究王阳明的热潮，不仅出现了由吉本襄、东敬治、石畸东国等人所编的三种宣扬阳明学的刊物①，而且出版了一些研究王学的著作。其中，关于王阳明传记生平及其学说的有：高濑武次郎的《王阳明详传》（东京广文堂书店 1915 年版）、三岛复的《王阳明の哲学》（1909 年撰成，1934 年刊行）、安冈正笃的《王阳明研究》（东京明德出版社 1922 年版）、大木九造的《阳明学说管见》（东京怀德书社 1911 年版）、桑原重短的《王阳明研究》（日本帝国堂 1918 年版）、杉原夷山的《王阳明》（大阪近代文艺社刊行 1933 年版）、武内义雄的《朱子、阳明》（东京岩波书店 1936 年版）、秋月胤继的《陆王研究》（日本章华社 1935 年版）、木村秀吉的《阳明学研究》（东亚学芸协会 1938 年版）。讲王阳明修养精神及对《传习录》注疏的有：杉原夷山的《阳明学神髓》（东京大学馆 1899 年版）、井上哲次郎的《日本阳明学之哲学》（东京富山房 1901 年版）、高濑武次郎的《阳明学阶梯：精神教育》（东京参天阁 1907 年版）、忽滑谷快天的《达摩と阳明》（东京丙午出版社 1908 年版）、东敬治的《传习录讲义》（东京松山堂 1905—1906 年版）、杉原夷山的《阳明学实践躬行录》（东京大学馆 1909 年版）、小柳司气太的《传习录》（东京友朋重刊行 1919 年版）、小野机太郎的《现代语译传习录》（东京新光社刊行 1923 年版）、山田准的《王阳明传习录讲本》（东京二松学舍 1927 年版），安冈正笃讲抄、龟井一雄译的《传习录》（1931），山田准、铃木直译注的《传习录》（东京岩波文库刊行 1936 年版）等，这些著作大都围绕着《传习录》来讲王阳明的修养精神和工夫。

可以说，战前的阳明学研究热潮，聚焦于王阳明的传记学说及《传习录》所讲的修养精神，这与当时日本精英阶层借阳明学砥砺士气和躬行实践的氛围有关。

（二）战后第二阶段

战后第二阶段的阳明学研究以 1972 年为高峰。不过在 1972 年之前，

---

① 参见张昆将《当代日本学者阳明学研究的回顾与展望》，《东亚文明研究学刊》第 2 卷第 2 期，2005 年，第 254 页。

已有谷光隆的《王阳明》（东京人物往来社 1967 年版）、山下龙二的《阳明学の研究》（东京现代情报社 1967 年版）、冈田武彦的《王阳明与明末儒学》（东京明德出版社 1960 年版）、岛田虔次的《朱子学与阳明学》（东京岩波书店 1967 年版）、冈田武彦编的《王阳明全集》（东京明德出版社 1970 年版）、岛田虔次的《中国における近代思维の挫折》（东京筑摩书房 1970 年版）等书。其中，山下龙二的《阳明学の研究》及岛田虔次的《朱子学与阳明学》重点讨论了阳明后学的分化与流衍，开启战后日本阳明学研究的新领域。而毕生致力于王阳明研究的冈田武彦编纂的《王阳明全集》，成为王阳明文献的大全，为日本阳明学研究打下了坚实的文献资料基础。

1972 年是王阳明诞辰五百周年，为纪念王阳明，以宇野哲人、安冈正笃为主编，荒木见悟、山下龙二、冈田武彦、山井涌为编委，编成《阳明学大系》12 卷，再加别卷《传习录诸注集成》，该大系包括中国的阳明学和日本的阳明学两部分。中国阳明学包括《阳明学入门》1 卷，《王阳明（上）（下）》2 卷，《阳明门下》3 卷、《陆象山》1 卷；日本的阳明学包括《日本阳明学（上、中、下）》3 卷，《幕末维新阳明学者书简集》1 卷，《阳明学便览》1 卷。这些编撰者都是日本汉学、阳明学研究造诣颇深的学者。大系的编成，直接促进了日本对阳明后学、阳明学脉的梳理及中国阳明学与日本阳明学的比较研究。

1972 年之后，日本阳明学研究涌现出了一大批成果，主要有：志贺一郎的《王阳明与湛甘泉》（日本新塔社 1976 年版）、安冈正笃监修的《王阳明全集》（东京明德出版社 1986 年版）、冈田武彦的《阳明学的世界》（东京明德出版社 1986 年版）、山下龙二的《王阳明传》（文君妃译，国际文化事业有限公司 1989 年版）、沟口雄三的《中国前近代思想の曲折と展开》（龚颖译为《中国前近代思想的演变》，生活·读书·新知三联书店 2011 年版）、荒木见悟的《阳明学の位相》（东京研文出版社 1992 年版）等书。在这些著作中，冈田武彦、荒木见悟、山下龙二、岛田虔次与沟口雄三等人围绕着"王阳明与陈白沙、湛甘泉思想的关系""阳明后学的分派""阳明学与三教的关系""晚明阳明学的近代性"等主题进行阐述和争论。

关于"王阳明与陈白沙、湛甘泉思想的关系"，岛田虔次与冈田武彦展开争论。岛田虔次在《中国における近代思维の挫折》一书中，梳理了从吴与弼、陈白沙、娄谅至王阳明的学术谱系，认为王阳明是吴与弼的再传弟子，与陈白沙联系密切，而娄谅论"格物"则直接影响了王阳明。① 冈田武彦在《王阳明と明末の儒学》一书中则反对此观点，他以"动"与"静"的视角区分了王阳明和陈白沙二人心学的不同，认为王阳明是"动的心学"而陈白沙是"静的心学"，他更注意到王阳明与湛甘泉的思想关系，认为阳明继承象山心学，开启"心即理"之底蕴，倡导"致良知"，奠定了阳明心学的特色。② 而山下龙二与荒木见悟主张不可将"白沙—阳明"简单地看为同一系，这种主张与冈田武彦的观点接近。③

　　关于阳明后学的分派问题，岛田虔次在《中国における近代思维の挫折》与《朱子学与阳明学》二书中，把王门后学分为左派与右派。左派王学指的是王龙溪与泰州学派，带有近代个人主义色彩。而右派王学指的是重视修证而接近朱子学的保守学说。很明显，岛田的分类主观色彩明显，且过于简单。与之不同，冈田武彦在《王阳明と明末の儒学》一书中把阳明后学分为三派：现成派（即左派，以王龙溪、王心斋为代表）、归寂派（即右派，以聂双江、罗念庵为代表）、修正派（即正统派，以邹东廓、欧阳南野为代表）。现成派认为阳明之良知是现成的，当下即现成，故此派强调直下承当、直下信仰、一了百当的顿悟之说，排斥渐修。在本体论与功夫论上，现成派人物比较轻视功夫论，直接在本体上见功夫，并以本体为工夫。归寂派认为阳明的良知之学有"虚寂之体"与"感发之用"两面，主张以归寂立体并以之为达用，即该派以立体达用为阳明致良知的宗旨，故强调"体用一源""显微无间"。修正派则强调良知即是天理和道德法则，善于体认阳明本体即功夫、功夫即本体的真精神。冈田武彦指出，修正派虽企图矫正现成派流荡和归寂派偏静的弊端，但难以适应当时王学的发展与时代的风潮，故良知现成派的思想最为兴

---

① ［日］岛田虔次：《中国近代思维的挫折》，甘万萍译，江苏人民出版社 2010 年版，第 5—10 页。

② ［日］冈田武彦：《王阳明与明末儒学》，吴光、钱明等译，上海古籍出版社 2000 年版，第 37—38 页。

③ 张昆将：《当代日本学者阳明学研究的回顾与展望》，《东亚文明研究学刊》第 2 卷第 2 期，2005 年，第 258 页。

盛，或许是顺理成章的。① 当然，冈田武彦的这种分法基本继承了浙中王学代表人物王龙溪的观点，后来也成为日本学界普遍接受的分法。

关于"阳明学与三教的关系"，冈田武彦在《王阳明と明末の儒学》一书中指出，王学左派许多人物都持三教合一的立场，同时他还考察了晚明王学左派三教合一的风尚与明代善书流行文化之间的关系。② 酒井忠夫特著《阳明学と明代の善书》，指出明代流行的善书文化与阳明门人尤其是泰州学派及王龙溪关系密切。③ 荒木见悟的《佛教与阳明学》一书，对于阳明学与佛教的结合进行了较为细致的分析。冈田与荒木对阳明学与三教关系的研究，极有参考价值。

关于阳明学的"近代性"的讨论，是从岛田虔次的《中国における近代思维の挫折》一书开始的。该书透过晚明阳明学左派的研究，证明中国近世也有欧洲式的"近代性"——即王学左派提出的"合理主义""欲望肯定""自我意识"等特性，而且在晚明出现了"萌芽"。虽然这种欧洲式的近代"个人精神"遭遇了"挫折"而停滞，但在中国还存在。④ 而沟口雄三的《中国前近代思想の曲折と展开》一书，从"前近代"与"曲折展开"的书名看出，这是对岛田的"近代"与"挫折"进行的回应。他批评岛田的"近代"是利用欧洲的概念来理解中国的历史，提出必须以"理解中国的独自性"为前提来理解中国历史。故他提出了"前近代"概念，呼吁抛弃"欧洲文明威胁"与"腐朽王朝"的视角，而从"内发式的视角"观察中国近代的发展。该书对中国近代的研究，以明清的王阳明—李卓吾—戴震为线索，把重心放在王龙溪和李卓吾时代，尤其放在阳明后学李卓吾身上所彰显的"近代性"的质素——"个人的主体性"上，观点虽新颖，但视角较为狭隘。⑤ 冈田武彦的《王阳明

---

① ［日］冈田武彦：《王阳明与明末儒学》，吴光、钱明等译，上海古籍出版社2000年版，第103—105页。

② 同上书，第14—16页。

③ 张昆将：《当代日本学者阳明学研究的回顾与展望》，《东亚文明研究学刊》第2卷第2期，2005年，第267—268页。

④ ［日］岛田虔次：《中国近代思维的挫折》，甘万萍译，江苏人民出版社2010年版，第149—150页。

⑤ 龚颖：《中国前近代思想的演变》，载［日］沟口雄三《中国前近代思想的曲折与展开》，龚颖译，生活·读书·新知三联书店2011年版。

と明末の儒学》一书，则从文化大背景下考察明代阳明学的"近代性"，指出宋代到明代思想上的明显变化：即从二元论到一元论，由理智主义到抒情主义；认为明代是以"情"为中心比以"理"为中心更突出的情理一致主义，是兴趣比技巧更受重视的感兴主义，性情自然比理智规范更受尊重的自然主义，主观比客观更受强调的主观主义，提倡反传统并宣扬从传统解放出来的自由主义，这些观点相对盛行，甚至出现了近代革新思想的萌芽。①

另外，围绕着"人欲的肯定"，荒木见悟、山下龙二、岛田虔次与沟口雄三等人对泰州学派颜钧、罗汝芳、何心隐关于"欲"的主张进行了研究。围绕王艮的"淮南格物论"和阳明的"拔本塞源"说，岛田虔次与荒木见悟二人肯定了阳明学尤其是泰州学派的庶民性格——"万民平等观"，并认为这些观念都显示出一定的"近代性"。②

总之，1972 年之后，日本学者从传统到现代的转化、儒佛道三教的合流、精英思想与民间文化的汇合等路径对阳明学进行了宏大与长时段的研究，他们重视泰州学派尤其是李卓吾的思想。其中的观点，如沟口雄三的"现代性"等，对中国阳明学的研究影响颇大。

二　清末民国时期各思想派别视野中的王阳明

民国时期的王阳明研究，大致可分为三类：即维新派和革命派眼中的阳明学，国粹派和东方文化派眼中的阳明学，现代新儒家眼中的阳明学。③ 试一一论述之。

（一）维新、革命派视野中的王阳明

维新派和革命派均把阳明学视为行动的偶像和精神动力，兹选择维新派的康有为、谭嗣同、梁启超，以及革命派的孙中山、蒋介石等人的阳明学研究展开论述。如前所述，清末民初以来王阳明研究由沉寂走向重视是

---

①　［日］冈田武彦：《王阳明与明末儒学》，吴光、钱明等译，上海古籍出版社 2000 年版，第 1 页。

②　张昆将：《当代日本学者阳明学研究的回顾与展望》，《东亚文明研究学刊》第 2 卷第 2 期，2005 年，第 272—275 页。

③　此处参照了张昆将在《近代中日阳明学的发展及其形象比较》（《东亚文明研究学刊》第 5 卷第 2 期，2008 年）一文中的分法。

受日本明治维新人士推崇阳明学的直接影响。康有为在万木草堂讲学期间，就以日本维新志士吉田松阴的事迹及著作为题材激励士气。梁启超流亡日本不久，恰逢井上哲次郎的《日本阳明学派之哲学》（1900）出版以及日本知识界大力鼓吹阳明学的时期，故他相当熟悉明治维新人士与阳明学的联系。当然，维新派推崇王阳明也有中国思想史内部的渊源。清代晚期，除了严复对阳明学批评较多外，龚自珍、康有为、谭嗣同、梁启超等人均重视王阳明。受王阳明思想的启发，龚自珍特别强调"心力"的作用，这直接影响到后来维新派的"心力"哲学。如谭嗣同的《仁学》，梁启超的《新民说》，都重视"心力"。尤其是梁启超，他之所以推崇王学，是将阳明心学当作勇猛精进的实践动力的源泉。另外，梁自称他的《新民说》专述王阳明及其后学之言。在该书中，阳明学被梁启超当作启蒙中国人，汲取自由、平等思想的传统资源。[1] 可见，阳明学在民国时期的复兴与维新派的政治活动以及日本阳明学的开展有莫大关系。

革命派孙中山、蒋介石也推崇阳明学说。1905 年，孙中山对清末留日学生发表演讲时说："五十年前，维新诸豪杰沉醉于中国哲学大家王阳明知行合一的学说，故皆具有独立尚武的精神，以成此拯救四千五百万人于水火之大功。"[2] 难能可贵的是，他还在阳明"知行合一"说的基础上创造性地提出"知难行易"说，成为当时鼓励革命者勇于行动的精神动源。众所周知，蒋介石一生服膺于阳明学说。他自述对阳明学的兴趣始于18 岁，20 岁留学日本时（即 1906 年）正是井上哲次郎的《日本之阳明学》风靡日本时，所以他自称当时目睹日本的陆海军官，几乎无人不读阳明的《传习录》。[3] 蒋介石毕生痴迷王阳明，其《力行哲学》的观点和论述具有浓厚的王阳明思想的色彩。

此外，受革命派思想的影响，马叙伦、唐文治、胡秋原、冯侠夫、翁琴崖、周树美、谈师籍、王去病等人在《仁爱月刊》《政治月刊》《遗族

---

[1] 梁启超：《饮冰室文集》第一册，商务印书馆 1936 年版，第 113—115 页。

[2] 孙文：《救中国应改革旧制实行共和》，《孙中山选集》（中册），广东人民出版社 2006 年版，第 150—151 页。

[3] 参见张昆将《近代中日阳明学的发展及其形象比较》，《东亚文明研究学刊》第 5 卷第 2 期，2008 年，第 55—56 页。

校刊》《大众》《三民主义半月刊》《中央日报》《再造》《建国月刊》《汗血月刊》《政治月刊》《明耻半月刊》《中山月刊》等刊物上发表 60 余篇阳明学论文，主要围绕着知行合一、实干主义、事功军事以及阳明哲学与三民主义之间的关系等主题进行论述，借此宣扬革命思想与行动精神。

（二）国粹派、东方文化派视野中的王阳明

国粹派和东方文化派研究阳明学，不同于维新派、革命派侧重于阳明学的革命与行动精神的阐发，而是将阳明学视作值得保存的国粹，进而强调阳明学说是中国传统文化的重要延续和组成部分。其中，有关《传习录》及阳明文献的评注整理成为热点，主要有：孙锵的《传习录集评》（1914）、叶绍钧的《传习录点注》（商务印书馆 1927 年版）、倪锡恩的《详注王阳明全集》（上海扫叶山房 1928 年版）、许舜屏的《评注传习录》（上海中原书局 1929 年版）。有关王阳明传记生平的著作有：余重耀的《阳明先生传纂》（中华书局 1923 年版）、孙毓修的《王阳明》（商务印书馆 1924 年版）、钱穆的《王守仁》（商务印书馆 1930 年版）、王勉三的《王阳明生活》（世界出版社 1930 年版）、宋云彬的《王阳明》（开明书店 1934 年版）、胡越的《王阳明》（中华书局 1927 年版）、贾丰臻的《阳明学》（商务印书馆 1935 年版）、陈建夫的《王阳明的学说及其事功》（武昌乡村书店 1938 年版）、马宗荣的《王阳明及其思想》（文通书局 1942 年版）、王禹卿的《王阳明之生平及其学说》（正中书局 1943 年版）。有关阳明哲学及阳明后学研究的著作有：张绵周的《陆王哲学》（民智书局 1925 年版）、胡哲敷的《陆王哲学辨微》（中华书局 1930 年版）、谢无量的《阳明学派》（中华书局 1934 年版）、嵇文甫的《左派王学》（上海开明书店 1934 年版）、王企仁的《阳明学大纲》（上海精一书局 1935 年版）、宋佩韦（即宋云彬）的《王守仁与明理学》（商务印书馆 1935 年版）等。

这些著作，以毕生宣扬王学的浙人孙锵所编的《传习录集评》为代表。该书由孙奇逢、施四明、刘宗周、黄宗羲的"参评"加上陶春田、梁启超的"续评"组成，作者的目的在于希望该书能成为救亡之书。综合而论，该书较早借鉴了日本人研究阳明学的成果，对王阳明研究的兴起有助推作用。而钱穆的《王阳明》以思想传记的方式梳理阳明学说。相较而言，钱穆并未如维新派和革命派那样把阳明学奉为精神偶像，也未提及王学在日本维新运动中扮演的角色，而是把阳明还原为阳明本人，把阳明学看作为宋明理学的重要组成部分，强调阳明学"万物一体""良知论"是中国传统文化的宝贵遗产。谢无量的《阳明学派》不满于人们对王阳明的褒奖，认为阳明思想不过是陆九渊思想的扩充而已，不值得过高推崇。胡哲敷在《陆王哲学辨微》一书中自称他"信仰陆王，而不迷信陆王"①，并批评谢无量的陆王同质论，认为陆王二家思想虽在"心即理"有相似处，但陆九渊根据《中庸》的"尊德性"及《孟子》的"先立其大"建立其主张，而阳明则根据《大学》的"止至善"及《孟子》"良知"来推衍其学说，二人的立论说教本就各自不同，何况二人的时代背景、身世、思想、事业都不一致，故王阳明思想并非只是陆九渊思想的扩展，而有很大的创新。②

嵇文甫的《左派王学》一书则较早研究王门后学，他把王畿、王艮及其后学称为左派王学，以区别于聂豹、罗念庵为代表的右派。他非常看重王阳明及左派王学，认为他们的"致良知"和"知行合一"透射着一种自由解放的精神，处处是对道学陈旧格式的反抗，其中左派王学又以李卓吾最为代表。同时，该书还讨论王学左派与明代文学公安竟陵派之间的关系，并分析了左派王学产生的社会史背景。③ 他标榜的以李卓吾为代表的左派王学对道学的反抗，与前文所述日本阳明学研究所强调的王学的"现代性"论点相近，开启了 20 世纪 50 年代以后大陆学界对左派王学研究的基调，其学术史意义非常重要。

另外，刘师培、倪羲抱等人在《国粹学报》《国学杂志》上发表的王学论文，以及嵇文甫、钱穆、王崇武、太虚、操震球等人发表在《东方杂志》《学原》《思想与时代》《燕京学报》等报刊上的 40 余篇王学论文，还有梁启超《王阳明知行合一之教》（1926 年清华学校演讲稿，后收入《饮冰室合集》第五册，中华书局 1936 年版）的演讲稿等等，大都对王阳明的人生哲学、学术脉络、阳明后学、阳明教育思想及与西方直觉主

---

① 胡哲敷：《陆王哲学辨微》，中华书局 1930 年版，"自序"第 3 页。
② 同上书，第 129—130 页。
③ 嵇文甫：《左派王学·序文》，上海开明书店 1934 年版。

义之比较等方面展开论述。其中，梁启超的《王阳明知行合一之教》一文认为，知行合一说是纠补朱学末流之弊而产生的，其哲学根据是"心理合一"与"心物合一"，并与"现成良知"密切相关。此外，太虚的《王阳明与新中国哲学》一文则考察了王阳明与佛教的密切关系，认为阳明学说体现出援儒入佛、融汇儒释的倾向。① 这是首位佛教学者站在佛教的角度讨论佛教与王阳明哲学的关系，值得一读。

总之，与维新派和革命派不同，国粹派和东西文化派主张回归到阳明学术本身，在中国传统学术脉络或朱王、陆王之学的异同争议中，探索王学的学术价值和意义。

（三）现代新儒家视野中的王阳明

不同于维新派、革命派鲜明的政治意涵，也有别于国粹派注重学术思想遗产的保存，现代新儒家熊十力、梁漱溟、贺麟、张君劢、牟宗三、唐君毅等人则不遗余力地诠释阳明思想，以图与民主、科学等现代西方精神相连接。这些论述主要见于熊十力的《原儒》《新唯识论》，梁漱溟的《东西文化及其哲学》、贺麟的《文化与人生》等著作，以及发表在《思想与时代》《历史与文化》《学原》等刊物的相关论文。

熊十力在《原儒》中称赞王阳明的良知说，认为其承继了孔学的真精神。梁漱溟在《东西文化及其哲学》中指出，孔子学说的根本精神是"直觉"，而孔孟以后的学问家中最能契合孔学的"直觉"精神者，就是王阳明及其泰州学派。②

贺麟的《知行合一新论》和《知行问题的探讨与发挥》等文，阐发并推崇王阳明的"知行合一"学说。他认为，"知行合一"说是王阳明在中国哲学史上的伟大贡献，而且也是关于知行问题中外古今哲学家最根本的见解。③ 在讨论过程中，贺麟把"知行合一"分为"自然的知行合一"与"价值的知行合一"两大类，他认为王阳明属于"直觉的价值的知行合一"论。④ 这些观点现在看来，仍不乏启发意义。

---

① 太虚：《王阳明与新中国哲学》，《海潮音》1946 年第 1 期。
② 梁漱溟：《东西文化及其哲学》，商务印书馆 2010 年版，第 142—143 页。
③ 贺麟：《知行合一新论》，《贺麟选集》，吉林人民出版社 2005 年版，第 416 页。
④ 同上书，第 385—388 页。

三 20世纪50年代至改革开放前大陆和港台的阳明学研究

改革开放之前的王学研究在横向上大致分为两个层面：一是20世纪40年代末至"文革"（1949—1976）大陆的阳明学研究；二是同期港台学者的王阳明研究。

（一）1949—1976年大陆的阳明学研究

这一时期，大陆的王阳明研究鲜有专著问世，然而通史性著作中都有王阳明（或"陆王心学"）的专门章节。如侯外庐主编的《中国思想通史》（人民出版社1947—1965年版）、任继愈主编的《中国哲学史》（人民出版社1963—1966年版）、杨荣国的《中国古代思想史》（人民出版社1954年版）以及北京大学哲学系编写的《中国哲学史》（中华书局1962年版）等书都有专门论及阳明心学的章节。同时，这一时期的论文主要有：郝善群的《对王阳明主观唯心主义的批判》（《新建设》1957年第4期）、钟兆麟的《谈王守仁思想》（《光明日报》1962年7月9日）、孔繁的《王阳明的主观唯心主义哲学思想》（《教学与研究》1962年第4期）、王明的《王阳明》（《教学与研究》1962年第4期）、罗炳之的《王守仁的教育思想评价》（《江海学刊》1962年第6期）、伍占芝的《关于王阳明政治思想及其哲学思想的讨论》（《文汇报》1963年1月20日）、阎长贵的《王阳明的"知行合一"》（《光明日报》1965年10月22日）、杨寿堪的《"知行合一"说帮不了美化海瑞的忙》（《光明日报》1965年12月31日）等论文。

上述哲学史、思想史通论性著作的章节以及发表在《新建设》《光明日报》《教学与研究》等刊物的论文，是接受过思想改造和马克思主义理论学习运动的大陆学术界，运用马克思主义的立场、观点与方法，尤其是唯物、唯心主义两条路线斗争和阶级分析的方法来研究王阳明心学的成果。这些论著，多为思想史研究学养深厚的专家所作，虽不乏文献史料的客观分析，但由于为意识形态服务，王阳明被贴上了主观唯心主义和封建地主阶级的思想标签，凸显了教条化与泛政治化的特征。当然，也有一些较纯粹研究王阳明学术思想的论文，如邱椿的《王阳明的教育思想》（《北京师范大学学报》1957年第1期）、朱谦之的《阳明学在日本的传播——中外思想交流史话》（《文汇报》1962年4月1日）。另外，1962

年江西赣州地区历史学会主办了大陆地区改革开放前唯一一次"王阳明学术讨论会"，就王阳明政治军事思想与实践进行了较为学术的讨论。①

值得一说的是，朱谦之的《日本的古学及阳明学》，对阳明学在日本哲学中的地位、继起各派的阳明学及明治维新阳明学进行了论述，② 是第一部中国学者客观研究日本阳明学的专书，现在仍值得一读。

"文革"时期，学界对王阳明较为学理化的讨论和批评，转为狂风骤雨、横扫一切的全民大批判。"文革"十年，除杨天石写过一本《王阳明》（中华书局 1972 年版）的小册子外，各地报刊围绕着王阳明平定"苗民叛乱"等问题，发表了数以百计的批判文章。当时，"封建专政的维护者王阳明"，"口诵孔经手挥屠刀的王阳明""极端露骨的唯我论""头脚颠倒的知行观"等口号满天飞，把王阳明作为封建统治阶级的代言人或镇压农民运动的刽子手，对王阳明及其心学思想进行了荒诞的批判和全盘式的否定。可以说，王阳明的学术研究在这一时期完全中断。

（二）港台地区的阳明学研究

与大陆相比，港台学人继续民国时期阳明学研究的繁荣势头，出现了一批著作。其中，有关王阳明生平传记的著作包括：周同的《王阳明哲学与事功》（高雄国际文摘 1957 年版）、郑继孟的《王阳明传》（台北书局 1957 年版）、张孔祥筠的《阳明传》（台湾华岗出版有限公司 1972 年版）；有关《传习录》和阳明修养精神的包括：但卫今的《王阳明〈传习录〉札记》（台湾商务印书馆 1957 年版）、于清远的《王阳明〈传习录〉注释》（凤山黄埔出版社 1958 年版）、陈荣捷的《王阳明〈传习录〉详注集评》（台湾学生书局 1972 年版）、朱秉义的《王阳明入圣的工夫》（台北幼狮文化事业公司 1979 年版）；有关王学思想精髓和"致良知"研究的有：牟宗三的《王阳明致良知教》（台湾"中央文物供应社"1954 年版）、牟宗三的《王阳明》（台北幼狮文化事业公司 1955 年版）、钱穆的《阳明学述要》（台北正中书局 1955 年版）、麦仲贵的《王门诸子致良知学说之发展》（香港中文大学出版社 1973 年版）、张铁君的《阳明学说真谛》（台湾"中国新闻出版公司"1956 年版）、王开府的《王阳明致良知

---

① 《赣南史学会讨论王阳明的哲学思想》，《光明日报》1962 年 12 月 17 日。

② 朱谦之：《日本的古学及阳明学》，上海人民出版社 1962 年版。

说》（台湾文史哲出版社 1973 年版）、邓元忠的《王阳明圣学探讨》（台北正中书局 1975 年版）；有关阳明学说综论及其脉络影响的有：丁仁斋的《王阳明教育学说》（台湾复兴书局 1955 年版）、黄敦涵的《阳明学说体系》（台北泰山书局 1962 年版）、蔡仁厚的《王阳明哲学》（台湾三民书局 1974 年版）、林振玉的《王阳明论》（台北复文书局 1976 年版）等。

其中，朱秉义的《王阳明入圣的工夫》主要从工夫论的角度对王阳明心学进行考察，他从诚、立志、格物等入手，详细阐述了王阳明心学作工夫的方法，并认为阳明心学将情感与理智、谦与傲、知与行等方面都进行了很好的贯通。陈荣捷的《王阳明〈传习录〉详注集评》一书，则是在其英译王阳明《传习录》的基础上，搜罗中日各家注释，广择评论二十余家，并加以大量的考证、按语，同时附录《传习录》拾遗（第一条至第五十一条）等内容，是目前现存最好的本子，值得学界的重视。

牟宗三在《王阳明致良知教》一书中认为，"致良知教"是"真圣门正法眼藏"；良知是指"超越的本然的道德心"，良知明觉"不是认知外在的理"，而是"决定一应当如何之原则"；良知即活动即存有，是道德实践和一切存在的根据；良知只决定行为当否而不成就知识系统。该书一些内容后来整合入《从陆象山到刘蕺山》一书。《从陆象山到刘蕺山》从批评朱子的"歧出"及王门后学聂豹、罗念庵的"横生枝节"，梳理出了自陆象山、王阳明、王龙溪、刘两峰、刘师泉、王塘南、刘蕺山的心学脉络。众所周知，正是在阐发王阳明良知说的基础上，牟宗三提出了著名的"良知坎陷说"。

钱穆的《阳明学述要》是在其《王守仁》（1930）一书的基础上修改而成的。他把王阳明置于理学发展史中加以考察，该书介绍了王学的背景和流传，把王学的精华归纳为：良知、知行合一、致良知、诚意、谨独、立志、事上磨炼；把阳明晚年思想归纳为：拔本塞源之论、大学问、四句教，并以阳明及其弟子之言论辅证，指出阳明思想的价值在于他以一种全新的方式解决了宋儒留下的"万物一体"和"变化气质"的问题，贡献了独特的"良知"理论，可以说是提纲挈领，纲举目张。该书最后还附有《阳明年谱》，颇有特色，是学习阳明学的难得之书。

张君劢的《王阳明：中国十六世纪的唯心主义哲学家》一书认为，

王阳明是中国最具影响力的思想家，比朱子更为重要。① 他还比较了中日阳明学的不同特色，说："阳明学之在吾国，人目之为招致亡国之祸，而在日本则杀身成仁之志行，建国济民之经纶，……在吾国则为性心空斋，在日本则实现近代国家建设之大业。"② 张君劢指出阳明学在日本人中流行的原因有三："第一，阳明学简易直截……因而合于日人快刀利刃之性格。第二，阳明学侧重于即知即行，合于日人勇往直前之习惯。第三，日本人注重事功，将阳明学应用于人间社会，发生大效果。"③ 张君劢反对把阳明学仅仅看作道德伦理学的范畴，所以他屡屡强调阳明哲学的形而上的宇宙论性格，并用"直觉主义"解释"良知"，进而以"直觉主义"阐释其宇宙与人心一体的整体论。很明显，张君劢把"良知"翻译为"intuitive knowledge"，谓其属于康德的纯粹理性及实践理性的基本范畴，他的植基于心、意、知而无对的"心即理"说则接近柏克莱。张氏还会通阳明哲学与近代西方康德与柏克莱哲学，以证成自己的唯心论哲学。④

总之，正是通过对王阳明哲学的深刻分析以及学脉的独特梳理，牟宗三、钱穆、张君劢等成就了其一代儒家。不管接受或质疑，他们的王阳明研究代表了这个时代最重要、最具特色的成果，是不可绕开的。

四 改革开放后阳明学研究的两个阶段

改革开放以来，中国社会逐渐步入正轨，经过"文革"时期的"压抑"及"沉寂"，大陆的王阳明研究进入复苏乃至繁荣时期。同时，两岸阳明学研究交流融合，进入同步发展时期。这时期的研究大致分为两个阶段：1980—1990 年为第一阶段；1990 年至今为第二阶段。

（一）第一阶段

改革开放时期的第一阶段可以说是阳明学研究的复苏与转型期。1981年，学界在杭州召开新中国首次宋明理学国际学术研讨会，标志着宋明理

---

① 张君劢：《王阳明：中国十六世纪的唯心主义哲学家》，江日新译，台北东大图书 1991年版，第 69—90 页。

② 张君劢：《比较中日阳明学》，台湾商务印书馆 1976 年版，第 3 页。

③ 同上书，第 60 页。

④ 张君劢：《王阳明：中国十六世纪的唯心主义哲学家》，江日新译，台北东大图书 1991年版，第 51—67 页。

学研究进入复苏期。此后，与阳明心学相关的中国哲学史、宋明理学史研究也迅速发展，出现了一批王阳明研究的专门性成果，主要有：杨天石的《泰州学派》（中华书局 1980 年版）、沈善洪及王凤贤的《王阳明哲学研究》（浙江人民出版社 1981 年版）、张锡勤及霍方雷的《陆王心学初探》（黑龙江人民出版社 1982 年版）、方尔加的《王阳明心学研究》（湖南教育出版社 1989 年版）、邓艾民的《朱熹王守仁哲学研究》（华东师范大学出版社 1989 年版）等。其中，邓艾民的《朱熹王守仁哲学研究》一书对王阳明的"唯心主义泛神论的宇宙观"、知行合一、致良知及"四句教"进行了简明清晰的阐述，颇能代表 80 年代王阳明研究的水准。而沈善洪、王凤贤的《王阳明哲学研究》一书论述了王阳明的"主观唯心主义宇宙观""先验主义认识论与禁欲主义的道德论"及"王学的分化"。这些研究，虽仍采用唯物、唯心二元对立及阶级分析法，意识形态色彩浓厚，但又力图把王阳明放在宋明学术思想史的大系统中分析其思想的产生、发展、传播与衰微的演变过程，这都表明当时的王阳明心学研究正由"旧范式"向客观的学理分析的"新范式"转型。该书虽显得过于宏阔，然开改革开放后大陆学界王阳明研究之先。

与王阳明心学相关的中国哲学史、宋明理学断代史著作主要有：冯友兰《中国哲学史新编》第 5 卷（人民出版社 1988 年版），侯外庐、邱汉生、张岂之主编的《宋明理学史》下卷（人民出版社 1987 年版），蒙培元的《理学的演变》（福建人民出版社 1984 年版），张立文的《宋明理学研究》（中国人民大学出版社 1985 年版）等。这些著作一般都辟有王阳明心学的专章专节，对其哲学理路、学脉及历史地位进行论述。其中，《宋明理学史》下卷中有 13 章涉及阳明学，占该卷篇幅的 2/3，内容以王阳明心学为中心，向上溯及明代心学之前的陈白沙、湛若水，向下论及浙中、江右、南中、泰州王学，展示了阳明心学产生和演变的历史进程，对该进程中的过渡人物和阳明后学（尤其江右王学）的思想介绍以及其文献材料的搜集和整理最为着力，直到现在仍有极高的参考价值。另外，蒙培元的《理学的演变》、张立文的《宋明理学研究》中有关阳明心学概念、范畴、逻辑结构、思想脉络的分析与探讨，虽仍用唯物、唯心论分析，但痕迹较轻，表现出作者从教条主义的"旧范式"向阳明心学内在逻辑与思想特征研究的"新范式"转型的成功，体现了那一时期阳明心学研究的特点与水准。

（二）第二阶段

经过第一阶段的复苏及转型，在 80 年代王阳明研究的基础上，在上一代学者的引导下，一批新生代的学者参与到王学研究的潮流中，促使王阳明研究的大繁荣。从 1990 年代至今，直接以阳明学为主题的著作多达百部，论文千余篇，学界还创办了《阳明学刊》，在浙江、江西、贵州等地出现了阳明学研究中心，定期召开阳明学术研讨会，促进了阳明学的发展，使阳明学研究成为中国哲学研究最活跃的领域之一。这一时期的研究成果繁多，但大致围绕着"王阳明的传记事功""王学思想的理路及学脉""王学的分派""王学与三教关系""王学与晚明及近代社会"王阳明思想文献资料整理等主题展开。

1. 王阳明传记事功

关于"王阳明传记事功"的研究，主要有：郑吉雄的《王阳明：躬行实践的儒者》（台北幼狮文化事业公司 1990 年版）、方国根的《王阳明评传：心学巨擘》（广西教育出版社 1996 年版）、张祥浩的《王守仁评传》（南京大学出版社 1997 年版）、周月亮的《心学大师王阳明大传》（中华工商联合出版社 1999 年版）、方志远的《旷世大儒——王阳明》（河北人民出版社 2000 年版）、杨行恭的《王阳明传奇》（湖北人民出版社 2001 年版）、杜维明的《宋明儒学思想之旅——青年王阳明（1472—1509）》（武汉出版社 2002 年版）、诸焕灿的《心学大师王阳明》（中国文学出版社 2004 年版）、钱明的《儒学正脉——王守仁传》（浙江人民出版社 2006 年版）、袁仁琮的《王阳明》（小说）（巴蜀书社 2009 年版）等书。

人物传记是唤醒历史记忆、仰慕先贤、宣扬正能量的重要方式。90 年代以来，上述多部王阳明传记的出现表达了人们对王阳明事功和思想的推崇。然各家视角不同，侧重点各异。如郑吉雄的《王阳明：躬行实践的儒者》则从力行践履的角度描述了王阳明的事迹，塑造了"知行合一"的形象。方国根的《王阳明评传》围绕"破山中贼"和"破心中贼"两大线索，从"事功"与"学术"评述王阳明的政治活动与学术思想之密不可分，可谓切准了王阳明生命的脉搏。然而这些传记，相对于以前王阳明传著作来说虽然内容更加翔实，但除在一些点上有所推进外，多重复雷同，并没有一部可与束景南的《朱子大传》相媲美的王阳明传记著作。

2. 王学的理路及学脉

关于"王学的理路及学脉"是此期王阳明心学研究的重点，出现了一批成果，主要有：杨国荣的《王学通论——从王阳明到熊十力》（上海三联书店 1990 年版）、傅振照的《王阳明哲学思想通论》（中国国际广播出版社 1993 年版）、丁为祥的《实践与超越——王阳明哲学的诠释、解析与评价》（陕西人民出版社 1994 年版）、韩强的《重读王阳明》（四川人民出版社 1997 年版）、杨国荣的《心学之思——王阳明哲学的阐释》（上海三联书店 1997 年版）、刘宗贤的《陆王心学研究》（山东人民出版社 1997 年版）、徐梵澄的《陆王学述——一系精神哲学》（上海远东出版社 1994 年版）、张学智的《明代哲学史》（北京大学出版社 2000 年版）、林继平的《王学探微》（台湾兰台出版社 2001 年版）、杨国荣的《王学通论》（华东师范大学出版社 2003 年版）、任文利的《心学的形上学问题探本》（中州古籍出版社 2005 年版）、陈来的《有无之境——王阳明哲学的精神》（北京大学出版社 2006 年版）、司雁人的《阳明境界》（中国社会科学出版社 2007 年版）、朱承的《治心与治世——王阳明哲学的政治向度》（上海人民出版社 2008 年版）、陈立胜的《王阳明"万物一体"论——从"身—体"的立场看》（华东师范大学出版社 2008 年版）等。

在这些著作中，以新生代陈来、杨国荣最受人瞩目。陈来的《有无之境——王阳明哲学的精神》在王阳明文献史料细致考证与分梳的基础上，把握王阳明哲学的问题意识和解决方法，对王阳明哲学的内在意蕴与精神进行深刻地发掘和阐发。而杨国荣在《心学之思——王阳明哲学的阐释》一书中则对王阳明心学进行逻辑分析，力图诠释王阳明哲学中具有普遍意义的理论内涵，极具思辨的力度和纵横比较的广阔视野。另外，张学智的《明代哲学史》作为第一部明代哲学断代史著作，内容却以阳明学为重点，在充分占有文献资料的基础上，对王阳明哲学及其后学的问题、概念与范畴、解决问题的方式，以及王阳明及其后学之间的学脉关联进行了梳理和讨论。而任文利的《心学的形上学问题探本》以"形上学"为焦点问题，对阳明心学形成发展的内在脉络，阳明心学的"良知""致良知""心即理"等核心概念与命题作了颇具深度的分析与探究，对王门

各派的焦点问题、解决问题的独特方式及优缺点作了考察。陈立胜的
《王阳明"万物一体"论——从"身—体"的立场看》，受到现代心理学
的"具身理论"的启发，以"身心互渗"的立场对阳明的"万物一体"
观做了探讨，其中对"恶与牺牲结构"问题的分析揭示了阳明一体论说
中的内在张力，描述和探讨了阳明"乐"的本质与"乐"的类型学以及
儒家的宗教性性格等，颇能激发人的思考。另外，朱承的《治心与治
世——王阳明哲学的政治向度》以政治哲学为视域，对王阳明的心学作
了独特的考察，书中具体包括了万物一体与三代之治、化治世为治心、王
阳明哲学政治向度的历史回应、良知学说的理想政治效用等内容，拓宽了
阳明学哲学研究的视野，值得注意。

3. 王学的分派

关于"王学的分派"是这一阶段阳明学研究的焦点，也是阳明学研
究走向深入细化的体现，产生了一批颇有分量的著作。这些著作大致分为
阳明后学的个案型、整体型及个案兼整体型研究三大类。个案型研究主要
有：李庆龙的《罗汝芳思想研究》（台湾大学历史所博士学位论文，1999
年）、吴震的《聂豹、罗洪先评传》（南京大学出版社 2001 年版）、龚
杰的《王艮评传》（南京大学出版社 2001 年版）、方祖猷的《王畿评
传》（南京大学出版社 2001 年版）、林月惠的《良知学的转折——聂双
江与罗念庵思想之研究》（台大出版中心 2005 年版）、吴震的《罗汝芳
评传》（南京大学出版社 2005 年版）、张树俊的《明代大儒王栋思想研
究》（中国文史出版社 2007 年版）、王路平的《明代黔中王门大师孙应
鳌思想研究》（群言出版社 2007 年版）等。这些成果，其中许多是南
京大学中国思想家研究中心的规划项目，多为填白之作，有不少如方祖
猷的《王畿评传》那样的精研之作，但也不乏泛泛之作，然开创之功
不可抹杀。

整体型研究性的成果主要有：屠承先的《本体工夫论》（杭州大学出
版社 1997 年版）、蔡文锦的《泰州学派通论》（江苏人民出版社 2005 年
版）、吴震的《阳明后学研究》（上海人民出版社 2003 年版）及《明代知
识界讲学活动系年》（学林出版社 2003 年版）、鲍世斌的《明代王学研
究》（巴蜀书社 2004 年版）、龚鹏程的《晚明思潮》（商务印书馆 2005 年
版）、蔡仁厚的《王学流衍：江右王门思想研究》（人民出版社 2006 年

版）、姚文放的《泰州学派美学思想史》（社会科学文献出版社 2008 年版）、钱明的《王阳明及其学派论考》（人民出版社 2009 年版）、钱明的《浙中王学研究》（中国人民大学出版社 2009 年版）等。这些研究，大都在搜罗、甄别史实文献的基础上，对王门后学的分派、思想内蕴及脉络关系进行了细致的分析和描述，相较于早期嵇文甫、牟宗三及日本学者冈田武彦、岛田虔次等人对王门后学过于主观化、宏大叙述式的研究，显得更加客观化、学术化，贴近王门学派的历史真实。

个案兼整体型研究成果主要有：林子秋的《王艮与泰州学派》（四川辞书出版社 2000 年版）、彭国翔的《良知学的展开——王龙溪与中晚期的阳明学》（生活·读书·新知三联书店 2005 年版）、张卫红的《罗念庵的生命历程与思想世界》（生活·读书·新知三联书店 2009 年版）等。这些王门后学研究，以点带面，点面兼顾，其中有相当一批成果是中青年学者的博士学位论文，不仅在研究方法和视角上有超越前代的勇气，而且研究领域更加细致深入。如彭国翔以王门后学的核心人物王龙溪为视点，对王龙溪哲学及其与其他王门学派的互动进行了探讨，其分析深刻而细致，是此类阳明后学研究领域的力作。

值得一说的是大陆学者吴震、钱明等人对王门后学的研究。吴震的《阳明后学研究》是由他在日本京都大学完成的博士学位论文修订而成，体现了日本学术界严谨扎实的学风。在吴震所撰写的上述五本研究阳明及其后学的专著中，其研究对象除阳明本人外，还涵盖了其后学中最为重要的王畿、钱德洪、聂豹、罗洪先、陈九川、欧阳德、王艮、耿定向、罗汝芳等著名人物，他采取了思想史及新社会文化史研究方法，对研究对象的思想与概念的义理分析也是立足于对文献资料细致爬梳的基础上，并且关注到佛、道对阳明及其后学的影响。钱明的《阳明学的形成与发展》则是由他在日本九州大学获取的博士学位论文修订而成。他曾承担《阳明全书成书经过考》与《〈王阳明全集〉未刊散佚语录诗文汇编及考释》的工作，为《王阳明全集》提供了 10 多万字的新增史料，两书极尽考证之能，为阳明学研究的进一步发展打下了基础。新近出版的《浙中王学研究》一书在浙学与浙江地理文化的大背景中，考察浙中王学的形成、传播发展的过程及代表人物的思想演进，可谓以学派法研究阳明后学的专著，值得一读。吴、钱二人留学东洋，受日本阳明学大家冈田武彦、荒木见悟、山下龙二、岛田虔次等人的影响，重视阳明后学及其与佛教、善书文化、民间社会的互动关系。

4. 王学与晚明社会

由于不同专业的学者加入阳明学的研究，以及学科整合与新社会文化史研究方法的引入，学界开始关注"王学与晚明及近代社会"这一问题，产生了一些研究成果，主要有：吴雁南的《阳明学与近世中国》（贵州教育出版社 1996 年版）、吴宣德的《江右王门与明中后期江西教育发展》（江西教育出版社 1996 年版）、左东岭的《李贽与晚明文学思想》（天津人民出版社 1997 年版）、何俊的《西学与晚明思想的裂变》（上海人民出版社 1998 年版）、左东岭的《王学与中晚明士人心态》（人民文学出版社 2000 年版）、汪传发的《陆九渊、王阳明与中国文化》（贵州人民出版社 2001 年版）、周建华的《王阳明南赣活动研究》（中国文联出版社 2002 年版）、吕妙芬的《阳明学士人社群——历史、思想与实践》（新星出版社 2006 年版）、邓志峰的《王学与晚明的师道复兴运动》（社会科学文献出版社 2004 年版）、张艺曦的《社群、家族与王学的乡里实践：以明中晚期江西吉水、安福两县为例》（台湾大学文史丛刊 2006 年版）、陈时龙的《明代中晚期讲学运动（1522—1626）》（复旦大学出版社 2007 年版）等。

这些著作中，左东岭的《李贽与晚明文学思想》以文史哲兼通互证的方法，将李贽置于明代政治史、哲学史及文学思想史的纵横交错的立体结构中，讨论了李贽复杂独特的人格心态，性空解脱与真诚自然的哲学思想，由超越、真诚与自我放任共构的文学思想等，提出了许多客观而有创新的见解。而其另一著作《王学与中晚明士人心态》同样采用了文史哲兼通互证的研究方式，对阳明心学与士人心态的关系作出立体动态的考察，对阳明心学产生的历史前提及其发生的具体过程，对阳明心学的重要理论范畴及其对王阳明生命存在的意义，对明代中晚期心学的复杂历史走向及其对士人的人格心态的影响，对中晚明的政治格局、文学思想的影响等等，都进行了深入的分析描述。台湾学者吕妙芬的《阳明学士人社群——历史、思想与实践》一书，用社会文化史的方法，通过王学知识人的会讲活动，对阳明学派作了区域经济、文化传播、教育体制、乡村社会的全方位扫描，为我们勾勒出一幅立体感极强的作为私学的阳明学在明中后期快速发展的历史画卷。这些成果相对于日本学者冈田武彦、荒木见悟、山下龙二、岛田虔次与沟口雄三等人"晚明阳明学的近代性"的宏大叙述，显得更加客观妥实，一定程度上超越了他们的研究。

5. 文献资料及其他

关于阳明学文献资料的整理，以邓艾民的《传习录注疏》（证严出版社 2000 年版）和吴光等人编的《王阳明全集》（上海古籍出版社 2011 年版）最为重要。《王阳明全集》2011 年版是 1992 年 41 卷本《王阳明全集》的修订版，以浙江图书馆藏明隆庆六年谢廷杰刻《王文成公全书》三十八卷本为底本标点，参以文渊阁四库全书本、四部备要本、国学基本丛书本、中华图书馆本及台湾地区、日本出版的王阳明全集本，原本误漏或与诸本有异者，酌出校勘记，修订版是对 1992 版卷四十、四十一增补的四十七篇传记、祭文、序跋等一些疏误、遗漏数据进行修订，而且纠正了 1992 年版的标点、排印错误，是一更完善、更便于阅读的版本。

另外，王阳明研究主体进一步拓宽，涉及阳明学派的教育思想、美学、书法、诗文以及与佛学的关系。主要著作有：赵士林的《心学与美学》（中国社会科学出版社 1992 年版），毕诚的《儒学的转折——阳明学派教育思想研究》（教育科学出版社 1992 年版），计文渊编的《王阳明书法集》（西泠印社 1996 年版），朱五义注、冯楠校《王阳明在黔诗文注释》（贵州教育出版社 1996 年版），程玉瑛的《晚明被遗忘的思想家：罗汝芳诗文事迹编年》（台北广文书局 1995 年版），陈文革的《阳明学派与晚明佛教》（中国人民大学出版社 2009 年版）等。其中，赵士林的《心学与美学》讨论了阳明心学与文艺美学的关系，认为阳明心学是历史从中古走向近代的思想先导，市民文艺则为同一时代转型的感性张扬，阳明心学与市民文艺整合而成的解放思潮，适足为贵族文化之终结，平民文化之滥觞。计文渊、朱五义等人之著作使我们领略了阳明诗文、书法之美，展现了阳明的另一面向。而陈文革的《阳明学派与晚明佛教》一书，在吸收陈荣捷、荒木等中日学者已有成果的基础上，关注王门诸派所展开的丛林交游，探讨阳明学派及其思想与晚明佛教之间的互动关系，辨析了"阳明禅""晚明狂禅"之间的关系，同时论及东林学派、蕺山学派等对阳明学派儒佛交涉现象的评议及其对晚明思潮和学风的影响，无疑深化了阳明学与佛教关系的研究，值得参考。

综上，改革开放第二阶段的阳明研究，显现出繁荣景象。这些成果，相较于改革开放之前的研究，其政治和思想意识形态大大剥落，纯学术研究之外的"负担"大大减轻，学者逐渐放弃了宏大叙事和思想意识形态的抱负，使阳明学的研究回到学术本身，研究领域更加精细深入，研究题材更加广泛多元，占有的史实和材料更加丰富，故研究成果更加客观化、学理化，从纯学问的角度看，已经有很大的进步。

五 反思与出路

综观百年的阳明学研究，从整体氛围上讲，大致经历了"思想意识形态"—"复苏转型"—"纯学术"三大变奏的时期。改革开放前的王阳明研究，不管是民国时期的维新派、革命派，抑或国粹派、现代新儒家的研究，还是日本战前战后的研究，乃至1940年代末至1980年代间大陆学界以马克思主义立场、方法进行的研究，都具有强烈的政治社会关怀和意识形态色彩，研究者满怀"宏大叙事"和思想抱负，其王阳明学术研究承载着并服务于此种"思想观念"。可以说，这一时期的王阳明学术研究史就是那个时代研究者的"思想观念史"。这种形态的研究，到1950年代后尤其"文革"时期走向极端，最终以主观的"思想意识"取代客观的学术研究，导致王学研究的教条主义和"标签化"。而改革开放的第一阶段，大陆学界力图挣脱此种教条主义和"标签化"模式，进入了王阳明研究的"复苏转型"，经过十多年的反思，1990年代走向客观的纯学术研究，使阳明学研究走向繁荣，取得了许多质量较高的成果，但此二十多年的王学研究仍有许多问题和可以改进之处。

其一，过度聚焦于心学和良知教的研究。虽然这种聚焦贴合王阳明心学的实际，但却忽视王阳明思想的其他方面，使后学者感觉王阳明除了心学、良知而没有其他思想。相对而言，张君劢的观点值得学界省思，即他反对把王阳明仅看作道德伦理学的范畴，屡屡强调阳明哲学的形而上的宇宙论特性。

其二，虽然近来进一步拓宽视野，对王阳明的教育、美学、军事政治、民间社会、书法、诗文进行研究，但只是起步，研究仍远远不够，亟待更多的哲学史、思想史专业以外的学者参与。同时需要善于拥有学科整合和文史哲互证方法的学者，在深挖阳明学文学、史学、经学、书法、教育、乡里、军事的多面向之后，还需"回到王阳明"自身，需对王阳明的义理、史学、经学、事功、文章、书法之学进行贯通整合。

其三，不能一概否定此前的"思想意识形态"的研究方法和成果，如何平衡思想与学术的关系仍是阳明学研究的大问题。因为近20多年的"淡出思想关怀，凸显纯学问"的研究路径，使得王阳明研究有"碎片化""书斋化"的倾向，这与王阳明力行实践的主张相悖。因此，王阳明研究要从"历史视角"走向"问题视角"，从中国乃至人类的现实问题出发来进行研究，重建哲学史与社会史的链接。现代新儒家通过阳明心学进行的哲学重建，日本学者通过左派王学试图发现"现代性"，以及用马克思主义视野对王学的批评与肯定等等，他们的研究成果仍值得我们反思和借鉴。

其四，加强从东亚文明的视角研究中国阳明学、日本阳明学和韩国阳明学互动及其对东亚社会的影响，这要期待大陆、港台与日韩学者的互动和联合研究。

其五，借鉴新儒家人物的路径和方法，重新把阳明心学与现代西方思想链接起来。如可否把阳明心学与西方的心灵哲学加以比较与会通，可能是未来王阳明哲学研究最有潜力的生长点之一。

第三节　从阳明学附属到蕺山学派：百年刘宗周及蕺山学派研究述评

刘宗周（1578—1645），字起东，号念台，学者称蕺山先生，浙江山阴（今浙江绍兴）人，明末理学大家，蕺山学派的创始人，黄宗羲、陈确、张履祥等大思想家均出自其门下。作为中国思想史上举足轻重的人物，清初以降，黄宗羲、邵廷采、全祖望、章学诚、梁启超等人对蕺山及其学派，都曾撰有评述与案语。20世纪以来，学界以现代学术眼光与方法对这一研究有增无减，百年间涌现出大量成果。

对这些研究，学者们不时总结回顾，如台湾学者詹海云的《大陆学者对刘蕺山学术思想的研究》及钟彩钧的《台湾学者对刘蕺山学术思想

的研究》①　首次梳理了 1949—1998 年大陆、台湾两地学者对刘宗周的研
究论著，并作有高屋建瓴的评述。2000 年以来，刘宗周研究再次成为学
界热点，产生了一大批成果。大陆青年学人申鹏宇撰有《百年来刘宗周
思想研究述评》（《海南师范大学学报》2012 年第 9 期）一文，围绕理气
论、心性论、工夫论等主题，以横向线索对刘宗周的思想研究进行了评
述，但缺乏纵向角度的研究史考察，遗漏许多值得关注的面向，故有重新
梳理之必要。

　　近百年的刘宗周及蕺山学派研究，按时段与进度，可大致分为三期：
1980 年前为第一阶段，相关研究有限，有者也多从刘宗周的历史事迹及
气节精神展开叙述；1980—2000 年为第二阶段，主要凸显刘宗周的哲学
成就，同时文献整理收获颇大；2000 年至今为第三阶段，在吸纳、承继
前人成果的基础上，在研究视野和方法、质与量上均有了突破性的进展。

一　生平事迹和气节精神的抉发

　　刘宗周以其气节精神及其在浙东学派中的地位，在民国初年就进入国
人的视野。基督教学者丽诲的《刘蕺山先生〈人谱〉类记书后》（《进
步》1914 年第 5 期），从宗教人格养成的视角讨论了《人谱》，揭开了刘
宗周研究的序幕。其另一文《史可法、刘宗周》（《东方杂志》1918 年第
5 期）则高度赞扬了刘宗周的民族气节和反抗精神。

　　对刘宗周展开深入研究始于史学史家姚名达。姚氏瘁力于浙东史学
的钩沉，在编著邵廷采、章学诚两年谱后，又纂成《刘宗周年谱》（商
务印书馆 1934 年版）。该谱序言专列一节 "刘宗周在史学上之地位"，
认为浙东史学虽始于章学诚，上可追溯到邵廷采、黄宗羲乃至于刘宗
周，肯定了刘宗周在浙东史学上的开端地位。该谱还通过重新梳理蕺山
学脉，增补蕺山弟子 21 人。可以说，这部著作开刘宗周及蕺山学派研
究的先河。

　　大概受《刘宗周年谱》的直接或间接影响，民国时期产生了刘宗周
研究的一些论文，如凡克的《评〈刘宗周年谱〉》（《女子月刊》1935 年

---

①　二文均收录于钟彩钧主编《刘蕺山学术思想论集》，中研院中国文哲研究所筹备处 1998
年版。

第 4 期）、何敬煌的《浙东大儒刘蕺山先生》（《浙江青年》1935 年第 11 期）、谭丕模的《明末地主自救运动与刘宗周》（《晨报·思辨》1936 年第 45 期）等。这些研究的重点集中于刘宗周的爱国反抗活动和气节操守，其宗旨在于激发国人之进取精神，折射出现实环境对刘宗周学术研究的影响。为满足世人研读刘宗周的需要，其相关文献如《人谱》《证人社约》《刘子全书》陆续被影印出版。

这一时期，刘宗周研究也成为日本汉学家的关注要点，如三岛复、秋月胤继分别发表《刘蕺山の学历——特に朱王两学に对すろ态度》（《东亚研究》1916 年 6 卷 4 期）、《朱陆王と蕺山の立脚地》（氏著《元明时代の儒教》，东京甲子社 1928 年版），认为刘宗周的思想渊源于朱熹和王阳明。

另外，民国时期出版的宋明哲学史、思想史著作，大多辟有刘宗周的章节。其中，马克思主义学者谭丕模在《宋元明思想史纲》（开明书店 1936 年版）中第一次用唯物史观和辩证法研究刘宗周，认为刘是地主阶级的自救者，主张气一元论，在宇宙论（气理问题）、人性论（心性问题）的哲学体系中很少有玄学意味，称他虽是道学家的殿军，但同时又是后来反道学的前驱者，开唯物史观研究之先声。

1949 年后，大陆学者用唯物、唯心论及阶级分析法研究宋明理学，专门论及刘宗周思想的论著鲜见，只是在一些思想史通论著作中零星提及。这些零星研究，大都认为刘宗周思想有唯物论因素，未摆脱唯心论的窠臼，适度肯定他在政治上同情人民的进步性。可以看出，这些观点明显受到谭丕模的影响。颇为吊诡的是，1949 年以后编写的几部最有影响的思想史、哲学史通史著作（如侯外庐等的《中国思想通史》、任继愈等的《中国哲学史》、萧萐父等的《中国哲学史》等）均未设专节论述刘宗周，只是在追溯黄宗羲、陈确的学术渊源时有所提及。可以想象，在他们的视野中，作为王学殿军的刘宗周，其地位远不如王阳明、黄宗羲来得重要。对刘宗周的介绍，只是偶见于工具书之类。如《辞海》"中国哲学史"条目中有刘宗周的片段，指出他主张"理即是气之理，断然不在气先，不在气之外"，"离心无性，离气无理"，带有一些唯物主义的因素。同时说他肯定"理"是"至善之体，而藐于吾心者也"，以及"莫非物也，则莫非心也"，未能摆脱阳明心学的束缚。又称赞他政治上反对盘剥人民，认为"流寇本朝廷赤子，攟之有方，盗掘还为吾民"。① 这一简略性的概括，可视为当时大陆学界对刘宗周的基本看法。

这一阶段，台湾蕺山之学的研究大致沿两条线索展开：一是延续民国时期对刘宗周反抗活动和气节精神的发掘。如王道的《刘宗周论政》（《人生》1957 年第 8 期）、甲凯的《刘蕺山的慎独之学》（《"中央"月刊》1973 年第 5 期）、少翁的《气节凛然的刘宗周》（《浙江月刊》1976 年第 2 期）、邓耀秋的《刘宗周卓绝伦表》（《畅流》1977 年第 9 期）等。这些文章，反映了在政治压抑时期，台湾学人借彰表刘宗周的政治抗争及气节工夫来回应现实。二是现代新儒家对蕺山心学思想的阐发。1950 年代以来，由于港台新儒学阵营中的人物对宋明理学尤其心学一系的推崇和阐发，处在明清理学转型位置的刘宗周受到极大的关注，唐君毅、牟宗三、钱穆等人对刘宗周及蕺山之学均有论述。

唐君毅在《晚明理学论稿》中有"略述刘蕺山诚意之学"（1956 年，收入《唐君毅全集》卷 18《哲学论集》），后又撰《中国哲学原论·原性篇》（第十五章，1968 年），《中国哲学原论·原教篇》（第十八章，1975 年）涉及刘宗周研究。各篇详略不同，但大意较为一致。唐氏认为，蕺山之学以"诚意"为主，蕺山的"意"是"心之主宰"，不同于王阳明所谓的"意念之意"。在他看来，不同于王阳明"良知"生于有善恶念头之后，才展开知善知恶、为善去恶的工夫，蕺山之"良知说"在善恶念未起时，就作一持守好善恶之意的慎独诚意之工夫。在唐的评价中，蕺山的解释应是更为根本、更为现在的。② 他还认为濂溪是宋明理学开山祖，蕺山为宋明理学最后之大师，表现出对蕺山之学的深解与推崇。

牟宗三关于刘蕺山的著述，主要有《刘蕺山诚意之学》（《自由学人》1956 年第 1 卷 1 期至 3 期，系《陆王一系之心性之学》第三部分，亦是1970 年出版的《心体与性体》及《从陆象山到刘蕺山》二书相关章节的表达）。在牟宗三的论述中，作为宋明理学的殿军，刘蕺山不属于心学一系而属于五峰—蕺山一系。他认为刘宗周的《人谱》表达了孔孟的真正

---

① 《辞海》第 2 分册，中华书局 1961 年版，第 86 页。

② 唐君毅：《中国哲学原论·原教篇》（校订版），台湾学生书局 1984 年版，第 476—492 页。

"成德之教"。① 与唐君毅不同，牟氏认为"诚意"非蕺山之学的要旨，其要旨乃是以"心体"与"性体"两层分别讲说"慎独"，进而肯定"性体"从"心体"来显现。他还认为蕺山学堵住王学末流的流弊（情识而肆与虚玄而荡之弊）而形成"归显于密"的说法，将"良知教"以慎独之学收摄之。②

钱穆关于刘宗周的研究观点，主要体现于《宋明理学概述》论"刘宗周"一节（1977）及《中国学术思想史论丛（七）》中的"读刘蕺山集"一节（1978）。他通过阐述"诚意"与"慎独"，指出蕺山之学实承濂洛关闽之学（返之于孔孟）而非绍述王学。关于蕺山与黄宗羲的关系，他高度赞赏梨洲发挥刘氏"慎独"遗教，统一读书与求心、博学与良知，对矫正王学末流空谈心性的流弊极有意义，但批评梨洲在撰《明儒学案》时，未能彰显刘宗周纠王学之弊而转向宋学的精神。③ 大体而言，1980 年代之前的刘宗周研究以唐、牟、钱等人最具价值，直接影响了后来蕺山之学的研究方向。

二 哲学思想与精神的探微

受唐、牟、钱诸先生的影响，1980 年以来港台新生代学者同样对蕺山之学保持兴趣，主要研究有：曾锦坤的《刘蕺山思想研究》（《台湾师范大学国文研究所集刊》1984 年第 28 期）、林炳文的《刘蕺山的慎独之学之研究》（"中国文化大学"哲学研究所硕士学位论文，1990 年）、余建中的《刘蕺山哲学研究》（"中央大学"哲学研究所硕士学位论文，1993 年）、庄桂芬的《王阳明与刘蕺山功夫论的比较》（台湾师范大学国文研究所硕士学位论文，1993 年）、曾文莹的《刘蕺山心性学研究》（"中央大学"中文研究所硕士学位论文，1996 年）等。这些论文深受牟宗三的影响，重点阐发了牟氏五峰—蕺山一系、"心体"与"性体"并建

---

① 牟宗三：《心体与性体》，联经出版公司 2003 年版，第 17 页。

② 牟宗三：《从陆象山到刘蕺山》，吉林出版公司 2010 年版，第 285—306 页。劳思光在《中国哲学史》卷三论述蕺山之学时，认为蕺山初主"慎独"，后转向"诚意"，最后归宿合一观，其主脉是一功夫论，故蕺山学乃承阳明路子，是王学中最后出、最彻底的系统。（劳思光：《中国哲学史》下册，台湾三民书局 1984 年版，第 619、623 页）其观点近于唐而不同于牟说。

③ 钱穆：《中国学术思想史论丛（七）》，安徽教育出版社 2004 年版，第 302—304 页。

的理路。

当然，也有不少学者力图突破牟氏之说，如刘哲浩的《刘蕺山之性有善无恶论（上、下）》（《哲学与文化》1984年第10期）、杜保瑞的《刘蕺山的工夫理论与形上思想》（台湾大学哲学研究所硕士学位论文，1989年），对心性论及工夫论的解释有别于牟氏。尤其是杜保瑞详述蕺山之学的《中庸》《大学》及《太极图说》的三个来源，认为周敦颐对刘宗周工夫论具有巨大影响。① 而詹海云的《刘蕺山的生平及其学术思想》、王俊彦的《理学家刘蕺山研究》则对蕺山的生平和学术思想进行了综述。李纪祥的《清初浙东刘门的分化及刘学的解释权之争》（《第二届国际华学研究会议论文集》，"中国文化大学"文学院，1992年）、王汎森的《清初思想趋向与〈刘子节要〉——兼论清初蕺山学派的分裂》（《中研院历史语言研究所集刊》1997年第2期）和《明末清初的人谱与省过会》、孙中曾的《证人会、白马别会及刘宗周思想之发展》（载钟彩钧主编《刘蕺山学术思想论集》，1998年）等文，则从学术团体、学术活动、学术倾向等方面阐述蕺山学派的分化和传播。而古清美的《蕺山学的儒释之辨》（《佛学研究中心学报》1997年第2期）、陈郁夫的《刘蕺山和黄梨洲对禅佛的批评》（《台湾师大国文学报》1988年第17期）则分析了刘蕺山对儒佛关系的辨析及对佛学的吸收和批评。

此外，关于刘蕺山的心性工夫论，古清美的《刘蕺山对阳明致良知说之继承与发展》（《台大中文学报》1985年第1期）、《刘蕺山对周濂溪诚体思想的阐发及其慎独之学》（《幼狮学志》1986年第2期）、《刘蕺山的诚体思想与其实践功夫》（《幼狮学志》1986年第2期）较多讨论刘蕺山的工夫论及其学术史渊源。而林安梧的《论刘蕺山哲学中"善之意向性"——以〈答董标心意十问〉为核心的疏解与展开》（《"国立编译馆"馆刊》1990年第1期）从现象学的角度解读"意"的意向性。李明辉的《刘蕺山论恶之根源》（载钟彩钧主编《刘蕺山学术思想论集》，1998年）从"幽暗意识"的角度指出刘蕺山严格区分"意念"，从而分析了恶的根源，反驳了儒家人性论缺乏对人性幽暗面反省的说法。这两篇论文均立足中西哲学比较的视角，论述刘蕺山的心性论，较以前有较多突破。袁光仪

---

① 杜保瑞：《刘蕺山的工夫理论与形上思想》，台湾大学硕士学位论文，1989年。

的《晚明之儒家道德哲学与世俗道德范例研究——刘蕺山〈人谱〉与〈了凡四训〉、〈菜根谭〉之比较》（花木兰文化出版社 2009 年版）则从民间信仰的角度比较了刘蕺山《人谱》所反映的儒家道德与世俗道德之间的关联与差异，视角颇为新颖。

值得一说的是，台湾于 1995 年、1996 年、1997 年连续举办"刘蕺山学术思想讨论会"，大陆、港台研究刘宗周及蕺山学派的学人几乎悉数参会，展开认真讨论和交流，后出版《刘蕺山学术思想论集》（1998），标志着两岸三地刘蕺山研究走向融合并达到新的水平。

改革开放后，伴随着思想解放与社会巨大变革，传统文化得到肯定，学术研究进入了发展的黄金期。1980—2000 年大陆学界对刘宗周的研究也逐渐重视，取得令人瞩目的成就。

1980 年后，大陆学界对刘宗周学术兴趣渐浓。张岂之的《论蕺山学派思想的若干问题》较早讨论刘宗周及蕺山学派思想，指出刘宗周一方面主张气本论；一方面主张"意（心）本论"，有唯物论与唯心论的二元倾向，是新学到实学的过渡桥梁。[①] 这些观点在 1987 年出版的《宋明理学史》下卷"刘宗周的思想特征及其慎独、诚敬理论"一节中得到进一步表达，其中指出了刘氏"气本论"的进步处与心本论的"慎独""诚敬"主张之间的矛盾性。受此影响，刘宗周理学的进步性与矛盾性以及学术影响就成为大陆学者研究的重点。

此后，衷尔钜发表了《论刘宗周的哲学思想》（《中国哲学史研究》1981 年第 2 期）、《论高攀龙与刘宗周哲学思想之异同》（《中州学刊》1986 年第 3 期）、《论蕺山学派的学术思想》（《社会科学》1986 年第 5 期）、《蕺山学派的慎独学说》（《文史哲》1986 年第 3 期），朱义禄发表了《黄宗羲、刘宗周思想比较初探》（《浙江学刊》1987 年第 2 期）等论文。1988 年，浙江省社会科学院也举办了"刘宗周诞辰 410 周年学术研讨会"，就刘宗周哲学的特点、蕺山之学与王学的关系及刘宗周思想的历史地位等问题展开热烈讨论。自此之后，刘宗周被大陆学界重视，相关理学史、思想史著作中开始出现专论刘宗周学说的篇章。

进入 1990 年代，大陆掀起了刘宗周研究的热潮。主要有：张申的

---

① 张岂之：《论蕺山学派思想的若干问题》，《西北大学学报》1980 年第 4 期。

《刘宗周"慎独之说"浅议》(《社会科学战线》1990 年第 1 期)、方祖猷的《黄宗羲与甬上弟子的学术分歧——兼论蕺山之学的传播和没落》(《香港中文大学中国文化研究所学报》1991 年第 22 期)、杨国荣的《从王阳明到刘宗周——志知之辩的历史演进》(《孔孟月刊》1991 年第 11 期)、董平的《论刘宗周心学的理论构成》(《孔子研究》1991 年第 4 期)、王凤贤的《评刘宗周对理学传统观念的修正》(《孔子研究》1991 年第 2 期)、张学智的《论刘蕺山"慎独"之学》(《中国文化月刊》第 170 期,1993 年)和《论刘宗周的"意"》(《哲学与文化》1994 年第 3 期)、张怀承的《刘宗周性体周流思想简析》(《中国文化月刊》1996 年第 197 期)、蒙培元的《刘蕺山的人学思想》(载钟彩钧主编《刘蕺山学术思想论集》,1998 年)、杨国荣的《刘宗周思想的历史地位》(《中国哲学史》1996 年第 4 期)、方同义的《刘宗周与黄宗羲政治哲学比较》(《宁波师院学报》1996 年第 4 期)等。

其中,以蒙培元、杨国荣、张学智、董平等人对刘宗周的心学及"慎独""意"概念的分析最精细及最具价值,预示着研究的进一步深化。尤其是蒙培元指出,宋明儒学讲人学过于"悬虚",而刘宗周"人学"的最大特点在于对宋明理学的人学形上学进行了一系列消解,同时又不断进行重建,使之更加贴近人生,具有生命力。在蒙氏的解读中,刘宗周讨论心灵与肉体的关系,强调灵肉合一、神形合一,体现在人心与道心、已发与未发、性与情、义理与气质、德性与闻见的合一中,但他又主张精神即心灵境界具有永恒意义。蒙氏还认为刘宗周的人学虽是心学,但他以主体意识、情感意向、生意为内涵的"意"代替了阳明的"良知",以"诚意"代替"致良知",使人学更贴近现实人生,更具有实践特征,更符合儒学的基本精神。① 这些观点,抓住了蕺山之学的精髓,值得珍视。

另外,衷尔钜的《蕺山学派哲学思想》可谓大陆研究刘宗周及蕺山学派的第一部专著。该书对刘宗周的思想渊源、社会背景、学说体系,及其重要弟子黄宗羲、陈确、张履祥的思想进行了较系统的梳理,被视作明

---

① 蒙培元:《刘蕺山的人学思想》,载钟彩钧主编《刘蕺山学术思想论集》,第 1、3、17、18 页。

代思想史研究的重要著作。① 而东方朔（林宏星）的《刘蕺山哲学研究》运用现代解释学的"双重焦点原则"对刘宗周的学行、理气论、心性论、诚意论、慎独论及蕺山与阳明、黄宗羲学说的前后关系进行辨析，并对牟宗三的"蕺山之学与胡五峰为同一义理间架"的学术史定位提出质疑。② 这是两岸学者学习和批评互动后产生的第一部专著，具有一定新见，代表了当时大陆刘宗周研究的水平。同时，东方朔另一著作《刘宗周评传》则对刘宗周生平和学术思想进行叙述，③ 无疑是重要的学术普及性作品。

此外还值得一说的是，戴琏璋、吴光等人主持点校的《刘宗周全集》（中研院中国文哲研究所筹备处，1997 年）则是当时两岸学者整理刘宗周文献的最好成果，为进一步研究打下了可信的文献基础。

三　蕺山学派研究的拓展

2000 年以后，两岸三地学者有关刘宗周及蕺山学派的研究几乎完全融合，他们在相同的平台上讨论着共同问题，在前人的基础上，进一步推动蕺山之学的研究，产生了丰硕的成果。其中，专著主要有：李振纲的《证人之境：刘宗周哲学的宗旨》（人民出版社 2000 年版）、郑宗义的《明清儒学转型探析——从刘蕺山到戴东原》（香港中文大学出版社 2000年版）、杜维明与东方朔的《杜维明学术专题访谈录：宗周哲学之精神与儒家文化之未来》（复旦大学出版社 2001 年版）、黄敏浩的《刘宗周及其慎独哲学》（台湾学生书局 2001 年版）、陈永革的《儒学名臣——刘宗周传》（浙江人民出版社 2005 年版）、廖俊裕的《道德实践与历史性——关于蕺山学的讨论》（花木兰文化出版社 2008 年版）、何俊与尹晓宁的《刘宗周与蕺山学派》（中国人民大学出版社 2009 年版）、胡元玲的《刘宗周慎独之学阐微》（台湾学生书局 2009 年版）等。其中，李振纲的《证人之境——刘宗周哲学的宗旨》将刘宗周之学概括为：以理气生生为形上本体，以心性圆融为内圣根据，以诚意慎独为证人工夫。而该书所谓"证人之境"的实质是"明心证性"的观点，明显受到牟宗三用"以心著

---

① 衷尔钜：《蕺山学派哲学思想》，山东教育出版社 1993 年版。
② 东方朔：《刘蕺山哲学研究》，上海人民出版社 1997 年版。
③ 东方朔：《刘宗周评传》，南京大学出版社 1998 年版。

性"来评论刘宗周的影响。

何俊、尹晓宁的《刘宗周与蕺山学派》则从社会史、心理学分析为视角，以《人谱》的研究为枢纽，分析了刘宗周的思想内容及社会史背景，其以心理学来透视刘宗周的人格有一定的新见。黄敏浩的《刘宗周及其慎独哲学》则吸收了唐君毅、劳思光尤其是牟宗三"心宗、性宗"的观点，以慎独为中心，阐述了刘宗周的哲学。胡元玲的《刘宗周慎独之学阐微》则讨论了"独体"本体论、"慎独""诚意"工夫论及其与阳明后学的关系。廖俊裕的《道德实践与历史性——关于蕺山学的讨论》则从"契机说""阶段论""辩证观"三个方面批评了学界对刘宗周理解的混乱现象，并从具体的实践论述刘蕺山的内圣外王思想。以上著作，既有对前人观点的细化和开展，又有一定的创新，代表了目前蕺山之学研究的动态。

在论文方面，最近十多年有关刘宗周的论文多达近百篇。此处试从理气说、心性论、学术史地位及教育、史学、文学三方面加以简述。

对理气关系的讨论一直是刘宗周研究的重点。如前所述，侯外庐等人认为蕺山之学是气本论，由此导致其人性论倾向于"情欲解放"，这一观点对后来影响颇巨。在现代新儒家中，唐君毅主张蕺山之学是一种"弱"的气本论，认为对刘蕺山"气"的地位必须高看，应将气的地位上提到心、理、情一样的本体地位。而牟宗三认为蕺山主张理气不离不杂，但理气关系比朱子之观点更为紧密。李冰与袁建辉的《试析理气论在刘宗周思想中的地位》（《船山学刊》2000 年第 4 期）、杨祖汉的《刘蕺山与黄梨洲的气论》（载澳门中国哲学会编《21 世纪中国实学》，社会科学文献出版社 2005 年版）、胡森永的《从理本论到气本论——明清儒学理气观念的转变》（台湾大学博士学位论文，1991 年）等大致主张刘宗周是气一元论。而李明辉的《刘蕺山对朱子理气论的批判》认为，与朱子一样，刘宗周也主张理气不离，但反对朱子以"理先气后"或"理生气"来表达"理"的这种超越性，故凸显"元气"这一概念，在蕺山哲学中，只有将"气"上升到形上层面而不离"气"言"理"，才可以使形上之"理"取得活动意义，而不再是抽象挂空之"理"，但刘蕺山不可归入"气"本论。① 秦峰的《从工夫论角度看刘宗周的理气合一说》认为，刘

---

① 李明辉：《刘蕺山对朱子理气论的批判》，《汉学研究》2001 年第 2 期。

宗周理气合一仅是指本心的存有实性，是工夫论的词汇，并不涉及传统理气论中的宇宙论层面。① 此观点虽有商榷之处，但亦可备一说。

对心性工夫论的诠释历来是蕺山之学的研究焦点，这一阶段约三分之一的论文涉及此主题。其中主要有：王瑞昌的《论刘蕺山的无善无恶思想》（《孔子研究》2000 年第 6 期），傅小凡的《论刘宗周的自我观》（《厦门大学学报》2000 年第 2 期），陈美玲的《刘蕺山论"中庸"首章——蕺山哲学的慎独论》（《哲学与文化》2002 年第 10 期），林月惠的《刘蕺山对〈大学·诚意〉章的诠释》（《中国文哲研究集刊》第 19 期，2001 年）、《从宋明理学的"性情论"考察刘蕺山对〈中庸〉"喜怒哀乐"的诠释》（《中国文哲研究集刊》2004 年第 25 期）和《刘蕺山论"喜怒哀乐"——兼论其在身心修养之意义》（《法鼓人文学》2004 年），李明辉的《"情欲解放乎"：论刘蕺山思想中的情》（载熊秉真、余安邦主编《情欲明清：达情篇》，麦田出版社 2004 年版），李振纲、李超英的《刘宗周"本体与工夫"的语境分析》（《河北大学学报》2006 年第 4 期），陈畅的《论刘宗周晚年思想中的"独体"概念》（《哲学动态》2008 年第 9 期），张瑞涛的《一体圆融，和合无碍——刘蕺山〈人谱〉工夫哲学探赜》（《人文杂志》2011 年第 5 期），张立文的《刘宗周慎独诚意的修己之学》（《江南大学学报》2012 年第 2 期），罗国杰的《刘宗周的"慎独"思想及其在道德修养上的重要意义》（《齐鲁学刊》2013 年第 1 期）等，大都围绕着"慎独""诚意"来分析刘宗周的性情学说及修养工夫。这些文章中，以李明辉、林月惠、李振纲的研究最为深入。其中，李明辉认为，蕺山"指情言性"将情与性一起提到形上层面，是对伊川、朱子二元性情观进行的质疑和批判，对象山、阳明一元性情观则在继承中有所超越。② 林月惠则认为，蕺山言情是"即性言情，指情言性"，"正因为蕺山'即性言情'的进路，才彰显《中庸》'喜怒哀乐'之超越性，成为先天之情；也由于'指情言性'，性体不是抽象悬空之理，必由'喜怒哀乐'

---

① 秦峰：《从工夫论角度看刘宗周的理气合一说》，载吴根友编《多元范式下的明清思想研究》，上海三联书店 2011 年版。

② 李明辉：《"情欲解放乎"：论刘蕺山思想中的情》，载熊秉真、余安邦主编《情欲明清：达情篇》，麦田出版社 2004 年版。

之情的活动来显示。在此双向的回环中，情得以贞定，性得以活动，性情为一"①。张瑞涛强调，《人谱》的哲学思维是"即显微即显发，中和一性""即知即改，知行一体""即本体即工夫，工夫与本体合一"的思路，打破了程朱理学、陆王心学工夫、修养的二分预设，在一定程度上消解了他们工夫论的弊病。② 这些观点，均有一定的创见。

　　而有关蕺山之学的源流及历史地位在各大议题中争论最大。前文已论及，唐君毅、劳思光认为刘宗周基本属于王学，是阳明心学系统中最彻底的一支。钱穆则认为刘宗周有从王学返回朱子学的倾向。牟宗三从宋明理学分系的角度，认为胡五峰、刘蕺山是独立于伊川、朱子学和陆王心学的一系。侯外庐、张岂之则认为刘宗周之学渊源于《礼记》、周敦颐和张载的气论。后来，陈来一定程度上吸收了侯氏的观点，认为刘宗周的思想吸收了气学的世界观，深化了心学的修养工夫理论，对朱子学亦多有肯定，但他在总体上仍属于心学系统，相当程度上具有综合性质。而最近十余年，学者大多认为蕺山之学是心学，主要论文有：朱义禄的《论刘宗周的唯意志论——兼论阳明心学的终结》（《东方论坛》2000 年第 3 期）、姚才刚的《论刘蕺山对王学的修正》（《武汉大学学报》2000 年第 6 期）、张永儁的《刘蕺山心学之特质及其历史意义》（《哲学与文化》2000 年第 11 期）、李振纲的《心体的重建与理学的终结——兼论蕺山学逻辑向度与历史向度的离异》（《现代哲学》2004 年第 4 期）、于化民的《晚明理学与心学的合流：以东林学派和刘宗周为视角的考察》（《国学学刊》2011 年第 2 期）。而认为蕺山之学是融合各家的有：尹文汉的《濂溪〈太极图〉与蕺山〈人极图〉比较略论》（《嘉应大学学报》2002 年第 1 期）、雷静的《从"理一分殊""万物一体"到"一统于万"——刘蕺山融汇朱、王的本体论探析》（《中国哲学史》2010 年第 4 期）、蔡方鹿的《刘宗周对理学的总结与批评》（《河北大学学报》2011 年第 4 期）等，其中蔡方鹿则认为刘宗周是宋明理学的集大成者。

　　近年来，一些学者另辟蹊径，对刘宗周的史学、文学等方面进行研

---

　　① 林月惠：《从宋明理学的"性情论"考察刘蕺山对〈中庸〉"喜怒哀乐"的诠释》，《中国文哲研究集刊》2004 年第 25 期。

　　② 张瑞涛：《一体圆融，和合无碍——刘蕺山〈人谱〉工夫哲学探赜》，《人文杂志》2011 年第 5 期。

究。如张瑞涛、方同义的《刘宗周历史哲学意识探微》（《中国文化研究所学报》2004 年第 13 期），张瑞涛、张允熠的《论刘宗周〈中兴金鉴录〉中的史学意识》（《史学月刊》2004 年第 6 期），张瑞涛的《论刘宗周的社会历史哲学》（《中国石油大学学报》2009 年第 3 期）等文对刘宗周的历史哲学和史学实践进行了集中研究。而李灿朝的《慷慨悲歌　末代木铎——刘宗周骚体赋创作刍议》（《云梦学刊》2008 年第 4 期）对蕺山的文论和文学创作进行了分析，这均是蕺山之学的新领域，亦是未来新的生长点。

有关刘宗周后学的研究，历来多集中于黄宗羲、张履祥等大家，其他弟子则近乎阙如。其实，陈确亦是蕺山学派的重要人物，侯外庐很早就予以关注，将他视为明末清初唯物论的代表之一，1949 年以后还整理了《陈确哲学选集》（科学出版社 1959 年版）。然而直到 1980 年代以来，学界才开始重视对陈确的研究，主要有：陶清的《陈确心性学说的实质和意义》（《学术界》1988 年第 6 期）、王俊义的《论陈确的学术思想和学术风格》（《史学集刊》1988 年第 2 期）、衷尔钜的《论陈确及其哲学思想》（《甘肃社会科学》1992 年第 1 期）、李明友的《黄宗羲与陈确的性论比较——析〈与陈乾初论学〉》（《宁波师范学报》1994 年第 1 期）、姜广辉的《陈确思想研究》（《中国哲学史》1996 年第 Z1 期）、赵世瑜的《试论陈确的忠节观》（《史学月刊》1998 年第 3 期）、徐令彦的《试析陈确对"人性善"理论的修正和补充》（《河南社会科学》1999 年第 5 期）、阳征的《陈确研究综述》（《船山学刊》2003 年第 4 期）、申淑华的《陈乾初部分作品时间考证》（《中国哲学史》2008 年第 4 期）、张天杰与肖永明的《陈确与张履祥"大学"真伪论辩之辨析》（《浙江学刊》2010 年第 2 期）、汪学群的《陈确的性善论》（《江南大学学报》2011 年第 5 期）、贾庆军的《黄宗羲与陈确论争之新探：从"物"之思想谈起》（《西南大学学报》2011 年第 6 期）、祁高飞与孙植的《陈确结社考述》（《国学论衡》2013 年第 2 期）等，对陈确的思想特色、心性论及其与黄宗羲、张履祥的争论和异同进行了分析。近年来，产生了 10 余篇硕士学位论文涉及陈确学术的研究，昭示着陈确研究日渐成为研究重点。

而王瑞昌的《陈确评传》对陈确的家世、生平、人格风范作了较细致的记述，从"辨章学术"的原则出发，对他的"心性论""丧葬论"

及"《大学》考辨"进行分析，认为陈确是"偏霸形态的心学"，[①] 可以称是当时陈确研究的一部填白之作。

陈洪绶是刘宗周的另一弟子，因其绘画成就被人重视。学界展开的研究，主要有：陈传席的《陈洪绶》（河北教育出版社 2003 年版）、裘沙的《陈洪绶研究——时代、思想和插图创作》（人民美术出版社 2004 年版）、杨艳琪的《陈洪绶研究》（上海书画出版社 2008 年版）、吴敢与王双阳的《丹青有神：陈洪绶传》（浙江人民出版社 2008 年版）。很明显，这些都是书画界学者对其绘画成就的表举。遗憾的是，对其理学尤其是理学与绘画关系的研究还付之阙如。

四　反思与出路

总之，刘宗周及蕺山学派的研究发端于民国，当时论著主要限于刘宗周的历史活动和气节工夫方面。港台刘宗周的研究群体主要以 1950 年代新儒家唐、牟、钱及其后学弟子为代表。在大陆，真正的学术研究则是 1980 年代由侯外庐、张岂之等人开启，奠定了蕺山学派研究的基础、方向和问题视域。可以说，在 1990 年代之前，两岸学者对蕺山之学的研究有一定的差距，港台学者更加客观、深入，略胜一筹。而 1995 年、1996 年、1997 年在台湾连续举办"刘蕺山学术思想讨论会"，以及大陆学者东方朔的《刘蕺山哲学研究》（1997）的出版，标志着两岸刘宗周研究的融合与同步。经过学者的共同努力，刘宗周及蕺山学派终于摆脱了王阳明、黄宗羲学术的附属地位而走向独立，出现了一大批成果。当然，也存在诸多不足。

其一，研究过于集中，分布极不平衡。对刘宗周的既有研究，除了对理气附带讨论外，绝大部分集中于心性工夫方面。虽说心性功夫是蕺山思想最重要、最有贡献的领域，但对其史学、政治、文学、经学、教育的讨论太少，许多方面还是空白。而且扎堆于心性工夫论研究，产生了不少重复之作，这不能不说与受到老一辈学者开创的论域限制有关，故对刘宗周研究的范围急需突破。

其二，对蕺山后学的研究与关注不够。现有研究，过于集中于黄宗羲

---

① 王瑞昌：《陈确评传》，南京大学出版社 2002 年版。

一人，对张履祥、陈确、陈洪绶等人的研究尤其欠缺。而且学界对蕺山后学脉络的梳理，又有意无意地倚重黄宗羲及《明儒学案》的说法，对张履祥、陈确等人的不同观点重视不够。如何客观公允地对待三大弟子对蕺山之学的弘扬，是学界需要解决的问题。

其三，许多观点的争讼还未能解决。如刘宗周到底是心学的殿军还是心学的反动者或修正者？其思想究竟是气本还是心本，是宇宙论上的气本还是心性论上的心本？其"意"到底是心之主宰还是心之活动？还有其思想到底有无"性体"与"心体"二元分立？等等，仍没有定见。如何从刘宗周遗留的文本进行全面地分析和考量，认识蕺山之学的本来面目，仍是对学界的一大挑战。

其四，缺乏整体统合的视野。目前对刘宗周的研究成果，不仅史学、政治、文学方面的研究偏少，而且为数不多的讨论仍是就事论事，或文或史或哲，单面展开阐发。这样的研究尽管较为细致深入，然缺乏大格局、大视野，未能呈现蕺山之学的全貌，如何深思、回应这些缺罅遗憾，绾合刘宗周的心性、史学、事功、文章之学，是学界今后的重要课题。

第四章　清代浙东学派研究

第一节　从"政治意识"到"纯学术"：
黄宗羲研究的三期转向

黄宗羲（1610—1695）是明末清初著名的思想家、经史学家、地理学家、天文历算家，是百科全书式的人物。遵父遗命从学于刘宗周，得蕺山之学。明亡后，变卖家产，在家乡组织义军"世忠营"反抗清军。他曾出使日本"乞兵"，渡海至长崎岛、萨斯玛岛，未成而归，后兵败隐居。入清后，他拒绝出仕，著述教学以终，著名弟子有万斯同、万斯大、仇兆鳌等。

黄宗羲学问渊博，与孙奇逢、李颙并称"三大儒"。他著述丰厚，涉及史学、经学、地理、律历、数学、诗文、杂著等方面，多达50余种300多卷，重要的有《明儒学案》《宋元学案》《明夷待访录》《孟子师说》《思旧录》《易学象数论》《明文海》《行朝录》《水经注》《大统历推法》《四明山志》等，其中以《明儒学案》《宋元学案》《明夷待访录》等书最有影响。其弟黄宗炎、黄宗会，子黄百家皆有学名。

黄宗羲的学术思想及气节人格在当时乃至后世均有重要影响，清人顾炎武、全祖望、章学诚、邵晋涵、纪昀、阮元、唐鉴等都有相关研究。20世纪初期，随着西学的传入和现代学术方法的运用，梁启超、谭嗣同、章太炎、钱穆、胡适、萧公权等学者也对黄宗羲展开了研究。在他们的影响下，后来者成果不断。① 本书通过对百年来黄宗羲研究的鸟瞰衡论，以纠正原有误区，寻求新的学术增长点，进而透射 20 世纪中国思想史的侧影。

百年来的黄宗羲研究，按时段与进度大致可分为清末民国时期、1949年至改革开放之前及改革开放之后三个时期。第一期（1900—1949），维新派、革命派、东方文化派利用现代学术方法研究黄宗羲，属于黄宗羲学术研究的奠基时期；第二期（1949—1979），是中国大陆学者利用马克思主义立场观点和方法来研究黄宗羲。而日本、美国等国外学者则以"现代性"为视角来研究黄宗羲。前两期的黄宗羲研究具有强烈的政治意识形态色彩；第三期是从 1980 年至今，黄宗羲研究逐步摆脱了政治意识形态色彩而转向纯学术面向，在研究的广度、深度以及新史料、新观点的发掘方面，均取得了超越前代的成绩。

一 清末民初各思想流派视野中的黄宗羲

清末民初，中国走向现代化的启蒙运动如火如荼，黄宗羲提倡民族民本、反专制的主张契合于现代启蒙思想，故他被作为启蒙的先声而为不同派别的人士所推崇。

（一）维新派和革命派视野中的黄宗羲

维新派梁启超、谭嗣同非常看重黄宗羲的政治思想。梁启超回忆说，在维新运动期间，他与"谭嗣同辈倡民权共和之说，则将其（黄宗羲）书节钞，印数万本，秘密散布，于晚清思想之骤变，极有力焉"②。可见，维新派借传播、发扬黄宗羲的思想来启发民智，对维新变法运动有实际的影响。维新运动之后，梁启超对黄宗羲进行深入研究，主要有：《清代学术概论》（1920）第六节"黄宗羲和王夫之"和《中国近三百年学术史》（1923）第五部分"阳明学派的余波及其修正——黄梨洲"等章节。在《清代学术概论》中梁启超指出，黄宗羲《明夷待访录》的经世思想"于

---

① 刘岐梅的《黄宗羲研究百年述评》（《青岛研究大学师范学院学报》2006 年第 2 期）一文对黄宗羲研究做了梳理。另外，还有邬满君的《黄宗羲研究三十年（1956—1986）》、佐野公治的《日本的黄宗羲研究概况》（均载吴光主编《黄宗羲论》，浙江古籍出版社 1987 年版）、朱义禄的《建国以来的黄宗羲研究（1949—1998）》（载氏著《黄宗羲与中国文化》，贵州人民出版社 2001 年版）等，然而近年来，黄宗羲研究新成果不断涌现，故有重新梳理之必要。

② 梁启超：《清代学术概论》，上海古籍出版社 1998 年版，第 20 页。

晚清思想之骤变，极有力焉"。而在《中国近三百年学术史》中梁启超指出，黄宗羲是"王学的修正者"，《明夷待访录》是一部"怪书"，"三百年前——卢梭《民约论》出世前之数十年，有这等议论，不能不算人类文化之一高贵产品"①。其书"的确含有民主主义的精神，虽然很幼稚，对于三千年专制政治思想为极大胆的反抗"②。同时，他还对黄宗羲的史学、经学、历算学、文学方面的成就进行综论。有意思的是，梁启超的《黄梨洲朱舜水乞师日本辨》一文，考证了黄宗羲东渡日本之实，但反驳了全祖望所谓的"乞师"说，认为黄宗羲东渡日本有"避仇"日本之行而绝无"乞师"日本之举。③ 总之，梁启超对黄宗羲研究所开辟的主题，所运用的现代史学、政治学研究方法，所持的观点都对后来者影响颇大。

在 20 世纪初的反清排满浪潮中，主张民族革命的章太炎、蔡元培、陈天华、但焘、刘师培、马叙伦、邓实、黄节等革命派人物，孜孜收集并刊行黄宗羲的遗著，肯定《明夷待访录》中的反君主专制思想。这是从现代民主政治的眼光来肯定黄宗羲政治思想的价值，为黄宗羲研究定下了基调。在章太炎的影响下，但焘、刘师培、马叙伦、邓实、黄节等人发表了一系列文章。④ 这些文章有的通过为黄宗羲的著述题词写序或请祀赞像的方式来推崇黄宗羲，有的通过论述《孟子师说》《行朝录》中所蕴含的思想来肯定他反对君主专制和反满清的主张，但都把黄宗羲塑造为民族革命的先知先觉。

革命派领袖孙中山非常看重黄宗羲。他曾抽取《明夷待访录》中《原君》《原臣》印成小册子分发同志，宣传反清革命思想，表明《明夷待访录》在革命派的宣传活动中有着极其重要的作用。与此相反，保守派文人李滋然撰《明夷待访录纠谬》（中华书局 1909 年版）一书，从维

---

①　梁启超：《中国近三百年学术史》，中国华侨出版社 2007 年版，第 38 页。

②　同上。

③　梁启超：《黄梨洲朱舜水乞师日本辨》，《读书杂志》1923 年第 9 期。

④　相关文章主要有：马叙伦的《中国民族主义发明家黄梨洲先生传》（《政艺通报》1903 年第 20 号），但焘的《黄梨洲》（《湖北学生界》1903 年第 1 期），刘师培的《黄梨洲先生的学说》（《中国白话报》1904 年），邓实的《黄梨洲集外诗》（《国粹学报》第 13 期，1906 年）、《黄梨洲〈行朝录〉自序》（《国粹学报》第 19 期，1906 年）、《黄梨洲〈孟子师说〉题辞》（《国粹学报》第 20 期，1906 年）和《明末四先生学说》（《国粹学报》第 23 期，1906 年），黄节的《明儒黄梨洲、顾亭林、王船山从祀孔庙论》（《国粹学报》第 3 卷，1907 年）等。

护君权的角度对《明夷待访录》的反君主专制主张进行了抨击，并批评说该书的思想已成为革命者发动革命的借口。可以说，对《明夷待访录》的态度，是革命派与封建保守派分野的试金石。

（二）唯物史观派视野中的黄宗羲

唯物史观学派的侯外庐、吕振羽、嵇文甫、杨荣国等人用历史唯物主义的立场、观点和方法来研究黄宗羲。冯友兰的《中国哲学史》（商务印书馆1934年版）、吕振羽的《中国政治思想史》（上海黎明书局1937年版）、侯外庐的《中国近世思想学说史》（上、下卷）（重庆三友书店1944年版）、杨荣国的《中国十七世纪思想史》（重庆东南出版社1945年版）等书的相关章节均运用唯物史观对黄宗羲思想进行介绍和评述。当时，嵇文甫的《从清初诸大师阶级立场上分析其政治思想》一文，尝试以阶级分析方法对黄宗羲进行研究。

在这些著作中，侯外庐的研究颇具代表性。他的中国思想史研究注重社会史与思想史相结合的方法，注重从社会存在的变迁来考察学术思想的内在变迁。在《中国近世思想学说史》中，他认为《明夷待访录》是明末清初近代思维方法的伟大著作，《原君》《原臣》《原法》《学校》则是资本主义萌芽时代的产物，具有对将来（资本主义）新制度的梦想。这些观点后来在《中国早期启蒙思想史》（人民出版社1956年版）一书专章讨论黄宗羲的启蒙思想时得到系统表述，侯外庐还把《明夷待访录》称作17世纪"中国的《人权宣言》"。侯外庐"早期启蒙说"及其相关论点，奠定了此后以唯物史观研究黄宗羲思想的基调，对1949年以后大陆学者的黄宗羲研究影响不小。

（三）东方文化派和国故派视野中的黄宗羲

五四新文化运动之后，黄宗羲研究一定程度上从"政治偶像"的宣传转向学理的研究。其中代表人物是东方文化派的钱穆，还有主张"整理国故"的胡适及对中国传统持温情态度的萧公权等人。既不同于维新派和革命派，也有别于唯物史观派，钱穆、萧公权等人能撇开政治思想意识形态的牵绊，对黄宗羲进行纯学理的研究。

1928年，钱穆在《中国近三百年学术史》第二章中称黄宗羲学问之精髓，"两面逼入。其重实践，重工夫，重行，既不蹈悬空探索本体堕入渺茫之弊，而一面又不致陷入猖狂一路，专任自然，即认一点虚灵知觉之气，纵横放任以为道也"。"梨洲论学，虽若犹承明人之传统，而梨洲之为学，则实创清代之新局矣。"梨洲于史学，尤为有最大之创辟，"（梨洲之言）学者必先穷经，然拘执经术，不适于用，欲免迂儒，必兼读史。梨洲治史之二特点：一曰注意于近代当身之史。……二曰注意于文献人物之史"。对于政治思想，认为《明夷待访录》著书动机之批评：亡国遗臣之不能无所待者，正见其处心之愈苦耳。其中《原君》《原臣》《学校》三篇，"发明民主精义"。①

最值得一说的是萧公权对黄宗羲政治思想的研究。萧公权是当时有国际影响的政治学家，既精研西方现代民主政治学说，又有深厚的中国传统文化的学养，曾用实证主义史学方法系统研究先秦至孙中山两千五百年间的政治思想。在抗战时期完成的名著《中国政治思想史》中，他认为，梨洲出于蕺山之门，然其治学兼通经史艺数，合心性事功而为一，非阳明学派所能范围。他认为《明夷待访录》中极言政事，而就黄氏学术全体观之，尚非其根本之所在，"幸勿误会梨洲否认致用为治学之最后目的，盖梨洲所深恶者，空疏之心性与躁进之事功，而其所欲讲求者，修身治世之实学"②。在他看来，梨洲不汲汲于致用，而其《明夷待访录》所陈之政治理想则为其学术中最精彩之一部分，在亡明遗老中殆可首屈一指。其政治哲学之大要在阐明立君之所以为民与君臣乃人民公仆之二义。③萧公权对黄宗羲政治思想作有两方面评价："梨洲又本此贵民之原理，参照明政之经验，发为制度改造之计划。以今日之眼光观之，其言不脱君主政体之范围，实际上无多价值。然其抨击专制之短，深切著明，亦自具有历史上之重要意义。"其中，梨洲反对专制之意，在其论学校、选举中尤为明显，"梨洲贵民之古义，不啻向专制天下之制度作正面之攻击。使黄氏生当清季，其为一热烈之民权主义者，殆属可能"。但"觉梨洲虽反对专制而未能冲破君主政体之范围。故其思想实仍蹈袭孟子之故辙，未足以语于真正之转变"④，即黄宗羲政治思想的精华在于激烈反对专制但又未能冲破君主政体之范围，这是受当时历史条件的限制，但若历史条件允许，他

---

① 以上引文参见钱穆《中国近三百年学术史》，商务印书馆1997年版，第28、36、37页。

② 萧公权：《中国政治思想史》，新星出版社2005年版，第393页。

③ 同上书，第394页。

④ 同上书，第400页。

会成为热烈的民权主义者。

他还批评说，黄氏躬于反清复明之运动，而于民族大义则未有明确之认识，间接批评革命派将黄氏宣扬为"民族革命主义者"的努力。由此可见，萧公权把黄宗羲的学术定位为实学而非心学，把政治思想定位在"民本"而不是"民主""民权"学说，但又认为其思想可通向民主思想。这些结论，与当时维新派、革命派乃至钱穆等人将黄宗羲政治思想简单地等同于"民主""民权"有很大的差异。其关于黄宗羲学术的根底是经史政事、合心性事功而为一的观点，以及黄宗羲政治思想是"民本"而非"民主"的主张，在今天看来仍具有说服力。

西化派胡适在五四新文化运动之后主张"整理国故"。1921年胡适作《黄梨洲论学生运动》一文肯定了《明夷待访录》，认为"必使天下之具皆出于学校"，"公其非是于学校"的观点，是中国具有近代议会制因素的主张。[①] 很明显，胡适以西方代议制民主政治的观念对《明夷待访录》进行研究，值得进一步反思。另一自由派人物胡道维的《黄梨洲在中国政治思想史上的地位》从西方民主政治的视野分析了黄宗羲的政治思想，肯定了梨洲在中国政治思想史上的重要地位。[②]

另外，从纯学术出发对黄宗羲的生平年谱、文献进行整理的主要著作有：谢国桢的《黄梨洲学谱》（商务印书馆1932年版）、黄嗣艾的《南雷学案》（中正书局1936年版）、章衣萍的《黄梨洲》（上海儿童书局1938年版）、缪天绶的《〈明儒学案〉选注》（商务印书馆1947年版）。其中，谢国桢的《黄梨洲学谱》一书颇有影响，此后大陆、台湾均连续修订出版，至今仍是了解黄宗羲生平学术最好的本子之一。

总之，在国家民族遭遇危机、政治运动如火如荼、现代新思潮轮番刺激的时代，政治和思想家们抓住了黄宗羲——这个对旧时代进行激烈批判又透射出启蒙亮光的本土人物，并以此为媒介来表达和实践自己的理想。因此，在浙东学派人物谱中，黄宗羲在民国时期成为最受关注、研究成果最丰硕的人物。当然，各家囿于各自的派别、立场、诉求和梦想，对黄宗羲的看法虽有差别，然而基本集中于其政治思想和反清行动上，聚焦于他

① 胡适：《黄梨洲论学生运动》，《晨报·副刊》1921年第9期。
② 胡道维：《黄梨洲在中国政治思想史上的地位》，《真知学报》1942年第1卷第1期。

的《明夷待访录》《孟子师说》等书，大都肯定了其政治思想中的"民主"特性，进而把他看作民主思想和民主政治的先驱，视为"中国的卢梭"，以之接引现代民主政治在中国的实现。然仔细考辨他们的论述可以发现，许多论证都缺乏严格的逻辑分析，缺乏令人信服的史料。至于运用中西政治哲学的比较视野，囿于对西方现代民主政治思想的一知半解，许多只是跳跃式或浪漫式的推论。唯有萧公权等人通过细致的学理分析，得出了黄宗羲政治思想属于"民本"但有可能通向"民主"的观点。对这类问题的探讨，也被延续到以后的黄宗羲研究的议题中。

二　黄宗羲研究的三个断面

第二时期是 1949—1979 年，这一时期的黄宗羲研究可以从中国大陆、日美汉学和港台地区三个横断面来考察。

（一）1949—1979 年大陆的黄宗羲研究

1949 年后，中国大陆学术界运用马克思主义立场、观点与方法来研究黄宗羲。这一时期虽鲜有专著问世，但一般断代性和通史性著作中都有黄宗羲（或"清初三大家"）的专门章节。其中侯外庐的《中国早期启蒙思想史》（人民出版社 1956 年版）和《中国思想通史》（人民出版社 1965 年版），任继愈主编的《中国哲学史》（人民出版社 1963—1966 年版），冯友兰的《中国哲学史新编》（该书写于 1970—1980 年间），杨荣国的《中国哲学简史》（人民出版社 1973 年版），以及北京大学哲学系编写的《中国哲学史》（中华书局 1962 年版）等书都有专门论及黄宗羲的部分。上述著作的专章（节）及论文，大都以唯物、唯心主义二元论和阶级分析方法来研究黄宗羲。在政治思想方面，大都肯定他的政治思想具有鲜明的进步性；而对其哲学思想，有人认为黄宗羲是唯物论的，有人认为是唯心论的，有人认为先是唯物论而晚年倒向唯心论的，也有人认为先是唯心论而晚年趋向唯物论的，观点不一。

关于黄宗羲的阶级属性，有人认为他代表平民阶级，有人认为他是地主阶级代表。对黄宗羲思想的研究出现耐人寻味的悖论：即在黄宗羲政治思想鲜明的进步性与哲学思想模糊保守性之间出现了矛盾和脱节。为此，华山等看出此问题并试图解决，指出学者看到"盈天地皆气"这一类的话，便认为是唯物论，或者看到他说了"盈天地皆气"而又说"盈天地皆心"就说他的思想从唯物倒向唯心，未免太天真。在华山等看来，黄宗羲的哲学从未离开过唯心论。为此，他批评了侯外庐等人对黄宗羲哲学的看法，认为黄宗羲的学说依然是王、刘衣钵，未出"心学"一步，说他的思想发展了心学而达到了"心学的否定"十分勉强，而说他是"反理学家"也是不确当的，至于说他是"平民反对派"，更是捕风捉影之谈。他还批评了当时学界对黄宗羲唯心论、唯物论简单而教条式的分析。该文是当时少有的客观学理分析的文章，可以说代表了那个时代的研究水平。① 另外，嵇文甫在《黄梨洲思想的分析》一文中指出，黄宗羲虽有鲜明的民主主义思想，但并不主张废止君权，和近代意义上的民权政治相距甚远。② 该文在肯定黄宗羲政治思想民主倾向的同时，指出了他思想的局限性及与近代民权政治的巨大差距，这都是教条主义盛行时代下颇为可贵的观点。

（二）日美汉学界视野中的黄宗羲

在"现代性"的视野下，用中西比较法来研究黄宗羲是日美汉学界的共同特点。日本汉学界对黄宗羲注意较早。民国时期，日本学者就对黄宗羲的思想进行研究。主要有：千嘉次的《〈明夷待访录〉的思想》（《东亚经济研究》1916 年第 7 号）、小岛祐马的《黄宗羲的经济思想》（《经济论丛》1919 年第 1、2 期）、籤保孝的《〈明夷待访录〉管见》（《支那哲学杂志》1930 年第 7 号）、西田太一郎的《黄宗羲的民主主义思想》（《学海》1946 年第 8 号）和《〈明夷待访录〉的政治经济思想》（《东洋文化问题》1949 年第 1 号）、小柳司气太的《〈明儒学案〉补》（《东洋思想研究》，1938 年）等文，另有渡边秀方的《中国哲学史概论》（商务印书馆 1927 年版）有黄宗羲哲学的专节。这些研究，除小柳司气太和渡边秀方的论著讨论了黄宗羲哲学思想的相关问题外，其余的研究都集中于《明夷待访录》中黄宗羲的政治和经济思想。其中，西田太一郎把黄宗羲当作民主主义思想家，这种提法与当时国内学者的主流看法大体吻合，对战后日本学者的黄宗羲研究有一定的导向和影响。

"二战"后新生代的学者山井涌、岛田虔次、小野和子、佐藤震二等

---

① 华山、王赓唐：《黄梨洲哲学思想剖析》，《文史哲》1964 年第 3 期。
② 嵇文甫：《黄梨洲思想的分析》，《新建设》1959 年第 12 期。

人继续研究黄宗羲，出现了一些成果。如山井涌的《中国的名著·明夷待访录》（载山井涌《明清思想史の研究》，东京大学出版会 1980 年版）以及《黄宗羲》（载《中国的思想家》下，劲草书房 1963 年版）等文，对黄宗羲的著作、政治思想及教育思想等方面进行绍介，有利于日本人对黄宗羲的了解。

岛田虔次的学生小野和子长期致力于明清政治思想史的研究，对黄宗羲研究颇注心力。1967 年写成《黄宗羲》传记类册子，对黄宗羲的生平事迹和思想进行了叙述。后来他转向东林党和复社的研究，围绕着黄宗羲的政治活动，讨论了明末清初社党及反清斗争，分析了这些活动对黄宗羲《留书》中的民族主义思想、《明夷待访录》中的政治构想，尤其是具有议会功能的学校的创造性构想的直接影响。① 另外，佐野公治的《〈明夷待访录〉中的易姓革命思想》（《日本中国学会报》1965 年第 17 集）、佐藤震二的《〈伯牙琴〉的思想与〈明夷待访录〉》（《东方学》1962 年第 23 期）等文对黄宗羲政治思想的研究也值得注意。

很明显，日本新生代的黄宗羲研究者视野较为开阔，选题也趋细化，观点颇新颖，值得参考。而有意思的是，沟口雄三既反对把黄宗羲的政治思想比作资产阶级的近代民权思想，也反对把其思想定性为民本思想，他认为黄宗羲的"民"，"不是所谓人民全体，而是当时有实力的包括小自耕农在内的地主阶层以及与之有关联的都市工商阶层，总而言之，是富民阶层。黄宗羲所说的有利于万民的政治，就是有利于这些富民阶层的政治"②。

欧美汉学家对黄宗羲关注较多的是狄百瑞、费正清、列文森、谢和耐等人，他们的兴趣点是讨论黄宗羲思想的某些"现代性"因子。其中以狄百瑞的研究最为集中，他的著作有：《等待黎明：对王公的计划——黄宗羲的明夷待访录》（哥伦比亚大学出版社 1953 年版）、《中国思想和制度：中国的专制主义与儒家思想——一个世纪的看法》（哥伦比亚大学出版社 1953 年版）和《中国的自由传统》（台湾联经出版事业公司 1973 年

---

① ［日］小野和子：《黄宗羲》，日本人物往来社 1967 年版。
② ［日］沟口雄三：《〈明夷待访录〉的历史地位》，载刘俊文主编《日本学者研究中国史论著选译》第七卷，许洋主等译，中华书局 1993 年版，第 146 页。

版）。这些著作的基本观点认为，黄宗羲的思想是在儒学价值系统内对君主专制展开批判，是自由主义倾向的综合表现，具有朝着"近代的"方向发展的意义。其中，《等待黎明：对王公的计划——黄宗羲的明夷待访录》一书除前言外，其余部分均是对《明夷待访录》的英译。在前言中，他对黄宗羲的法、学校、国家、科举制、土地财税改革等方面进行了论述。狄百瑞认为黄宗羲把学校当作表达公众心声的载体与媒介，可视为推动儒家自由主义的助力。他还指出，黄宗羲对儒家价值观的贯彻与对体制改革的落实使他旨在建立一种新的政治体制的目的更为明晰。[1]

费正清则在《中国：传统与变迁》一书中指出，黄宗羲《明夷待访录》充满着儒家的陈词滥调，没有新意。[2] 列文森则在《儒教中国及其现代命运》（1968）一书中，指出黄宗羲只是儒家的改良主义者而已，不是真正的民主主义。艾尔曼的《从理学到朴学——中华帝国晚期思想与社会变化面面观》认为，黄宗羲力图勾画一幅理想政治的蓝图，但仍以儒家政治原则为依据，未突破儒家政治理想的窠臼。[3]

（三）港台学者的黄宗羲研究

这一时期，相对于大陆学术的落寞和教条化，港台的黄宗羲研究收获丰硕。主要有：何佑森的《黄宗羲晚年思想的转变》（《故宫文献》1971年第3卷第1期）、吴演南的《黄宗羲的经济思想》（《复兴岗学报》1972年第10期）、甲凯的《明儒学案与黄宗羲》（《"中央"月刊》1972年第4卷第4期）、张正藩的《民主大师黄梨洲》（《"中央"月刊》1979年第12卷第1期）、陈永明的《论黄宗羲的政治思想》（《新亚学术集刊》1979年第2期）等文。其中，何佑森对明末清初三大家与浙东学术的关系，对章学诚突出构筑的浙东学术"重史"进行了批评，指出浙西顾炎武何尝不重史，浙东黄宗羲何尝不重"经"。而高准的《黄梨洲政治思想研究》（"中国文化学院"政治研究所1967年版）、萨孟武的《中国政治

---

① 以上参见［美］狄百瑞《中国的自由传统》，李弘祺译，贵州人民出版社2009年版，第116—120页。

② 转引自［美］狄百瑞《中国的自由传统》，李弘祺译，贵州人民出版社2009年版，第121页。

③ 艾尔曼：《从理学到朴学——中华帝国晚期思想与社会变化面面观》，江苏人民出版社1997年版。

思想史》（三民书局 1969 年版）等书从中西比较角度对黄宗羲的政治思想进行了深入研究。其中，高准认为，黄宗羲的政治思想具体发挥了民本原理，并含有男女平等、宗教平等、民族平等之义。萨孟武指出，黄宗羲政治思想只是阐发春秋时代乡校议政之事，缺乏"公意"观念，故不能视为民主。

综观日美汉学界和港台学者的研究，大都聚焦于黄宗羲的政治思想及《明夷待访录》研究，争论的焦点仍是对黄宗羲政治思想的定位，即究竟是近代的民主思想，还是传统儒家的民本思想？

三　由政治意识形态转向纯学术研究

改革开放以来，中国大陆的黄宗羲研究开始复苏并出现繁荣，进入第三期。这一时期的研究大致分为两个阶段：1980—1990 年为第一阶段；1990 年之后为第二阶段。

（一）1980 年代中期的转向

1980 年改革开放初，对"文革"的反思促发了"新启蒙思潮"，对封建专制的批判引起了新一轮黄宗羲政治思想研究的热潮。1978 年，张晋藩发表了《黄宗羲反对封建专制主义的启蒙思想——读〈明夷待访录〉等四篇》（《光明日报》1978 年 12 月 5 日）一文，倡导读《明夷待访录》，反对封建专制主义。此后，熊月之、张岂之、曹月堂等人"井喷式"地发表了 30 余篇文章，围绕着《明夷待访录》论述黄宗羲的反专制主义和民主启蒙思想。这些论文随处可见"战斗檄文""批判""揭露""反对""讨伐"的字眼，有鲜明的政治宣示意味，其中观点大都不出唯物史观的范围。

以 1984 年左右为界点，黄宗羲研究出现了明显转向，即政治思想研究的淡出，纯学术研究的凸显。1984 年以来，学界除张岱年、蔡尚思讨论黄宗羲的民主和反专制思想外[1]，对黄宗羲政治思想的研究似乎突然退潮，转而开始梳理黄宗羲的交游、著作、学术源流、心学、文学及经济思

---

[1]　如张岱年的《黄梨洲与中国古代的民主思想》（《浙江学刊》1987 年第 1 期）、蔡尚思的《黄宗羲反君权思想的历史地位》（《文史哲》1987 年第 2 期）和《黄宗羲反君权思想的空前性与现实性》（《中国史研究》1987 年第 4 期）。

想，发表论文 40 余篇。在这些文章中，两岸学者对黄宗羲的哲学思想、经济主张、学术渊源、诗文、学案体、交游、文献辑佚等方面进行精细讨论。其中，著名经济思想史专家叶世昌的《关于黄宗羲的工商皆本论》一文，通过搜辑大量史料对"工商皆本"的具体内核进行细致分析，认为黄宗羲把机坊、酒肆、奇技淫巧都排除在工商之外，主张"除布帛外皆有禁"，因此梨洲并不以工商为"本"，而是与"崇本抑末"传统一脉相承的。也就是说，黄宗羲提出的工商皆本论，从概念所起的作用来看，符合商品经济和资本主义萌芽发展的要求，但工商皆本论的实际内容以及黄宗羲的整个经济思想却又不利于商品经济和资本主义萌芽的发展，因此叶世昌认为黄宗羲也不是一个"市民阶级"的思想家，有力地反驳了侯外庐等人代表的主流观点。[1] 他对"工商皆本"的"形式（概念）"与"实质"的区隔，凸显了客观研究的理性精神。而刘述先的《黄宗羲心学的定位》一书用"例溯"的方法，论述了黄宗羲对蕺山思想的继承，对阳明思想的简择，对朱子思想的批评，最后肯定其心学的特质，并对他的《明儒学案》进行深入省察，以确定他在思想史上的贡献与地位。[2] 这是对黄宗羲哲学进行专题研究的第一本专著，其对黄宗羲心学定位，明显继承牟宗三等前辈学者的观点，与大陆学者华山等人观点亦颇契合，对后来黄宗羲哲学研究影响颇大，可谓这个时代的代表作。

另外，1986 年在宁波召开了首届国际黄宗羲学术讨论会，来自两岸三地、日本、美国等许多学者参会，对黄宗羲的哲学、文献、学术源流、交游社党、政治、文献等方面进行了研究，结集出版《黄宗羲论——国际黄宗羲学术界讨论会论文集》（浙江古籍出版社 1987 年版）。与会者相互交流、切磋，尤其是日美汉学家及台湾地区学者精细的分析和考证方法给大陆学者很大的刺激，直接或间接影响了大陆学者在选题和研究方法上的某种转向。

总之，黄宗羲研究从 80 年代初对政治思想的强烈关注转向客观的学术梳理，逐渐摆脱了政治意识形态和教条主义的干扰，为下一阶段黄宗羲的学术研究开启了序幕，颇应了所谓的"思想淡出，学问凸显"之说法。

---

[1] 叶世昌：《关于黄宗羲的工商皆本论》，《复旦学报》1983 年第 4 期。

[2] 刘述先：《黄宗羲心学的定位》，台北允晨文化实业股份有限公司 1986 年版。

（二）黄宗羲研究的全面开花

第二阶段的研究延续了上一阶段，黄宗羲学术研究走向繁荣，主题得以拓宽，深度不断加强。从1990年代至今，产生了一大批成果。兹围绕哲学、政治思想、经济社会、史学文献、文学教育等主题展开述评。

在哲学思想研究方面，进入90年代，学界摆脱了唯心唯物二元论及教条主义方法，回到文献本身研究黄宗羲的哲学思想，产生了一批成果，主要有：李明友的《一本万殊：黄宗羲的哲学与哲学史观》（人民出版社1994年版）、曹国庆的《旷世大儒——黄宗羲》（河北人民出版社2000年版）、陈旻志的《残霞与心焚的夜灯如旧：一代儒侠黄宗羲的"文道合一"论》（台北万卷楼图书公司2002年版）、程志华的《困境与转型：黄宗羲哲学文本的一种解读》（人民出版社2005年版）。其中李明友的《一本万殊：黄宗羲的哲学与哲学史观》一书，是大陆第一本讨论黄宗羲的哲学专书，以"一本万殊"为线索，对黄宗羲的宇宙观、心性论、认识论、方法论等进行了较为系统的论述，与刘述先的著作相比，该书较为全面和充实，代表了那一年代的水准。程志华的《困境与转折：黄宗羲哲学文本的一种解读》运用"内在诠释方法"，将黄宗羲置于儒学形态的转换过程中，把握和理解黄宗羲哲学的问题、概念和观点，凸显了黄宗羲对阳明心学的继承、纠偏，认为黄宗羲在原始儒学之"实存道德描述形态"、宋明儒学之"形上学形态"之后，开启了一种新的儒学形态——"形上道德实践形态"。这些论点虽有商榷的余地，但是用新视角、新方法力图突破黄宗羲哲学研究，值得注意。

黄宗羲政治思想研究，是百年来挥之不去的问题。近十多年来，黄宗羲政治思想研究热度不减。2006年还在浙江余姚召开"黄宗羲民本思想国际学术研讨会"。这段时期的黄宗羲政治思想研究中，多数学者对其对君主专制的强烈批判精神给以肯定，但对其政治思想的民主抑或民本性质问题的争论始终有不同观点。有人认为黄宗羲的思想属于民主思想，有人认为属于民本思想，还有主张介于二者之间，即黄宗羲的政治思想属于民主思想，但不是西方式的民主。可见随着研究的深入，对黄宗羲政治思想的认识已摆脱了机械化、简单化的倾向，更趋客观化、理性化。

对黄宗羲经济思想的探讨成为近年来黄宗羲研究的新生长点，尤以"黄宗羲定律"最受人瞩目。1997年秦晖在《"农民负担"问题的发展趋势——清华大学学生农村调查报告之分析（四）》一文中首次提出"黄宗羲定律"。他认为，黄宗羲在对中国秦朝以来两千年间的土地、赋役制度进行系统的研究与评论过程中，指出单纯的并税在短期内能够使"向来丛弊为之一清"，然而它的中长期效果却与初衷相反，势必繁衍出再一次的杂派高潮，谓之"积累莫返之害"。① 温家宝总理多次提到该定律，指出一定要跳出"黄宗羲定律"的怪圈。至此，"黄宗羲定律"成为学术界的热点话题，引起了广泛讨论，发表了 30 余篇论文。② 这些文章围绕着"工商皆本"尤其是"黄宗羲定律"两个命题来讨论黄宗羲的经济思想，并对"黄宗羲定律"成立与否进行质疑，深化了黄宗羲思想的研究。

在史学文献研究方面，收获亦多。黄宗羲是清代浙东史学的开创人物，其史学自民国初年以来就受到关注。近十多年来，邓乐群、陈祖武、仓修良、张文涛等人对黄宗羲史学研究用力颇多。而在文献整理方面，以吴光为代表的学者对黄宗羲文献进行研究和整理，出版了《黄宗羲全集》（浙江古籍出版社 1985—1994 年版），近年来又推出新版《黄宗羲全集》（2005 年增订版），成为最全面、最系统的黄宗羲学术思想文献资料，为黄宗羲研究打下坚实的基础。

关于科学、文学的研究也得以拓宽。之前，学界对黄宗羲的科学和文学思想研究很少。80 年代中期以后，学者开始对黄宗羲的科学思想进行专门论述。如周瀚光的《黄宗羲科学思想论略》（载《黄宗羲论——国际黄宗羲学术讨论会论文集》，浙江古籍出版社 1987 年版），杨小明的《黄宗羲〈匡庐游录〉的科学价值》（《中国科技史料》1996 年第 2 期）、《黄宗羲的科学研究》（《中国科技史料》1997 年第 4 期）、《黄宗羲与邢云

---

① 秦晖：《"农民负担"问题的发展趋势——清华大学学生农村调查报告之分析（四）》，《改革》1997 年第 2 期。

② 与之相关的论文有：宋志坚的《有没有反黄宗羲定律》（《杂文随笔》2003 年第 10 期）、傅光明的《走出黄宗羲定律怪圈的四大障碍和对策》（《农业经济问题》2003 年第 11 期）、吴根友的《"工商皆本"与晚明儒家经济哲学的新突破——黄宗羲经济思想现代意义的再诠释》（《杭州师范学院学报》2006 年第 1 期）、杜恂诚的《"黄宗羲定律"是否能够成立》（《中国经济史研究》2009 年第 1 期）、王家范的《复杂的历史需要复杂的头脑——从"黄宗羲定律"说开去》（《探索与争鸣》2010 年第 1 期），以及刘恒武与杨心珉的《明代的钱法阻滞问题与黄宗羲的钱法思想》（《浙江社会科学》2010 年第 9 期）等。

路：明清之际授时历传承的一条线索》（《华侨大学学报》1997 年第 4
期）等文，对黄宗羲在天文历算、地学、律学、医学等领域取得的成就
作了较深入研究。

另外，对黄宗羲诗文成就的研究逐渐增多，徐定宝较早关注黄宗羲的
文学思想，在《黄宗羲评传》（南京大学出版社 2011 年版）设专章对其
文学成就进行阐述。张兵、张亨、郭英德等人围绕着黄宗羲的诗赋成就展
开研究，如张兵的《黄宗羲诗歌理论的承传与创新》对黄宗羲的诗歌创
作论、诗歌本体论、诗歌功用论与诗歌批评论等内涵进行比较全面的考
察，肯定了其诗论在中国古代诗歌理论发展史上的地位。[①] 张亨的《试从
黄宗羲的思想诠释其文学视界》认为，黄宗羲哲学主张"性情合一"，弥
合了传统性情论中性与情的分歧，从而实现了主性与主情两种思潮的汇
流，是中国诗学性情本体论的重要代表。[②]

总之，相较于改革开放之前，自 1980 年代尤其是 1990 年代以来，对
黄宗羲的研究逐渐从原来浓厚的政治意识形态指导转向纯学术的剖析，研
究成果的政治和思想意识形态大大减弱，并显现出繁荣景象。

四　反思与出路

百年来黄宗羲研究史，深受时代问题和观念变迁的影响。从整体上
讲，大致经历了"政治意识形态"—"纯学术"两个前后对照的范式。
改革开放前，"现代性"及其内含的"民主"是时代的大观念。因此，不
管是民国时期的维新派、革命派、自由派、东方文化派、唯物史观学派，
还是日本、美国的研究群体，乃至 1949 年后大陆的黄宗羲研究，都具有
强烈的政治意识形态关怀，黄宗羲的政治思想尤其"民主"与"民本"
的比较自然成为焦点，这种过度的政治意识形态关怀在"文革"时期走
向极端。1980 年代中期之后，经济建设成为时代主题，"思想淡出，学术
凸显"成为学人的主流观念，这一时期黄宗羲研究走向较为客观的纯学
术研究，取得许多优秀成果，尤其"黄宗羲定律"论题的提出，是市场
经济改革过程中催生的论题。总之，黄宗羲的研究史，随着研究者所处的

---

① 张兵：《黄宗羲诗歌理论的承传与创新》，《西北师大学报》1992 年第 5 期。
② 张亨：《试从黄宗羲的思想诠释其文学视界》，《中国文哲研究集刊》1994 年第 4 期。

时代脉搏而跳动，印证了福柯所说："重要的不是历史书写的时代，而是书写历史的时代。"然而，从黄宗羲研究第三期所取得的成果来说，仍有许多改进之处。

其一，过多聚焦于政治思想研究。聚焦政治思想客观上抓住了黄宗羲学术思想的精华，但忽视了黄宗羲学术思想的其他方面。如对黄宗羲哲学思想的定位，到底他是心学、理学、气学、经史实学，还是兼而有之？黄宗羲哲学思想的义理脉络、心性论及其与经学、史学、文学、历算、政论之间的关系到底如何？而且，迄今为止仍有一些论述黄宗羲政治思想的文章，不借鉴、吸收前人的成果，不直面所谓的"民本说"与"民主说"的巨大分歧，做"四平八稳"的研究，得出老生常谈的结论，造成不必要的重复和浪费。

其二，急需对中西方政治思想有精深研究的学者参与到黄宗羲研究中，从学理上厘清民本政治思想与民主政治思想的内涵、边界、脉络及其异同，准确定位黄宗羲政治思想的光谱，以解决所谓的"民主说"与"民本说"的巨大分歧，这或许是未来中国政治哲学研究的生长点。

其三，对黄宗羲学术思想的谱系及后学研究远远不够。黄宗羲学术研究虽说成果很多，但公允地讲，对黄宗羲学术的"来龙"，如蕺山学派、阳明学派、朱子学、事功学甚至亭林、船山之学与黄宗羲的复杂关系不甚清楚。而对黄宗羲学术的"去脉"，如黄宗羲弟子及后学万斯同、万斯大、仇兆鳌、全祖望、章学诚、邵晋涵等人的学术思想，尤其是他们与黄宗羲学术思想的继承创新关系的研究不多。如果不明白这些，就很难在学术思想史上对黄宗羲进行客观评价和定位。

其四，对黄宗羲天文历算、地学、律学、医学的研究偏少。黄宗羲是百科全书式的学者，他与其子黄百家对明清之间的天文历算、地学、律学、医学、术数等做过长期深入研究，留下了一批重要的学术遗产。但从事黄宗羲学术研究的大多是现代文史哲学者，囿于专业知识，很难看懂其中的论述，这迫切需要从事天文学、地理学、数学、医学及中国科技史研究的学者，与文史哲学者通力合作，以弥补黄宗羲学术研究在这方面的不足和空白。

第二节 从史学到经史、家族的视野：百年
万斯同与甬上万氏家族研究

万斯同（1638—1702），字季野，号石园，浙江鄞县人，清初著名史学家，黄宗羲最得意的弟子，也是公认的清代浙东学派第二代史学大师。万斯同博通古今，尤精史学，以"布衣"身份参修《明史》，前后十九年，手定《明史稿》五百卷，充当《明史》修纂的"实际总裁"。万斯同除史学成就受人称誉外，其著述还广涉经学、考据学、诗学、金石学。其中，《补历代史表》稽考历朝掌故，端绪厘然，被黄宗羲称为"不朽之盛事，大有功于后学"（《历代史表序》）。《石园诗集》《鄞西竹枝词》《新乐府词》则是"悲愤之衷值乎世会，渊博之学发乎性灵，复有一种不情不绪之想出乎笔墨之外"①，既有诗家本色，更具史家情怀。其他如《读礼通考》《历代纪元汇考》《儒林宗派》《群书辩疑》等皆是礼学、史学、学术史重要著作。

万斯同出身于甬上万氏家族，其始祖万斌原籍安徽定远，以军卫起家，子万钟防守宁波有功，超授宁波卫金事，遂籍甬上，子孙世袭指挥金事。甬上万氏自七世祖万表起，文武兼修，逐渐以儒学求显，其子达甫、孙邦孚皆有文才。至十世祖万泰时，已由武功巨族转变为文化世家。万泰为复社名士，"甬上四孝廉"之一，师从刘宗周，与黄宗羲交谊笃厚，所生八子号称"万氏八龙"，其中以斯同、斯大最著，合称"二万"。其后，又有万言、万经、万承勋克绍箕裘，成为两浙著名的世家望族。黄宗羲、邵廷采、全祖望等史学巨擘对甬上万氏均有极高的评价。近代以来，围绕万斯同及万氏家族诞生众多研究成果。钱茂伟曾对 20 世纪以来万斯同的研究状况有较翔实的回顾②，但许多方面未能涉及，故有重新梳理之必要。

---

① 刘献廷：《石园文集题词》，载万斯同《石园文集》卷首，《续四库全书》第 1415 册，上海古籍出版社 1995 年影印本，第 443 页。

② 钱茂伟：《20 世纪以来万斯同研究的学术史考察》，载虞皓旭主编《万斯同与〈明史〉》下册，宁波出版社 2008 年版，第 495—516 页；又见钱茂伟《浙东史学研究述评》，海洋出版社 2009 年版，第 291—310 页。

近百年的万斯同与甬上万氏家族研究，可分三大阶段：第一期为1980年之前，主要勾画万斯同的生平轨迹，以及考证万斯同与《明史》纂修的关系；1980—1990年代为第二期，深入阐发万斯同的史学思想，同时涉及万氏其他学术著作的考察；2000年至今为第三期，除继续挖掘万斯同的学术成就外，开拓出万斯大礼学及万氏家族文学思想的研究新领域，投射面与解析度愈加广泛、精细。

一 聚焦《明史稿》作者考证中的万斯同研究

万斯同以其参编《明史》卓著较早受到民国史家的关注。20世纪20年代，梁启超就对万斯同的史学推崇备至。对历史悬案王鸿绪是否窃《明史稿》说，他持肯定态度，认为王将万氏原稿"改头换面，颠倒是非"[1]。此说在梁氏指导的学生陈守实《明史稿考证》（清华大学研究院毕业论文，1926年）中得到翔实淋漓的展现。张须《万斯同与〈明史〉》（《东方杂志》1936年第33卷第14号）、孟森《万季野〈明史稿〉辩诬》（《史地杂志》第1卷第2期，1937年）也以相关史料，认定万斯同系《明史》的实际纂修者。这些研究既折射出清学传统及实证史学在当时的兴盛，也透过王鸿绪窃稿案表达对政治压制学术的某种不满。

在20世纪二三十年代拾掇万斯同的群体中，宁波籍学人占有重要地位。马太玄撰有《万斯同之生平及其著述》（《国立第一中山大学语言历史学研究所周刊》1928年第28期）、《季野年谱》（未见传世），较早触及万斯同的生平与著述。陈训慈在浙东史学的脉络中表举万斯同的史学思想[2]，又撰《四明万氏之民族精神》（《越风》1936年第13期）。受陈训慈影响，王焕镳完成《明遗民万履安先生年谱》（1936），又编《万季野先生年谱》（仅成半部）、《万季野先生系年要录》。这些研究的关注点，许多在于对明清之际万氏家族民族气节的表彰。寻绎其语境，除桑梓关怀外，更重要的是受当时内忧外患局势的刺激。

20世纪30年代的万斯同研究还出现了另一热点，即对天一阁藏《明史稿》作者的争辩。1931年，河南人周氏携带号称万斯同所著之《明史

---

① 梁启超：《中国近三百年学术史》，第109页。

② 参见陈训慈《清代浙东史学管窥》，《史学杂志》1930年第1期。

稿》至南京，由沙孟海介绍，遂为人所知。柳诒徵对此持保留意见，认为此稿"信为康熙中明史馆纂修诸公手笔，不敢遽断为万先生书"①。冯梦颙也主张周氏携稿"绝非万氏原本"②。吴泽从字体的角度，判断为万斯同手迹。李晋华也同意吴泽观点，称"闻为万季野哲嗣所缮，经季野删润者。是季野史稿又见一本矣"③。只是限于条件及所据不同，学者对此问题未达成共识。

1940—1970 年代，大陆的万斯同研究陷入低谷。相关研究仅有柴德赓《万斯同之生卒年》（《益世报》1947 年第 28 期）、吴晗《史学家万斯同》（《北京晚报》1961 年 11 月 22 日）的介绍性文字。而台湾学者杜维运的《万季野之史学》（《中国学术史论集》第二册，1956 年）从史学史角度较全面地表彰了万斯同的史学，认为其史学价值在于"明史之创垂""历史史表之补作""考辨学之精湛"，并贯穿着经世思想。这一研究代表了当时的最高水平。

纵观 1980 年之前的万斯同研究，除以论文、年谱梳理万泰、万斯同的生平事迹外，大都聚焦于《明史稿》作者的考证，基本认定王鸿绪攘窃万斯同说。对天一阁藏稿，则形成分歧的两派。整体而言，受外在环境影响，1950—1970 年代的研究不如民国。台湾学者杜维运从史学史角度阐释万斯同的史学思想，值得重视。

二　从史学到经史转变中的万斯同研究

1980 年代初，在中西古今文化问题的大讨论中，传统史学、经学的价值得到空前的重视与凸显。进入 90 年代，"学术史热"风生水起。流风所及，大陆与港台学人共同推动万斯同研究的进程。

八九十年代，大陆先后涌现出以宁波大学方祖猷、中国人民大学黄爱平、云南师范大学朱端强为代表的研究群体。方祖猷、陈训慈的《万斯同年谱》（香港中文大学出版社 1991 年版），为迄今最具代表性的万氏年谱。其编撰有三大特点：一是世传部分，搜集了其先祖的历代事迹；二是

---

① 柳诒徵：《明史稿校录》，《江苏省国立图书馆第四年刊》1931 年。

② 冯梦颙致书黄云眉的内容，参看陈训慈、方祖猷《万斯同年谱》"1931 年条"，香港中文大学出版社 1991 年版，第 254 页。

③ 以上吴泽、李晋华题记，并见于《明史稿》第 9 册。

正文部分，对万氏与师友的关系，作了较多的辑录和考证；三是谱后部分，对后人研究中的争执问题，按年编次。又附有《季野著作考》，对万斯同的著述存佚状况有全面的盘点，皆有助于万氏思想的深入研究。① 编谱前后，方祖猷还撰写了《万斯同史学浅论》（《史学史研究》1984 年第4 期）、《万斯同史学思想中的新因素》（《宁波大学学报》1992 年第2期）、《全祖望、钱大昕所著万斯同“传”纠误》（《宁波大学学报》1994年第2 期）等论文。较前人研究有发展的是，作者认为万斯同的史学观阐扬民族思想、提倡民族气节、反对君主专制，史法注重事信言文，反对官方史局修史等，均值得肯定。

黄爱平在梳理《明史》修纂的过程中，再次考察万斯同、王鸿绪与《明史稿》关系的老问题。其度越前人之处在于，运用天一阁藏《明史稿》，对定论已久的王鸿绪“窜改”“攘窃”说提出质疑，认为王氏参与《明史》编纂四十余年，对每一篇列传的史实及行文，都予以严格审订、删改，对原稿传目，也重新进行编次整理，诚然是继万斯同后对《明史》纂修费心最多、用力最勤的总裁官。他还对产生“窜改”“攘窃”说的史源一一作了辨析，还原了历史真实。②

朱端强自 1982 年起，就一直专注万斯同研究。③ 其中，《万斯同史学平议》一文响应黄爱平之说，评判万斯同修纂《明史》之外史学成就的得失，认为万氏在补作旧史、学术史、考据学三方面堪称清代史学的奠基人之一，但也存在严重缺陷，如其宋元史研究颇多封建忠义思想和落后性，前人对万氏史学评价过高亦有待商榷。黄、朱二人能不人云亦云，敢于异议，秉持客观精神，意味着学术研究进一步走向自觉、理性与成熟，恰如其分地折射出 90 年代学术研究热衷“反思”的气氛。

---

① 钱茂伟：《浙东史学研究述评》，第 298—299 页。

② 相关论文可见黄爱平《王鸿绪与〈明史〉纂修——王鸿绪“窜改”、“攘窃”说质疑》（《史学史研究》1984 年第 1 期）、《万斯同与〈明史〉》（《史学集刊》1984 年第 3 期）、《明史稿本考略》（《文献》第 18 辑，1983 年）、《〈明史〉纂修与清初史学——兼论万斯同、王鸿绪在〈明史〉修纂中的作用》（《清史研究》1994 年第 2 期）。

③ 朱端强本科论文即是《万斯同年谱略》，硕士学位论文为《万斯同史学述评》，90 年代又刊发了《万斯同史学平议》（《云南师范大学学报》1992 年第 4 期）、《万斯同史学渊源论略》（《云南师范大学学报》1993 年第 5 期）、《万斯同〈历代史表〉考论》（《云南师范大学学报》1994 年第 6 期）、《万斯同明史修纂思想条辨》（《南开学报》1996 年第 2 期）。

香港学者的研究集中于 80 年代，以曹光明为代表，他撰有《万季野的史学背景》（《书目季刊》1981 年第 3 期）、《万季野的史学》（《"国立编译馆"馆刊》1981 年第 2 期）、《万季野史学中的辨伪办法》（《"国立编译馆"馆刊》1981 年第 1 期），较系统地探索了万斯同史学的历史背景、经世思想以及知人论世、客观谨慎的修史原则与史学观。台湾的研究则以 90 年代为主，主要成果有林舜华的《万季野及其史学》（高雄师范大学硕士学位论文，1992 年）、郑吉雄的《万斯同的经世之学》（《台大中文学报》第 8 期，1996 年）。前者重点阐释万氏的修史历程及史学成绩，并追溯其史学渊源，对王鸿绪"攘窃"说也有详尽考证。后者则从制法、尊史、气节三方面诠释了万氏的经世精神。

在经学研究的回温中，万斯大的经学逐渐受到关注。方祖猷、林庆彰以经学研究惯用的阐释法论述了万斯大的治经成就。① 其中，"以经解经""以传证经""属辞比事"成为对万斯大治经方法的概括。

这 20 年的万斯同及万氏家族研究，标志性的成果当属方祖猷的《万斯同评传》（南京大学出版社 1996 年版，后附《万斯大评传》）。该著乃万氏兄弟的第一部专传，其中《万斯同评传》全面系统论述了万斯同的生平家世、哲学、经学、史学、编纂学及考证学思想，触及多处学界未注意或忽略的学术空白。在文献利用上，利用了天一阁、上海图书馆等大量珍稀史料。而且，书中关于"万氏家世、生平诸章，以及附录之'万斯同著作考述'、'天一阁藏万斯同《明史稿》考述'，考证精当，尤见作者功力"②。《万斯大评传》虽较简要，只论及其生平及经学，但系开创之作，意义非凡。

在第二阶段，尽管对万斯同史学的讨论仍是重点，但已出现不同声音，如为王鸿绪"窜改""攘窃"说辩误，肯定其对《明史》纂修的重要贡献。同时，对万斯同思想的解读，也逐渐从史学扩展到经学、哲学视野下的审视。而对万斯大经学的关注，也说明万氏家族的意义渐受重视，预示着下一阶段的新转向。

---

① 参见方祖猷《论万斯大的〈春秋〉学》（《宁波大学学报》1991 年第 1 期）、林庆彰《万斯大的春秋学》（《清史研究》1994 年第 2 期）。

② 申屠炉明：《读〈万斯同评传〉、〈全祖望评传〉》，《史学集刊》2000 年第 2 期。

三 多元视野中的万斯同及万氏家族研究

与前一阶段相比，新世纪以来的万斯同与万氏家族的研究，最显著的转变是充分利用珍贵文献，并全面整理《万斯同全集》。在关注视点上，也实现了多元化的扩散。可以说，最近 10 余年的万斯同及万氏家族研究，除了延继、细化万斯同与《明史》纂修外，在史料、视野、方法方面均有了超越前代的拓展。

（一）天一阁藏万斯同《明史稿》研究

天一阁藏《明史稿》以其珍藏罕见和被推测为万斯同手稿，长期以来为学界所瞩目。但稿本以善本深藏，鲜为学人研用，因而以往学界对天一阁藏万斯同《明史稿》在《明史》版本体系中居于何种地位，认识较为模糊。有鉴于此，中国社会科学院历史所与天一阁合作，开展《天一阁藏〈明史稿〉整理与研究》，因这一机缘，诞生出多篇研究论文，主要讨论该书的文献价值以及是否为万斯同原稿。如万明、解扬指出："天一阁藏《明史稿》中第一册至第五册、第九册出自万斯同之手，其余册则由书手誊抄，最后经万氏两番修订，形成如今我们所见的面貌。"又该书"具有清修《明史》重要底本的性质，拥有其他《明史稿》和《明史》所不具备的独特的文献价值"[1]。黄爱平从史馆分工情形、有关文献记载、史稿书法体例诸方面考察分析，并与现存纂修官分撰稿相互比勘，认定该书系"康熙时期明史馆纂修诸人所撰，经万斯同多次修改的未定稿"[2]。方祖猷则提出天一阁藏《明史稿》是现存唯一一部有关《明史》的万斯同手稿，并推断出《明史》列传部分的撰修线索：张廷玉《明史》以王鸿绪稿为主要底本，王稿以万斯同专修列传时所撰的万稿为主要底本，而万氏在专修列传时所撰万稿，又采纳他在任刊修时的徐稿为主要底本。而徐稿之成，又据万氏自己所撰列传和增损其他纂修官之稿而成。[3]

---

[1] 万明：《天一阁藏〈明史稿〉的整理及其史料价值》，《河南师范大学学报》2009 年第 1 期。

[2] 黄爱平：《天一阁藏万斯同〈明史稿〉的性质和地位》，《河南师范大学学报》2009 年第 1 期。

[3] 方祖猷：《天一阁藏万斯同〈明史列传稿〉的整理及其在〈明史〉纂修中的意义》，《河南师范大学学报》2009 年第 1 期。

此外，李开升考辨了存世文献中提到的万斯同《明史稿》的八个版本，李春博将复旦大学所藏万斯同《明史稿》与天一阁所藏版本进行了比较，谷敏则辨析了天一阁藏《明史稿》中的朱笔校语校迹。其他如张金奎《天一阁藏稿本〈明史稿〉之〈忠义传〉两题》、陈时龙《天一阁藏〈明史稿·罗汝芳传〉初探》、廉敏《天一阁藏〈明史稿〉第六册〈郝杰传〉在几种版本中传文的变化》、张兆裕《天一阁藏稿本〈明史稿·赵佑传〉的整理及相关问题》、王孙荣《万斯同〈明史稿·孙矿传〉订正》等利用天一阁藏《明史稿》以个案方式推进了相关问题的研究。衣若兰《〈明史〉稿本探研：从万斯同〈明史〉稿到四库本〈明史〉》（明代典籍研读计划，2003 年）与钱茂伟《〈明史〉万稿与王稿类传的异同》（《社会科学辑刊》2013 年第 3 期）涉及《明史》稿修纂的过程与不同版本的对比。

在史料出土方面，还值得一提的是《鄞江送别图》的发现。1999 年，宁波天一阁博物馆得到捐赠的《鄞江送别图》。此图绘于康熙三十八年（1699），作者为四明陈韶，表现的正是康熙十八年（1679）万斯同、万言叔侄北上预修明史，诸黄门弟子、旧交等为之饯别的历史事件，对研究万斯同与清初史学、浙东学派以及人物肖像画艺术，提供了宝贵的实物资料，具有重要的历史和艺术价值，其发现故而轰动一时。周永良《〈鄞江送别图〉考析》（《东南文化》2003 年第 7 期）、《〈鄞江送别图〉与万斯同、万言叔侄北上预修〈明史〉》（《东方博物》2004 年第 2 期），赵维扬《万斯同与〈鄞江送别图〉考述》（《浙东文化集刊》2005 年第 1 期）等均对此图有详细考述。

（二）史学思想外对万斯同的考察

除观测万斯同的史学思想外，不少学者以自己的学科背景与关注点阐发了万斯同的交友网络及哲学、文学思想，从而开辟出新的课题。关于交友网络的研究，逐步梳理了万斯同思想的内承与外传。所谓内承，主要指承传黄宗羲之学。据这时期的研究，其绍继除史学外，在治学途径、知识结构，以及启蒙民主主义意识、民族主义精神等层面，也深受梨洲的影响。① 在外传方面，如朱义禄《万斯同与李塨》（《万斯同与〈明史〉》，

---

① 范立舟：《万斯同对黄宗羲思想的继承与发挥》，《浙江学刊》2001 年第 6 期。

宁波出版社 2008 年版）也考察出李塨的学术思想很大程度上得益于与万斯同的交往。陈其泰、屈宁指出温睿临的《南疆逸史》以"纪略"起到"本纪"的作用，与清朝官方"深没南明"的做法形成鲜明对照；在列传的撰写和编排上，突出忠臣义士的功绩，这些均深受万斯同故国之思和信史精神的影响。①

随着研究的深入，许多史学史学者不满于就《明史》谈论万斯同的史学，开始从其他著述进行俯瞰。朱端强以《宁波府志》观察其思想的更变，认为以此次编纂地方史志为起点，万氏走出隐居，关注家族和地方"忠义"的史学特征，开始与清廷合作并最终决定参修《明史》。② 杨丕丞、赵连稳分别以《群书疑辨》《历代史表》为中心，揭橥了万氏"贵征实"的治史主张，及其史著中渗透出的"经世致用""民族大义"的治学宗旨与精神风貌。③

在清代文学的发掘理路中，清初史学家的文学也进入学者的视野。这一时期，文学研究者对万斯同的关注主要聚焦于他的《新乐府》，相关论文有林彩桂《万斯同〈新乐府〉研究》（台湾逢甲大学硕士学位论文，2007 年）、张煜《万斯同〈新乐府〉对白居易〈新乐府〉的因革》（《乐府学》第四辑，2009 年）。在他们看来，万氏《新乐府》绍述《春秋》笔法，继承了白居易《新乐府》的讽喻精神，彰显出"实录直书""褒善贬恶"的特征，具有珍贵的史料价值。管凌燕、张如安《清初甬上的"诗史"思潮与万斯同的"诗史"创作》（《万斯同与〈明史〉》，宁波出版社 2008 年版）则在肯定《明乐府》史识有余的同时，以文学角度指出其诗情不足，艺术色彩较为逊色。而周慧惠《万斯同文学思想浅探》（《万斯同与〈明史〉》，宁波出版社 2008 年版）从文学的功能论、创作论、鉴赏论三方面整理归纳万斯同诗歌的艺术特色，认为万氏继承了传统儒家文论，又受遗民心态、哲学思潮等影响，其文学思想展示出创新求变的特点，在清初文论中具有承前启后的地位。经过这一角度的挖掘，万氏

---

① 陈其泰、屈宁：《故国之思与信史精神——万斯同、温睿临与〈南疆逸史〉的编纂》，《河北学刊》2009 年第 2 期。

② 朱端强：《万斯同与地方史志》，《云南师大学报》2001 年第 5 期。

③ 杨丕丞：《由〈群书疑辨〉论宋史，探讨万斯同之史学精神》，台湾《中州学报》第 16 期，2002 年；赵连稳：《万斯同〈历代史表〉考察》，《山西师大学报》2007 年第 5 期。

的文学带有浓厚的史学色彩渐成学界共识。

受经学研究热潮的波及，从文献学角度对万斯同经学著述的考辨也不在少数。宫云维、陈隆予等人的考证，涉及《庙制图考》《石经考》《讲经口授》《群书疑辨》《石园文集》的版本源流、成书时间及文献价值，解决了相关文献问题，为万斯同著述的整理积累了成果。①

此外，较有新意与创见的论文还有赵连稳《万斯同编辑思想论述》、周永良《万斯同金石文字研究及其学术思想》、乐承耀《万斯同的政治思想探微》等从图书编辑学、金石文字学、政治学等角度，发掘万氏史学外的众多思想成就。而沈一民《试析〈四库全书〉和〈四库全书总目〉对万斯同的评价》、詹海云《从清人的万斯同传记谈万斯同的学术研究问题》（均见《万斯同与〈明史〉》）分别以《四库全书》和清代传记资料为基点，从接受史角度考察后人对万斯同的评价，反过来有裨于全面认识万氏的学术思想。

（三）万斯大经学及万氏家族的研究

在经学研究持续回温的过程中，与前一阶段相比，学界对万斯大礼学、经学成就的关注愈加炽热。其中，大陆的研究以中国社会科学院梁勇为代表，其所撰《万斯大及其礼学研究》既考察万斯大研究《春秋》《三礼》的学术轨迹，又逐篇论述万斯大《学礼质疑》《周官辨非》《仪礼商》《礼记偶笺》的学术特色与地位，通过两方面互证，肯定了万斯大在清初振兴礼学的开创之功。②

台湾则以林颖政的《万斯大及其经学研究》最具典型。该著一方面考述了万斯大著述的存佚状况；另一方面亦剖析了万氏在《春秋》学、《礼》学研究上的造诣。颇为可叹的是，作者以沉潜之功制作了万斯大的书信表、著作总表、师友交游年龄表，以及万氏家族的宗谱表、著作存佚总表、家族生卒及碑传总表等众多附表，还附录《万斯大同年历史大事纪表》《万斯大师友关系简录》及《万斯大遗文辑编》，再现了万斯大及万氏家族清晰的历史原生态，对认识万氏家族均有重要意义。③

---

① 宫云维：《万斯同经学著作补考》，《浙江学刊》2009 年第 2 期；陈隆予：《万斯同〈石经考〉版本源流及馆藏抄本考述》，《河南图书馆学刊》2012 年第 3 期。

② 梁勇：《万斯大及其礼学研究》，中国社会科学院硕士学位论文，2000 年。

③ 林颖政：《万斯大及其经学研究》，高雄师范大学硕士学位论文，2007 年。

至于对其他万氏成员及整个家族的关注，与之前相比无疑有了进步，但仍很薄弱。值得一提的是邢万全《士风和世俗——以 16—18 世纪鄞县万氏为个案的考察》以甬上万氏为切入点，运用文化空间和传承网络系谱的理论，来展现鄞县的世俗和士风，进而寻绎家族与地域文化之间的内在互动。[①] 加拿大学者卜正民（Timothy Brook）在阐释明清家族士绅霸权的脉络中，涉及宁波万氏的社会生活，颇具新意。[②] 这些视阈与路径，均值得今后取法。

新近十年的万斯同研究，出现了三大盛事。一是朱端强《万斯同与〈明史〉修纂纪年》（中华书局 2004 年版）与《布衣史官——万斯同传》（浙江人民出版社 2006 年版）的出版。其中，《修纂纪年》的学术价值表现为：第一，在编纂方法上，体例严谨，首尾完备。全书采用纲目自注体，简述考释结论，体现了行文简洁、概括突出的特点。第二，内容围绕万斯同的家世、交游、著述与《明史》修纂的过程、制度两大主题，纵横联系，构成互动的统一体。第三，在资料方面，援引宏富，考证翔实，并增补众多新内容。第四，对万氏生平及其修史问题进行了深入、细致的探讨，提出了自己独到的见解。例如，历来学者多认为万斯同是以"遗民"身份参修《明史》。作者通过大量史料，分析万斯同思想前后的变化，揭示了万斯同从梨洲之学向北方颜李学派的转化，从拒不仕清的"遗民学人"转向自愿参加官修史志活动，用动态、变化的眼光来研究万斯同其人其事，无疑是作者的发见。[③]《布衣史官——万斯同》一书则重点描述万斯同布衣修史的过程，凸显这位明史大家独特的学术人生和时代背景，堪与方祖猷的《万斯同评传》相媲美。

二是国际性万斯同学术研讨会的召开。2008 年，适值万斯同诞辰 370 周年，"万斯同及《明史》编纂国际学术研讨会"在宁波举行，会后出版了《万斯同与〈明史〉》（宁波出版社 2008 年版）。上册收录会前民国、现当代关于万斯同研究的重要论文；下册则是会议论文集萃，呈现了万斯

① 邢万全：《士风和世俗——以 16—18 世纪鄞县万氏为个案的考察》，宁波大学硕士学位论文，2009 年。

② ［加］卜正民：《家族承续性与文化霸权——1368—1911 年的宁波士绅》，收入许纪霖主编：《公共空间中的知识分子》，江苏人民出版社 2007 年版。

③ 段润秀：《简评朱端强〈万斯同与明史修纂纪年〉》，《历史教学》2006 年第 1 期。

同研究的历史轨迹及最新动态。

三是方祖猷整理的《万斯同全集》（宁波出版社 2013 年版）的问世。该书收录了目前所能见到的万斯同全部著作，并附万斯同墓志铭、年谱、小传及师友唱和，可谓集文献之大成。其中，所收天一阁藏《明史列传稿》，极少为人过目，谢国桢等学者一直称作《明史稿》。其实，此稿仅有列传，无本纪、志、表，实为《明史列传稿》。通过万氏原稿，可了解从最初徐乾学兄弟任总裁时的《明史》徐稿，经万斯同《明史列传稿》、王鸿绪《明史稿》，到张廷玉《明史》四者的异同，有助于窥见康雍乾三朝明史馆在修史中的演变过程。同时，全集对万氏各部作品的历代存世版本进行了精心考证，以较好呈现版本为底本，参考其他异本，并出《点校说明》和《校记》，不仅考证各书的成书时间，且纠正原著中的一些讹字及与史实不符的错误。此为万斯同著述的第一次整理，填补了文献上的空白，对全面深入研究万斯同著作与学术、思想具有重要价值。

四　反思与出路

近百年的万斯同与万氏家族研究，前赴后继，形成了三代学者群体。其中，第一代以陈守实、陈训慈为中心；第二代以方祖猷为主力；第三代则以黄爱平、朱端强为代表。其中，宁波籍学人在各阶段皆起了重要作用。三代之间的研究既有交融，也有差异。相同之处在于均热衷阐释万斯同对《明史》修纂的贡献，考辨天一阁藏《明史稿》的作者，前后相续完成《万斯同年谱》的编撰。差异则大致表现在，第一代侧重万斯同生平的梳理，考证王鸿绪攘窃、窜改万氏《明史稿》，处于学术的初步、滥觞期；第二代逐渐深化、细究万斯同的史学思想，并撰写万斯同传记；第三代综合万斯同的史学、学术、文学思想，同时对先前观点有所修正、补充。

百年之间的万斯同研究，也凝聚成以中国社会科学院历史研究所、中国人民大学、宁波大学为中心的学术重镇。前两个单位的学者以明清史方向居多，关注全国视域下万斯同与《明史》等大课题。后者的研究学人擅长从浙东文化的地域背景出发，倾向万氏家族的传承与文化成就的考察。各地学者从不同领域共相推进万斯同与万氏家族的研究，取得了不菲的学术业绩。尽管如此，当前研究仍存在不少增长空间。

其一，对其他万氏成员的研究严重不足。尽管万氏家族以万斯同、万斯大学术最显，但无论早期的万表、万达甫、万邦孚，还是万泰、"万氏八龙"，以及后来的万言、万承勋，在诗文、经史上皆有自得之处。这些人物研究的隐没，遮蔽了他们在这些领域的深广内涵，也难以窥视万氏由军功转向斯文的密码，同样不利于把握明清浙东学派中的家族因素。

其二，突破固定单调的研究视野。目前对万斯同、万斯大的关注，扎堆于史学史、文献学、经学、文学的视角，所讨论的核心基本围绕在《明史稿》及史学、经学、文学思想领域。其实，除经史之学外，万斯同也继承了梨洲的理学、改革思想。尤其是其涉及社会改革的言论，因言辞激烈，长期被官方封杀。如他认为"夫物极则必变，吾子试观今日之治法，其可久而不变耶"，谴责当时社会流极之弊，却无一人敢于承担，"上何以承天之意，下何以救民之患哉，则讲求其学，以需异日之用，当必在于今日矣"①。这些观点，早已越出一般关怀民生的经世致用思想，需继续深掘，重新诠释。

其三，相关学术悬案及盲点仍待解决。如万斯同交友广泛，其交友网络对他人及自身思想的形成有何影响？时代世运、地域学统对万氏的学术著述、文学创作影响又如何？万氏家族对甬上学术及浙东文化的建构意义究竟如何？均尚未得到很好的解释与关注。更细致地说，如关于万斯同的学术渊源，世人皆知导源于黄宗羲，视其为继黄氏之后清代浙东学派第二代史学大师。其实，万斯同的思想还曾受到慈溪潘平格的巨大影响。潘氏之学重在"求仁复性""笃志力行"，与梨洲针锋相对。万斯同与之当面争辩后，深表敬佩，并将潘氏著作带回宁波，在同学中传布。甚至有学者指出，万斯同曾一度沉迷于潘氏之学，后来虽屈从师命，但其内心并没有完全去除潘氏思想的印痕。对潘氏之学的认识，改变了万斯同的哲学体认与为人处世的态度。② 可见，剥离万斯同学术的多股源头，能更好理解万、黄思想的异同，观识万氏继承、超越梨洲之学的具体所在。

---

① 万斯同：《石园文集》卷七《与从子贞一书》，《续修四库全书》第1415册，上海古籍出版社1995年影印本，第513页。

② 朱端强：《布衣史官——万斯同传》，浙江人民出版社2006年版，第109—112页。

第三节 诠释多元与思想语境：百年来
全祖望解读的学术史轨迹

全祖望（1705—1755），字绍衣，号谢山，鄞县（今浙江宁波）人，清代著名的史学家、经学家、文学家和思想家。乾隆元年（1736）进士，选翰林院庶吉士，次年返乡专事著述，后曾短暂主讲浙江蕺山书院、广东端溪书院。全氏私淑黄宗羲，与杭世骏、李绂等人交谊至笃，一生贫病却笔耕不辍，先后撰有《鲒埼亭集》38 卷、《外编》50 卷、《诗集》10 卷，又三笺《困学纪闻》，七校《水经注》，补修《宋元学案》，续选《甬上耆旧诗》，在史学、经学、文学领域，造诣堪称一代之选，故阮元称他："经学、史才、词科三者，得一足以传，而鄞县全谢山先生兼之。"①

在清代浙东学派史上，全祖望上绍黄宗羲、万斯同，下开章学诚、邵晋涵，是承前启后的第三代学术宗师，也是清代学术由宋学转向汉学的关键人物。因而无论生前身后，全氏之学皆为历代学者高度关注，涵盖其经史、文学、注释学、图书编撰、教育思想等众多成就。近现代以来的全祖望研究也不断拓展、增补旧说，并在不同时期呈现出不同的研究风貌。俞樟华、潘德宝已从生平事迹、著作整理、学术贡献、史学思想、民族思想五方面综述百年来的全祖望研究。② 但这一横向的视野未能很好地体现研究史的动态。故有必要以时间、特点为坐标，结合近现代的社会背景与学术的内在演进，再次对百年全祖望研究作出评议，为今后研究提供新的动力和支点。

百年全祖望研究，可分三大阶段：1980 年代之前处于初创期，是为第一阶段，大体为基础性与开创性的文献考述，重点勾勒、考证全祖望的生平与著述，研究者大多为史学家；1980—1990 年代为第二阶段，对全祖望的研究逐渐展开与深入，全氏的诸多成就陆续得到展现；2000 年至今为第三阶段，全祖望研究渐成显学，论文数量急剧增多，研究群体愈加庞大、多样，不仅全氏著述的汇校整理终成正果，研究的视野与方法也异

---

① 阮元：《经史问答序》，《全祖望集汇校集注》附录，第 2734 页。
② 俞樟华、潘德宝：《百年全祖望研究综述》，《古籍整理研究学刊》2008 年第 5 期。

彩纷呈，对全祖望有了更全面、真实的理解。当然，其中仍存在误解、缺罅，需今后匡正与补足。

一　生平勾勒与著述考证

作为清代浙东学派的中坚人物，全祖望与黄宗羲、章学诚等大思想家、史学家一道较早进入近代学者的视阈。早在 1905 年，刘师培就发表了《全祖望传》（《国粹学报》第 11 期），标志着 20 世纪全祖望研究的开端。小传对全祖望的生平与著述作了介绍，还说"祖望虽委赞本朝乎，然高风亮节，卓立人表，其心殆未尝一日忘明也"，同时针对世人忽略全氏表彰民族义士之功，遗憾地说："祖望生雍、乾之间，诛奸谀于既死，发潜德之幽光，其磊落英多之节有足多者，后人以儒林目之，岂祖望之志哉。……然祖望表章节烈之功，则固诸子所不逮也。"[1] 可以看出，刘氏对全祖望表彰南明烈士尤为歌赞，甚至将这一行为解读为全氏素负反清思想。刘师培的这种解读，实与借文号召反清革命不无关系。其后，梁启超在《中国近三百年学术史》中将万斯同、全祖望单列"清初史学之建设"一章，重点评点全祖望的学行与著作，认为全祖望是继黄宗羲、万斯同之后浙东第三大史学大师，其著述"真无一字理障"，学术全体"可以说是超过王学的"，尤其是《宋元学案》"虽属梨洲创始，而成之者实谢山"[2]，且特色独具，评论客观，超越了《明儒学案》。在当时学界倡导国学"救国救民"的旨愿下，梁氏也继承刘师培的观点，极力夸掖全祖望为南明义士写碑传，肯定其文章的史料价值。此外，他还对全氏之文喜爱有加，"若问我对于古今人文集最爱读某家，我必举《鲒埼亭》为第一部了"。梁启超的这些观点多为后人所援引，可谓影响深远。

1932 年，清华大学研究生蒋天枢在陈寅恪、梁启超指导下，完成毕业论文《全谢山先生年谱》，成为当时研究全氏生平的代表作，特别是该谱将全祖望生平行迹分为四期，"于先生思想变迁，甚为清晰。即考证原

---

[1] 刘师培、梁启超：《中国中古文学史讲义·中国近三百年学术史论》，时代文艺出版社 2009 年版，第 297 页。

[2] 梁启超：《中国近三百年学术史》，第 97 页。

谱错误，亦见蒋君致力之深"①。蒋天枢又有《全谢山先生著述考》（《国立北平图书馆馆刊》第 7 卷第 1、2 号，1933 年），对全祖望的所有著述及其流传过程有一清晰、全面的考察，指出全氏著书总计 15 种，尚有存目数种。周劭的《谈杭世骏与全谢山》（《越风》1936 年第 16 期）、《清代民族史家全谢山》（《大风》1939 年第 54 期），獭祭的《爱国史家全祖望》（《益世周刊》1947 年第 8 期）等文，与刘师培的记载相近，简练概述了全祖望的一生。另一些学者也对浮掠在全祖望生平中的疑点专有考证，如孟森《鲒埼亭集公案》（《青鹤》杂志第 5 卷第 14、15、16 期，1937 年）认为清人徐时栋的《记杭董浦》记载杭世骏晚年与全祖望交恶一事，大致可信，唯所谓交恶之情形，过于夸张，而杭世骏也未有窃全祖望文章之举。海巢《补鲒埼亭集公案》《再补鲒埼亭集公案》（《学海月刊》第 1 卷第 2、4 册，1944 年）则考述了全祖望晚年未得"恶疾"、至扬州治病两事。

抗日战争爆发，许多学者逐渐转变治学路径，寻求学术救国，经世致用，以激扬民族精神。在这一背景下，陈垣撰写了多篇关于全祖望的札记与考辨，代表作有《全谢山联姻春氏》（《大公报文史周刊》1946 年第 3 期）《书全谢山〈先侍郎府君生辰记〉后》（《辅仁学志》1942 年第 1 期）《书全谢山〈分修诸子考后〉》（《大公报·文史周刊》1947 年第 17 期）《全谢山〈与杭董浦论金史第四帖子〉后》（《益世报》1948 年第 48 期）等，其论述继承清学传统，又能高明发之，阐发全祖望的思想，表彰全祖望的民族气节和爱国精神，的然大家之笔。受乃师影响，柴德赓撰《〈鲒埼亭集〉谢三宾考》（《辅仁学志》1943 年第 1 期），对谢三宾的晚节不保、两次降清予以严厉批判，后又发表《全谢山与胡稚威》（《辅仁学志》1947 年第 1、2 期）。

步踵"整理国故"运动的轨辙，从 1943 年起，胡适开始研究《水经注》，重提清人指认《全校水经注》"作伪"一事，撰成《全氏七校〈水经注〉辨伪》，证明《全校水经注》的题词系伪作。1947 年，他得知天津图书馆藏有全氏五校本，借阅后，撰文承认七校本的真实性，但胡又提出："谢山的《五校水经注》全是批在东潜（赵一清）亲笔写定的《水

---

① 太玄（马准）：《读全祖望先生年谱》，《燕京大学图书馆报》1934 年第 61、62 期。

经注》新校本的上面，全是建筑在东潜写定的空前新校本之上的。"又制造"全袭赵"的疑案。胡适的"大胆假设、小心求证"固有可取，但疑心太重，假设过于大胆，助澜了后世对此案的聚讼纷纭。

1950—1980年的30年间，大陆政治运动频仍，学术研究处于荒芜期。与之相应的是，关于全祖望的研究寥寥可数，较有学术意味及代表性的有黄云眉的《试论全祖望的表彰明季忠义及其文学的特征》（《文史哲》1958年第2期），从文学视野评论全祖望碑传文的文学特点，开辟了全祖望研究的新领域。顾颉刚《全祖望〈水经序目〉》（《顾颉刚读书笔记》，1959年），继胡适之余波，对全校《水经注》探讨有了进一步推进。王可风《清代全祖望怎样搜集作家手稿》（《中国档案》1958年第3期）与谢国桢《关于全祖望鲒埼亭集之题跋》（《明清笔记谈丛》1960年版）分别对全祖望的治学方法与《鲒埼亭集》的史料价值作了浅述。而徐光仁《全祖望在清代史学的贡献》（《学术研究》1963年第2期）则归纳了全祖望续补《宋元学案》、辑佚和校勘、为抗清志士作碑传的三大学术贡献，是当时不可多得的学术论文。

1950年代后，大批学者渡海台湾，其中不少人仍热衷全祖望的研究，胡适《赵一清与全祖望辨别经注的通则》（中研院，1954年）、《所谓〈全氏双韭山房三世校本〉水经注》（《胡适选集》考据分册，文星书店1966年版）延继在大陆时的兴趣，再度探索全祖望与《水经注》的关系。值得注意的是，随着学术研究的深入，台湾学者已不满足于一般的生平介绍，他们重点剖析了全祖望的史学、教育思想与学术成就。杜维运《全祖望之史学》（《"中央"日报》1958年9月22日）对全氏治史的特点、学术成就和学术地位作了细致论述，开台湾研究全祖望史学之先。程光裕《〈鲒埼亭集〉中宋史史料考释举例》（《大陆杂志》1960年第5期）与甲凯《由〈鲒埼亭集〉看全祖望的史学》（《"中国历史学会"史学集刊》1973年第5期）、《全谢山的风骨与史学》（《辅仁学志》1977年第17卷）也深度阐发了全祖望或《鲒埼亭集》的史学思想。王万福《全谢山端溪讲学及其影响》（《史学汇刊》1962年第5期）、费海玑《全祖望及其教育思想》（《东方杂志》1967年第6期）发掘出全祖望的教育活动及其对教育管理的独特见解，开拓出全祖望教育思想的研究。钱穆《黄梨洲的〈明儒学案〉、全祖望的〈宋元学案〉》（《文艺复兴月刊》1970年第30

期）则较早对黄宗羲原著、全祖望补修的《宋元学案》的体例、特色、价值有一通观介绍。

纵观第一阶段的研究，民国学者多接续清代朴学传统，重点勾勒全祖望的生平与著述，同时面临内忧外患的民族危机，往往表彰全祖望为南明义士作传，甚至称全氏为民族史家、爱国史家，并以其气节精神相砥砺，鼓舞民族意识。进入 1950 年代后，台湾地区学者深掘全祖望的史学、教育思想，水平高于同时期的大陆研究。尤其是杜维运等人的论述，预示着全祖望的史学思想、《宋元学案》的学术价值将成为后一时期的研究热点。

二　学术思想的争论与阐发

1980 年以来，中国学术步入正轨。在现代化的探索中，如何寻求传统与现代的链接，成为全社会的焦点。在这一过程中，学界重新整理、发掘传统文化的价值。作为清代学术重要一环的全祖望研究亦随之水涨船高，研究内容涉及全氏的民族、史学、文学思想，还出现《宋元学案》讨论的小高峰。

其中对于全祖望是否有民族思想，展开了往来争锋。谢国桢《清代卓越的史学家全祖望》（《清史论丛》第二辑，1980 年）高度评价了全祖望民族气节的思想和精神。仓修良不同意谢说，认为全祖望"生于清代，长于清代，……与其说是出于故国之思的民族思想，不如说是出于史家忠于史实、据事直书的直笔精神更加接近于事实"①。高国抗、侯若霞《全祖望"素负民族气节"异议》指出《鲒埼亭集》虽然表彰气节，但不能说明全祖望素负民族气节，结合其生平，该文认为全氏并不反清，反而有歌颂清朝的文字，且其文集的主旨实在于颂扬忠孝。② 此文观点异新，影响较大，引起了辩驳。方祖猷《全祖望民族思想辩》从全祖望的家世探源，承认其有亡明之痛，其众多声泪俱下、感情丰沛的碑传文，正是他内心的真实写照。在清廷残酷的"文字狱"下，全祖望只能打着"忠"的

---

① 仓修良：《中国古代史学史简编》，黑龙江人民出版社 1983 年版，第 492 页。

② 高国抗、侯若霞：《全祖望"素负民族气节"异议》，《光明日报》1983 年 1 月 26 日。

旗号。① 徐光仁《论全祖望素负民族气节》也肯定了全祖望的民族气节，并强调《异议》一文将全祖望激励士气的客观效果与主观民族思想分离有失偏颇。② 吕建楚《略论全祖望》则同意《异议》的观点，认为全祖望碑传文有激励人的客观效果，却无故国之思，并联系全氏汲汲于科举功名，又表彰清朝官员的丰功伟绩，更说明他非"素负民族气节"。③ 陈永明《全祖望及南明人物转》认为全祖望因仰慕先贤才写下大量的南明人物传，其着眼点不再是政治上认同明朝，也未继承他们的反清观念，而是从道德、儒家观念歌赞气节，以正人心。文中提到中国传统并非单以种族为参照，更重要的是以文化异同为考虑标准，解读较有新意。④ 其实，对于全祖望是否素负民族气节，足可仁智各见，或许仓修良与陈永明从史家精神与文化观念的解释，更有说服力，也启思良多。全祖望民族思想的热烈讨论，也正折射出拨乱反正时期学术研究的徘徊与开新的冲突。

80 年代中期尤其是 90 年代以来，在中西文化的再度握手，兼及"文化热"与第一波"国学热"的助推，学术研究逐渐摆脱泛政治化的影响，其独立性日渐凸显，并初步形成自身的话语系统。关于全祖望是否素负民族气节的论题基本淡出研究视野，学者们逐渐加深对全祖望史学、哲学、学术思想的探讨。其中关于全祖望的史学思想与史学方法的有，方祖猷《试论全祖望的史学思想》集中讨论了全祖望的历史观、方法论与史学思想，尽管带有阶级观的评判标准，如指出全氏虽站在地主阶级立场反对农民起义，但有民本主义和人民性思想。然而，研究已逐步向客观学术转型，认为全祖望继承"势"的历史观，比天命观、英雄史观更有进步意义。同时，其史学著作还带有浙东史学不尚空谈的特色。⑤ 张丽珠的《全祖望之史学研究》主要探讨全祖望史学的形成过程、史学特色及其价值，指出其史学是以史教忠、崇尚气节、以文明道的道德史学，其史学特色表现为富于史识、谨于史法、长于史论、善于史裁。⑥ 赵宗正《万斯同、全

---

① 方祖猷：《全祖望民族思想辨》，《宁波师院学报》1984 年第 3 期。
② 徐光仁：《论全祖望素负民族气节》，《社会科学研究》1986 年第 4 期。
③ 吕建楚：《略论全祖望》，《历史教学问题》1985 年第 6 期。
④ 陈永明：《全祖望及南明人物转》，载《论浙东学术》，中国社会科学出版社 1995 年版。
⑤ 方祖猷：《试论全祖望的史学思想》，《浙江学刊》1984 年第 1 期。
⑥ 张丽珠：《全祖望之史学研究》，高雄师范大学硕士学位论文，1988 年。

祖望的经世史学思想》（载陈鼓应等主编《明清实学思潮史》，齐鲁书社
1989 年版）与谢凯蒂《全祖望之史学经世研究》（台湾政治大学硕士学
位论文，1992 年）也揭示出全祖望注重史学的经世致用特色。郑吉雄
《论全祖望"去短集长"的治学方法》（《台大中文学报》1999 年第 5 期）
从治学方法窥探全祖望包容会通、不主一家的史学气度。

　　在历史文献学方面，顾志华《试论全祖望在历史文献学上的成就》
认为全祖望首倡从《永乐大典》中辑佚文献，并七校《水经注》，三笺
《困学纪闻》，编《天一阁碑目》，辑《续甬上耆旧诗》，保存了大量的珍
贵文献。① 金伟《〈鲒埼亭集〉的学术价值》指出全祖望对史料注重博
采、慎择、精考，对历史编纂学意义极大。② 曾贻芬《全祖望的史学与
"七校""三笺"》发掘出全祖望校书不改原文，改动亦慎重的普遍原则，
反映了史家校书的特点。③ 陈桥驿《全祖望与〈水经注〉》表举全祖望校
勘《水经注》的五大贡献。④ 李向军《全祖望治史述论》（《辽宁大学学
报》1984 年第 5 期）、夏长朴《全祖望的学术思想》（《台北市女子师范
专科学校暑期部学报》1984 年第 5 期）、杨启樵《全谢山其人其事》
（《新亚学报》第十五卷，1986 年）等文也均涉及全祖望治史的成就。此
外，詹海云《全祖望的理学思想》（国际暨第三届清代学术讨论会，中山
大学（高雄），1993 年）、杨布生《全祖望教育活动述评》（《宁波师院学
报》1991 年第 1 期）对学界关注较少的全祖望的理学、教育思想作有精
到的评述。

　　这一时期，学术史研究成为学界研究热点，对《宋元学案》这部宋
元学术史著作的研究也蔚然成风。卢钟锋连续发表《论黄宗羲、全祖望
的学术倾向》（《史学史研究》1986 年第 1 期）、《论〈宋元学案〉的编
纂、体例特点和历史地位》（《史学史研究》1986 年第 2 期）、《宋元时期
理学的论争与〈宋元学案〉的理学观点》（《文史哲》1986 年第 3 期）、
《论〈宋元学案〉、〈明儒学案〉的理学史观点》（《孔子研究》1987 年第
2 期），从学术史角度对此书的成果过程、体例特点和历史地位做了综合

----

① 　顾志华：《试论全祖望在历史文献学上的成就》，《华中师范大学学报》1986 年第 1 期。
② 　金伟：《〈鲒埼亭集〉的学术价值》，《史学史研究》1997 年第 1 期。
③ 　曾贻芬：《全祖望的史学与"七校"、"三笺"》，《史学史研究》1999 年第 2 期。
④ 　陈桥驿：《全祖望与〈水经注〉》，《历史地理》第十一辑，1993 年。

评判。仓修良及吕建楚《全祖望和〈宋元学案〉》（《史学月刊》1986 年第 2 期）、陈其泰《〈宋元学案〉的编撰与成就》（《史学史研究》1990 年第 3 期）、陈祖武《〈宋元学案〉纂修拾遗》（《中国史研究》1994 年第 4 期）、张林川与林久贵《略论〈宋元学案〉的体例特点和文献价值》（《文献》1997 年第 1 期）及林久贵《〈宋元学案〉的作者及成书经过述论》（《黄冈师专学报》1998 年第 3 期）等文，除讨论该书的体例、价值外，都高度评价了全祖望的补修之功，主要体现为：第一，精心擘画，厘定卷帙；第二，提纲挈领，撰写《序录》；第三，变通旧规，统一体例。

学术研究收获硕丰的同时，学界也未遗忘全祖望著述的整理。黄云眉《鲒埼亭集选注》（齐鲁书社 1982 年版）、陈金生与梁运华点校的《宋元学案》（中华书局 1986 年版）以及《全祖望校〈水经注〉稿本合编》（中华全国图书馆文献缩微复制中心，1996 年）的问世，均为研究提供了重要的基础性史料。

这 20 年，关涉全祖望研究的硕果主要有两项：其一是 1993 年，在宁波大学召开的浙东学术国际学术研讨会，论文结集成《论浙东学术》（中国社会科学出版社 1995 年版）。关于全祖望的论文，较有新意的有詹海云《全祖望的经学思想》、杨启樵《论全谢山史学的精髓》、佐藤仁《全祖望撰〈庆历五先生书院记〉考》、方祖猷《〈甬上耆旧诗〉所保存的南明抗清文献》。其二是王永健《全祖望评传》的出版，这是全祖望研究史上的首部专著，故具有划时代意义。该书从全祖望的生活时代、故乡、家世以及交游等方面，全面论述全祖望的生活、思想世界，又深入探讨全祖望的经史与诗文成就，揭橥全氏的研究与创作皆贯彻着"经世致用"的原则。最后，作者还指出全祖望的两大局限：一是未继承黄宗羲批判封建君主专制的民主思想；二是对当时东南沿海迅速发展的资本主义经济因素认识缺乏。[1] 整体而言，全书史料厚重、评点精审，代表当时全祖望研究的最高水平，也是目前最为全面翔实的全祖望生平研究。当然，书中也有未惬意之处，如全祖望与杭州、扬州二地文化群体及其活动的评析较为单薄，对全祖望与杭世骏晚年交恶的解释仍悬疑不明，同时误将梨洲弟子邵廷采作

---

① 王永健：《全祖望评传》，南京大学出版社 1996 年版，第 497 页。

为黄宗羲同辈等。① 在成书过程中，作者还发表了《"作诗志忧患""作歌补史哀"——全祖望诗论述评》（《苏州大学学报》1993 年第 4 期）从文学角度谈论全祖望诗学的特征，是当时独树一帜的视野。

观察 1980—1999 年这 20 年的全祖望研究，可以看出，学界主要聚焦于五大议题的探讨。80 年代初对全祖望是否负有民族气节的争论较为激烈，映射出史学界"五朵金花"思维意识的延续。转入 80 年代中期尤其是 90 年代的 10 年，对全祖望的史学思想、文献编纂的探讨，已进入独立自觉的状态，除史学研究者外，许多思想史、文学背景的学者也参与发掘全祖望的学术、文学思想，尤其对《宋元学案》的研究，取得了较高的成就。这些工作逐渐将全祖望研究的重心由港台移到大陆。

三　文学、史学、经学的多元讨论

2000 年以来的 10 余年，教育、科研规模骤然增扩，以及第二波"国学热"的来临，对传统"国学"内容的分析解读与日俱增。与之相应的是，学术群体陡然庞大，研究日渐细化，全祖望研究成为史学、经学、文学等通史、断代史著作不可或缺的一环，专题研究的论文也如雨后春笋，节节攀升，其学术思想越来越被细致地发掘与认知。

（一）对全祖望学术风格及地位的整体概括

管敏义《全祖望的学术成就》（《越魂史笔》，宁波出版社 2005 年版）主要整理了全祖望的历史文献学与史学成就，指出全祖望的文献学成就体现于积极表彰乡邦、南明及历史地理文献，史学成就则是续补《宋元学案》、撰作多部史表。同时该文给予全祖望较高的学术地位，认为在清代浙东学派史上，全氏上承黄宗羲、万斯同，复兴了清初浙东学派的门风。在清代学术史上，全氏也是雍乾年间全国最有成就的学者之一。杨海英《全祖望"正学"思想初探》（《越魂史笔》，宁波出版社 2005 年版）从"正学"思想内涵出发，分析了全祖望的理学思想，认为全祖望会同朱、陆的"正学"思想，体现为尚节义、求真实的史学特点，已具备"汉学"研究的部分特征。"正学"作为其学术史与当代史研究的结合点，被进一

---

① 严迪昌：《史的厚重与品的精审——读王永健教授新著〈全祖望评传〉》，《苏州大学学报》1997 年第 1 期。

步凝之为精髓，成为浙东学术的重要特点。

杨太辛《实心求是　实学求是　实事求是——全祖望的学术精神及其实践》、袁元龙《漫议实学，兼论全祖望在清实学上的贡献与地位》与李志军《全祖望实学思想的特征及其影响》（均载《史心文韵》，宁波出版社 2007 年版）从全祖望的具体著述入手，认为全氏治学脚踏实地，实学求是，因而真知新见，迭出不穷。吴怀祺《论浙东学术的传统与价值——兼说万斯同、全祖望的贡献》、徐定宝及邢万全《承继传统与兼收并蓄的治学风格——论全祖望的学术渊源和学术倾向》（均载《全祖望与浙东学术文化国际研讨会论文集》，中国社会科学出版社 2010 年版）也对全祖望继承传统、兼容并蓄的治学风格赞誉有加。

（二）全祖望史学、文献学研究的继续

全祖望作为史学家，有"班史之后第一人"之称，对其史学思想的研究仍是史学界的重要课题。文畅平《全祖望史学思想初探》认为全祖望的经世致用、褒善贬恶的史学思想以及实事求是、严谨朴素的学风精神在当时独树一帜。[①] 汪建丰、陈欣《全祖望史学思想探析》认为全祖望的史学以经世致用为目的，同时撰文据史实录，无所褒贬抑扬，实事求是地反映了历史真貌。[②] 潘起造《全祖望的经世史学》（《越魂史笔》，宁波出版社 2005 年版）与张丽珠《独立于时风众势外的全祖望史学精神》（《史心文韵》，宁波出版社 2007 年版）也强调了全祖望的史学经世精神。可见，在史学研究过程中，"经世致用""实事求是"已然成为全祖望史学思想的经典概括。这一类论文外，较细致精到的还有杨艳秋的《全祖望与〈明史〉》（《全祖望与浙东学术文化国际研讨会论文集》，中国社会科学出版社 2010 年版），认为《鲒埼亭集》中的《移明史馆帖子》较集中地论述了全祖望的《明史》编纂思想。《明史》撰成后，全祖望的许多碑、传、志、铭、序、跋等撰述得以与《明史》相参，表现出补《明史》之阙以表忠义，发文献之实以正《明史》之误两大特点。作者还进一步指出全祖望与黄宗羲、万斯同寄故国深情于故国之史的精神情怀已大不相同，但浙东史学中的"国可灭，史不可灭"的历史责任感，贯穿如一。

---

① 文畅平：《全祖望史学思想初探》，《衡阳师范学院学报》2003 年第 5 期。

② 汪建丰、陈欣：《全祖望史学思想探析》，《浙江学刊》2005 年第 2 期。

分析全祖望文献学的成就，仍集中于全氏七校《水经注》，三笺《困学纪闻》及辑佚《永乐大典》的讨论，不过较前有更深入的解读。值得一提的有，吕芹《全祖望历史文献学研究》认为全祖望以史学家眼光研究历史文献学，其校勘学成就体现于七校《水经注》，注释学造诣表现在三笺《困学纪闻》，辨伪学贡献则集中于对《宋史》的纠正。① 吕氏又单独析出并增改成《试论全祖望的注释学特点》（《徐州师范大学学报》2007 年第 1 期），总结全祖望的注释学特点。吴赟《全祖望图书编撰学术思想研究》通观全祖望的编撰活动，认为全氏在图书编撰中秉承"经世致用"的宗旨，积累了丰富的图书编撰思想和经验，可大致归为四点：将目录学、学术史之"辨章学术、考镜源流"的方法运用到图书编撰工作中；注重辑佚、辨伪方法在图书编撰工作中的运用；在图书的编撰体例上多有创见；对于前人成果，广择博采，参互考订，以为图书编撰之用。②

林存阳《全祖望与〈永乐大典〉的利用及其影响》（《史心文韵》，宁波出版社 2007 年版）与史广超《全祖望辑〈永乐大典〉佚书考》涉及全祖望与《永乐大典》的研究。前文指出全祖望与李绂共抄《永乐大典》的努力，不唯于《三礼》馆搜讨文献颇有启益，而且还在客观上对其后《四库全书》馆的开馆造成了影响。后文考证出全祖望开始辑佚《永乐大典》并非学界所持的雍正八年或乾隆元年，而是雍正十三年，其辑佚书可考者也并非仅十四种，而是五十八种。辑佚书也没有全部遗失，今日尚有原辑本存世。③

对全祖望具体著作的考辨方面，宋晓晖《全祖望〈愚山施先生年谱序〉考辨》提出全祖望《愚山施先生年谱序》中的观点有待进一步探讨和商榷。④ 王俊义《全祖望〈小生堂祁氏遗书记〉有涉吕、黄关系史实辨正》（《史心文韵》，宁波出版社 2007 年版）则通过《小生堂祁氏遗书记》一文的辨析，认为全祖望囿于门户成见及慑于清廷文字狱的专制淫威，对吕留良评价人云亦云，未能秉笔直书，有失偏颇。这是两篇为数不多的对全祖望提出訾议的文章，论证充分，评骘客观，反映出不少学者不

---

① 吕芹：《全祖望历史文献学研究》，北京师范大学硕士学位论文，2004 年。
② 吴赟：《全祖望图书编撰学术思想研究》，《图书与情报》2003 年第 4 期。
③ 史广超：《全祖望辑〈永乐大典〉佚书考》，《图书馆理论与实践》2010 年第 2 期。
④ 宋晓晖：《全祖望〈愚山施先生年谱序〉考辨》，《中国典籍与文化》2003 年第 2 期。

夸饰、不讳贤的求真精神。

（三）《宋元学案》及全祖望思想观研究的深入

这一时期，除继续保持对《宋元学案》的研究兴趣，涉及全祖望对《宋元学案》的贡献外，还引申出对全氏思想观的探讨。前者代表论文有吴光的《〈宋元学案〉成书经过、编纂人员与版本存佚考》再度梳理全氏补本的贡献在于：第一，增补了黄宗羲原本所无的 32 个学案；第二，提纲挈领，撰就《序录》，厘清了宋元理学的发展脉络，补编各学案的师承传授表，开学术史著作中设表之例；第三，修定、次定和补定黄宗羲原本；第四，考订史实，补《宋史》及黄宗羲原本不足和失误。[①] 葛昌伦《〈宋元学案〉的成书与编撰研究》分六章介绍《宋元学案》成书过程中的编撰者及稿本与刊本，重点比较不同版本间的体例异同，同时发挥了该书的编撰旨趣。[②]

后者以何俊《宋元儒学的重建与清初思想史观——以〈宋元学案〉全氏补本为中心的考察》最为突出，是近年来研究全祖望思想的精品。作者认为，全祖望补修《宋元学案》力求摆脱理学道统，发掘了众多处于边缘与过渡时期的儒学人物与活动，呈现了儒学流变的丰富性与复杂性，使思想史的建构突破了纯理论的范式，所以"黄宗羲的学术史观，虽然较前儒已甚为开放，但终究是'以濂洛之流，综合诸家'，未脱道统之窠臼。全祖望这三卷补本，却足以突破道统，还宋元儒学之真相"[③]。通过《宋元学案》的草创与补修，反映出黄宗羲、黄百家到全祖望浙东思想史观的演变，并投射出清代学术有别于宋学的特征，该文既有资料的细心排比，也能由繁入简，俯瞰清初的思想史观，卓然是思想史角度诠释全祖望学术史观的杰作。日本学者早坂俊广《关于〈宋元学案〉的"浙学"概念——作为话语表象的"永嘉""金华"和"四明"》以话语分析为着眼点，通过比较《宋元学案》对"浙学"中永嘉、金华、四明学派的评价，指明《宋元学案》既是详细致密的"实证书"，又是有时代与地

① 吴光：《〈宋元学案〉成书经过、编纂人员与版本存佚考》，《杭州师范学院学报》2008 年第 1 期。

② 葛昌伦：《〈宋元学案〉的成书与编撰研究》，台湾佛光大学硕士学位论文，2005 年。

③ 何俊：《宋元儒学的重建与清初思想史观——以〈宋元学案〉全氏补本为中心的考察》，《中国史研究》2006 年第 2 期。

域局限性、从某种视角提出的"意见书"。① 视野新颖，是福柯"知识考古学"的成功运用。赵馥洁《论全祖望的关学观》（《史心文韵》，宁波出版社 2007 年版）高度评价了张载之学"勇于造道"的特征，详细梳理了关学的演变源流，分析了关学衰落之由三方面，探索全祖望对关学的态度与研究。作者选题虽小，但解读较为扎实，这一模式可适当运用于全氏对其他地域学派观点的探讨。此外，龚缨晏《全祖望与西方文化》（《全祖望与浙东学术文化国际研讨会论文集》，中国社会科学出版社 2010 年版）以中外交流史的眼光解读全祖望与西学的关系，也具有新意。

（四）全祖望文学、经学成就研究的开拓

与之前学界视角几乎定格于全祖望史学不同，在研究领域，近十年最大的突破在于逐步开掘出全祖望的文学思想与经学成就。在文学方面，认为全祖望的文章属于"学者之文"，有别于"文人之文"。陈平原《超越"江南之文"——全祖望为人与为文》（《越魂史笔》，宁波出版社 2005 年版）强调全祖望突破"学问"与"文章"的藩篱，合史学、气节、文章为一，其文大气磅礴、生气淋漓，虽略显"芜杂"，仍属大家之失。潘德宝《全祖望碑传文研究》指出碑传文既是全祖望的史学贡献，也是他的文学成绩。其碑传文借助"师古而不决于今"的文体观，有"私人叙事"向"宏大叙事"渗透的特征。同时全祖望在碑传文写作中，将传主的人格、性情、文章聚焦一处，亦史亦文，除表现实录精神外，还使文章气韵天成、开合有度，读来顿挫激昂，自有一股不可磨灭、不可遏抑之气。② 敖运梅《以诗为史：清初浙东地域诗歌创作的群体特征》则考察清初浙东学者的诗歌特征，剥离出黄宗羲、李邺嗣、全祖望等人之诗歌，多点明诗歌所写的人物、事件，使诗歌叙事功能更加清晰，体现了他们自觉的诗史意识。在此之上，他们用诗文彰显忠义，推播教化，以学派影响诗派，学术理论推动文学观念。③ 朱义禄《试论〈续甬上耆旧诗〉的史学价值》、龚烈沸《全祖望诗赋中的宁波土物释读》（均载《全祖望与浙东学

---

① ［日］早坂俊广：《关于〈宋元学案〉的"浙学"概念——作为话语表象的"永嘉""金华"和"四明"》，《浙江大学学报》2002 年第 1 期。

② 潘德宝：《全祖望碑传文研究》，浙江师范大学硕士学位论文，2009 年。

③ 敖运梅：《以诗为史：清初浙东地域诗歌创作的群体特征》，《宁波大学学报》2013 年第 6 期。

术文化国际研讨会论文集》，中国社会科学出版社 2010 年版）则以诗证史，发掘全祖望诗文的史学价值。

而从经学角度研究全祖望的，有两篇硕士学位论文：沈冬《全祖望经史观研究》重点论述全祖望经史结合的学术风貌，认为全祖望上承黄宗羲、顾炎武"经世致用"之法，下启乾嘉考据务实之风，其史中有经、经中有史、经史并重、经史互长的学术研究方法对清初学风直至后世有着不可泯灭的影响。[①] 徐炜君《全祖望〈经史问答〉研究》主要以训诂学的方法梳理、校勘全祖望《经史问答》的版本源流及内容，并以此论述全氏的治学路径，认为全祖望的理论出发点和所据文本和宋儒一致，其结论并未超出宋儒的范畴，但又给予乾嘉学者一阐释的新思路，表明全祖望在清代学术中的承上启下作用。[②] 思路与观点较为中肯，但解读分析还有待进一步深入。

台湾学者在这一时期的全祖望研究，除上述提及者外，以詹海云的《全祖望学术思想研究》最为博富精湛。论文既详考全祖望家世，交友网络对其思想、人格形成的影响，又分析浙东学术、浙西学术与全祖望的关系，还特别对全祖望的经学、史学、理学、文学、教育观有无分巨细的发微，可以说是全祖望研究的集大成之作。文内可圈可点之处甚多，如广泛地考察全祖望与京城、扬州、杭州、宁波学术圈的交互影响，为研究者提供了一个新的空间。又承继钱穆《中国近三百年学术史》论及全祖望受浙西学术影响的思路，意在扩大全祖望所受历时纵向影响的范围，均值得称赞。[③]

新世纪 10 余年的全祖望研究，还涌现出两大学术盛事。首先是全祖望著述整理终成正果。2000 年，上海古籍出版社出版了《全祖望集汇校集注》。此书由谢国桢发端，朱铸禹集前人校注之功，汇编而成。全集收录全祖望大部分著述，是迄今为止全祖望著作的最全本子。当然，工程宏大，疏漏在所难免，辛德勇《全祖望〈经史问答〉万氏刻本缀语——兼谈上海古籍出版社本〈全祖望集汇校集注〉》（《书品》2004 年第 5、6

① 沈冬：《全祖望经史观研究》，浙江大学硕士学位论文，2010 年。

② 徐炜君：《全祖望〈经史问答〉研究》，上海社科院硕士学位论文，2011 年。

③ 詹海云：《全祖望学术思想研究》，台湾师范大学博士学位论文，2000 年。

期）和胡伟《〈鲒埼亭集〉校读札记》（南京师范大学硕士学位论文，2006 年）都对该书的失误提出批评。

其次是 2005 年和 2008 年在浙江宁波先后召开"纪念全祖望诞辰 300 周年暨浙东学派与中国实学文化研讨会""全祖望与浙东学术文化国际研讨会"。两次会议均出版了论文集《越魂史笔：全祖望诞辰三百周年纪念文集》（宁波出版社 2005 年版）、《史心文韵：全祖望诞辰三百周年纪念文集续集》（宁波出版社 2007 年版）与《全祖望与浙东学术文化国际研讨会论文集》（中国社会科学出版社 2010 年版），不仅收录了国内外全祖望研究的最新成果，也衷辑蒋天枢、陈训慈、黄云眉等前辈学者的力作。学界与地方政府的合作，将全祖望研究推到更高的水平，也扩大了全祖望的影响与知名度。

四　反思与出路

检视百年全祖望研究史，1980 年前侧重考述全祖望的生平与著作，同时表彰其民族气节。对全祖望研究有重大突破开始于 1980 年以来，研究视野与方法均有众多扩展。百年全祖望研究，也逐步形成三代研究群体，第一代以陈垣、蒋天枢、柴德赓、谢国桢等老辈学者为开创者；第二代以方祖猷、仓修良、王永健为中心，聚焦全祖望的史学、诗文思想，并细化廓清全氏的生平事迹；第三代以詹海云、张丽珠为翘楚，更全面深入地窥识全祖望的多元成就。这些研究促使全祖望生平及其思想原貌得以逐渐清晰，应予充分肯定，但缺漏与遗憾尚有不少。

其一，对全祖望经学、理学、文学的研究依旧薄弱。清代阮元、严可均等人均说全祖望"经学、史才、词科"三者兼备，而现今研究，于全祖望史学、笺注发掘硕富，但经学、理学解说极少，詹海云、沈冬等人的博硕士学位论文虽有涉及，然论述浅浅。因此，对全祖望经学、理学方面的探讨，应得到加强。如对全祖望思想史观的抉微，一般多倚仗《宋元学案》，其实，全氏文集中有众多学案之外对历代学术得失的评论，充分利用这些史料，或可观测到全氏思想的另一面。从文学角度的考衡，研究者已关注到全祖望碑传文的风格与价值。然除此之外，全祖望还撰写了大量诗词文赋，集内还有《皇雅篇》数卷，进一步解析这些诗词雅集，也可深化全祖望的文学研究。而从注释学、图书编撰学、历史地理学维度继续"出土"全祖望的其他成就，也有助于还原全祖望思想的时间与空间世界。

其二，对全祖望学术渊源的梳理，视野较为狭小。全祖望自言私淑黄宗羲，章学诚在编排浙东学谱系时，亦以全祖望为清代浙东学派继黄宗羲、万斯同后的第三代。梁启超、章太炎也置全祖望于万斯同之后，强调了浙东学派的继承关系。因此缘故，后继学者大多着眼于浙东学术史中的全祖望研究，重点阐述黄宗羲、万斯同、全祖望、章学诚之间的学术渊源与影响。这种历时的区域承继关系的视野，固然有助于凸显浙东史学的一脉相承，却大大遗忘了全祖望曾北上京师、南下广东，"自束发出交天下士，凡所能工于语言者，盖未尝不识之"[1] 的经历，其交游与学术网络，实远非局滞于浙东一地。钱穆《中国近三百年学术史》将全祖望系于李绂之后，从某种意义上说，是将全祖望史学与李绂理学渊源相联系，指出全氏学术思想的形成受当时学术环境的影响。詹海云接续钱穆思路，简要钩沉出全祖望与游历中所遇师友以及浙西学术的关系，从空间上拓展了研究视野。因而，全祖望与时人在史学、文学、经学的横向交互，仍待深入挖掘。譬如全祖望与扬州文学圈的唱和，即对其文学观念的形成有重要作用，而对此前人涉足寥寥，藏含极大的研究空间。

其三，环绕全祖望周围的聚讼问题仍待进一步澄清。现今虽有王永健《全祖望评传》与袁元龙《史学大师全祖望》（宁波出版社 2009 年版）两部全祖望生平传记，但对系列问题的疏通较为有限。如关于全祖望是否素负民族气节的争论，虽已告一段落，但仍未得到令人信服的答案；全祖望与杭世骏晚年交恶的疑点，亦悬疑不明；对全祖望文章的评价，也形成了"渊源既深，通籍馆阁，闻见更广"（章学诚《乙卯杂记》）与"粗识藩篱"，"叙述不中律度"（谭献《复堂日记》）截然迥异的两派。如何理解这些分歧与原因，均有待今后继续沉潜起覆。

---

[1]　全祖望：《鲒埼亭集》卷二十《厉樊榭墓碣铭》，《全祖望集汇校集注》，上海古籍出版社 2000 年版，第 363 页。

第四节　学术与现实的互动：20 世纪
以来章学诚研究的历史演进

　　章学诚（1738—1801），字实斋，号少岩，浙江会稽（今浙江绍兴）人。自幼爱好史学，后师事内阁学士朱筠，得以博览群书，并与当时著名学者戴震、钱大昕、邵晋涵、洪亮吉等人交接论学。乾隆四十三年（1778）进士，官国子监典籍，曾主讲定州定武、保定莲池、归德文正等书院。后入湖广总督毕沅幕下，赞助编修《续资治通鉴》。一生穷困潦倒，却著述勤劬，先后撰有《文史通义》《校雠通义》《方志略例》《实斋文集》等，后人辑为《章氏遗书》。其中，代表作《文史通义》声名震世，与唐代史学家刘知几的《史通》并称传统史学理论的"双璧"。章氏身处乾嘉汉学鼎盛之世，却力倡"史学所以经世""作史贵知其意"的义理史学，又以"六经皆史"说纠正重经轻史的偏失，否认六经为传统权威，主张考证史料和发挥义理相结合，把治经引向治史，开学术思想摆脱经学传统束缚的风尚。为文为学，均针砭时弊，独树一帜。

　　在清代浙东学派史上，章学诚绍承黄宗羲、万斯同、全祖望以来"通经致用"的经史传统，又在《文史通义》中专辟"浙东学术"章，首次梳理宋元以来浙东之学的学术谱系，总结、阐扬浙东学术"言性命必究于史"，经世致用，反对空谈，以及反对门户之见和贵专家之学的特点。可以说，章学诚集浙东学派之大成，堪称浙东学派的殿军。然章氏生前因其性情、学说与时寡合，故不受重视。身后又因著述迟迟未刊，以致逝后数十年间，声名隐没不彰。直至晚清民初，随着学移世变及《章氏遗书》的出版，章学诚其人其学始获学界青睐，并迅速名满天下。章学诚研究，一跃成为时代风气。20 世纪以来的章学诚研究，可谓汗牛充栋。对百年章学诚研究的学术史回顾，学界也有多次梳理与评骘。① 尽管关于章学诚的研究，已步入"题无剩义"的境地，而结合百年的社会与学术

---

　　① 代表性的有，黄兆强：《近现代章学诚研究评议》，载陈仕华主编《章学诚研究论丛》，台湾学生书局 2005 年版；乔治忠：《章学诚学术的百年来研究及其启示》，载瞿林东主编《史学理论与史学史研究学刊》，社会科学文献出版社 2004 年版；杨毓团：《从客观实证到主体精神——论百年章学诚思想研究中的学术转向》，《殷都学刊》2009 年第 4 期。

史嬗变背景，再次对章学诚研究作出评议，寻求新的空间和视野，不无意义。

百年章学诚研究，大致可分为四大阶段：晚清民国年间属开创期，是为第一阶段，主要完成了章学诚年谱的编撰，以及拾掇、肯定章氏史学的价值，对《文史通义》中的"六经皆史"与"史德"说也作了粗略解读，研究者多为国内外学界名流；1949—1970 年代后期为第二阶段，以港台地区及欧美学者为主力，在中西学术比较的视阈下，重点论述章学诚的史学思想，对章氏文献、政治、哲学等思想的解读也日渐崭露；1980—1990 年代末为第三阶段，研究角度从史学扩延到哲学、方志学、文学、社会学等领域，研究重心也转入国内；21 世纪以来的 10 余年为第四阶段，是为鼎盛期，除研究视阈的全面铺开与解读的鞭辟入里外，学界逐渐开掘新的诠释方法，对章学诚的学术方法论与主体精神作出新的解释。但整体而言，章学诚研究已步入瓶颈期，亟待史料、视野、方法的多重拓新。

一　发现章学诚：史学及文献的初步梳理

章学诚所处的乾嘉时代，考据之学风靡盛行。而章学诚治文史讲究"义"，注重学术的经世致用，与时代风尚扞格不入。又章氏性情孤傲，治学甚严，对戴震、汪中、袁枚等考据学家都有过口头或笔端的不满。这些因素，均注定他的学说不被时代认可，甚至被视为"怪物""异类"，他自然也成为被"孤立"与"边缘"的人物。道光、咸丰以降的晚清 70 年，社会危机四伏，又兼西方殖民者大举入侵，清王朝面对内忧外患，却无力挽救，向衰世滑落。对于这旷古未见的"变局"，众多学者纷纷从古籍考证中走出来，开始思索济世之道。于是，学术思潮逐渐由"纯学术"向"经世实学"转变。经世致用的思想与学风广受推崇，包括章学诚在内的浙东史学者也被学者大力表彰。如魏源、李慈铭关注到章学诚的经世致用思想。龚自珍从"经世"的观点宣扬"六经皆史"的深层涵义，魏源编辑的《皇清经世文编》也收录章学诚的《言公》篇和《妇学》篇。李慈铭对章学诚经世思想的学术实践——方志学，评价甚高，称他"于志学用力甚深，实为专家"①。清末民初的谭献、章太炎也对章学诚赞誉有加。谭献将章学诚列为清代五种绝学之一，并坦言："章氏之识冠绝古今，予服膺最深。"② 谭氏十分赞同《文史通义》中"六经皆史"命题中所推阐的"官师治教合一"论旨。稍后的章太炎对这位浙江先贤，也深深敬服，并用"六经皆史"的命题来摧破廖平、康有为关于孔子"托古改制"的论点。不同的是，章太炎不同意《文史通义》中的"官师治教合一"说，他目睹科举废除后出现的社会问题，主张官私两分，政学两途。③ 大体而言，谭、章二人是在传统古今文经学的视域中，对章学诚的思想加以简略评判。

　　20 世纪初期，随着西学东渐的加速，现代西方实证主义与新史学传播到东亚世界。这些新的史学研究方法广受追捧与运用。最早开启现代学术视野下章学诚研究的是日本学者内藤湖南。内藤以西方进步史观诠释章学诚的"六经皆史"说，认为章氏思想与西方社会进化论颇为吻合，并草稿成《章实斋年谱》（1921）。1922 年，胡适在内藤的基础上，撰成《章实斋先生年谱》，大致厘清了章学诚学术思想的发展脉络。胡适首次将"六经皆史"解释为"六经皆史料"，从现代史料学角度，肯定了章学诚"六经皆史"说的史料价值。但胡适对"六经皆史"说的解释颇为主观，甚至有意误解，其目的不免有借推崇清学而宣扬西方实证主义之嫌。梁启超也在西方实证史学的维度下，发掘清学的"科学主义"价值。其在《清代学术概论》《中国历史研究法》《中国近三百年学术史》等书中，高度评价章学诚在清代学术史及浙东史学上的成绩，并认为《文史通义》"实乾嘉后思想解放之源泉"，"书中创见类此者不可悉数，实为晚清学者开拓心胸，非直史家之杰而已"④。在梁氏看来，章学诚的"六经皆史"说，扩大了史学研究的史料范围，进一步瓦解了传统经学的权威形象，正契合新史学的主旨。

　　胡、梁二人皆为当时学界盟主，在他们的呼吁下，章学诚研究纷纷进入学者的视域。1922 年，湖州嘉业堂刊行了当时汇集章学诚著述最全的

---

① 李慈铭：《越缦堂日记》第 11 册，广陵书社 2004 年版，第 85 页。
② 谭献：《复堂日记》，河北人民出版社 2001 年版，第 17 页。
③ 章太炎：《国故论衡·原经》，上海古籍出版社 2003 年版。
④ 梁启超：《清代学术概论》，第 60 页。

《章氏遗书》，此为章氏逝世后其著述得到首次大规模的搜罗，更加推动了民国章学诚研究的热潮。何炳松较早注意到章学诚的史学理论，并与美国史学家鲁滨逊的《新史学》相印证，得出"（章学诚）其史学见解之卓绝精微，在著者眼中观之，有时且远驾西洋名史之上"①。同时较系统地整理了章学诚的史学理论，阐明章氏对中国史学的三大卓绝贡献。张其昀在比较刘知几与章学诚史学异同的基础上，指出西方学者所研究的史学问题，二人已先发其声，与何炳松的论断相唱和。② 钱基博则从文章学角度阐述《文史通义》的主旨与读法，撰有《〈文史通义〉解题及其读法》一书。钱基博还认为章学诚在身后有不少嗣响者，龚自珍、章太炎、张尔田、孙德谦等人均深受章学诚的影响，为后人研究提供了新视野。受胡适的引导，姚名达于 1931 年增补成更为翔实的《章实斋先生年谱》，1933年又发表《章实斋之史学》，除解读章学诚的史学观外，对其史学形成的渊源作了全面梳理，并考察了章氏一生为学特点的演变。③ 姚名达的论著既是此前章学诚研究的集成，又是全方位研究章学诚史学的起点，代表了30 年代初章学诚研究的水平。

20 世纪三四十年代，章学诚研究较独树一帜的还有钱穆与侯外庐二人。钱穆在《中国近三百年学术史》一书中，发掘章学诚文史理论的深旨，认为章氏文史校雠之学的提出，以及"六经皆史"说主张道随势变，求道于人伦日用，否定六经为"理"的唯一归宿，均是对清初顾炎武以降到乾嘉考据高唱"经学即理学"的针砭与挑战。钱穆还指出："章实斋讲历史有一更大不可及之处，他不站在史学立场来讲史学，而是站在整个的学术史立场来讲史学。"④ 对于章学诚"学问本乎性情"的说法，钱穆也十分赞赏。钱穆的研究鞭辟入里，自成一家，尤其是从学术史的内在转进审视章学诚与乾嘉学派的论战，直接启迪后来余英时"内在理路"的研究方法。作为马克思主义史学的重要代表，侯外庐运用唯物史观，考衡"六经皆史"说是对清初反理学的发展，"把中国封建社会所崇拜的六经

---

① 何炳松：《〈通史新义〉自序》，《何炳松文集》第四卷，商务印书馆 1997 年版，第78 页。

② 张其昀：《刘知几与章学诚之史学》，《学衡》1922 年第 5 期。

③ 姚名达：《章实斋之史学》，《国学月刊》1927 年第 1 期。

④ 钱穆：《中国近三百年学术史》，第 246 页。

教条，从神圣的宝座上拉下来，依据历史观点，作为古代的典章制度的源流演进来处理，并把它们规定为'时会使然'的趋向"①。此外，侯外庐还第一次提出章氏历史理论是文化学术史理论，并将章学诚的"史德"说解释为文史学者治学时应具有的客观主义态度。

纵观晚清民国的章学诚研究，最突出的成就：一是基本完成章学诚年谱的编订、增补，为浏览章学诚的生平、交游与学术流变提供了便利。《章氏遗书》的刊行，也为后来《章学诚全集》的出版提供了重要依据。二是，在西方实证主义史学与新史学风靡东亚的背景下，章氏史学思想中所富有的现代进步史观受到大力表彰，而不仅仅强调其思想的传统经世意蕴。在反传统的学术思潮中，章学诚"六经皆史说"的价值也被大力肯定。而从研究者来看，多系国内外学术名家，内藤湖南、胡适、梁启超、何炳松开时代之先，姚名达、钱穆、侯外庐则解读精微，颇有独见，后来者居上。整体而言，第一阶段的研究是章学诚其人其学的拾掇、肯定期，但众多研究起点颇高，为后续研究作了很好的启发。章学诚研究逐渐成为一门显学。

二　新视野与新路径的突破：海外学者的章学诚研究

20 世纪 50—70 年代末的章学诚研究，主要集中于海外的港台地区及欧美等国。1950 年代除继续探讨章学诚史学思想的整体价值外②，较有新意的重要论文是余英时的《章实斋与柯灵乌的历史思想》，该文从柯林伍德的观点来检讨中国传统的历史哲学。在余英时看来，柯氏的"一切历史都是思想史"，不但与章学诚主张的"史学中言与事必须合一"极为近似，而且还符合中国一般的传统历史思想路数。③ 通过比对章、柯二人史学理论的异同，寻求中西哲学的连接点，视野较为宏阔，研究方法也令人耳目一新。余英时在中西哲学比较的视域下研究章、柯的史学理论，一方

---

① 侯外庐：《中国思想通史》（第 5 卷），人民出版社 1956 年版，第 509—510 页。

② 较有代表的论著有吴天任《章实斋的史学》（香港东南书局 1958 年版），罗炳绵《章实斋的校雠论及其演变》、《章实斋对清代学者的讥评》（均载罗氏《清代学术论集》，食货出版社 1978 年版）等。

③ 余英时：《章实斋与柯灵乌的历史思想》，《自由学人》1957 年第 2、4 期。柯灵乌，今多译为柯林伍德。

面与他在香港新亚书院兼治中西的治学经历有关；另一方面也与当时港台地区探索传统文化的现代化走向不无关系。1961 年，法国汉学家戴密微（Paul Demiéville）在《章学诚及其史学》一文中，比较了章学诚与西方历史学家，称章氏是中国第一流的史学天才，"他的名字可以与伊本·卡尔顿或欧洲最伟大的史学家们相提并论"[①]。戴氏认为章学诚的主要功绩在于批判、反对乾嘉时代的烦琐考据。其实，早在胡适《章实斋先生年谱》出版后的次年，戴密微就曾以书评形式向西方学界介绍章学诚其人其学，堪称西方章学诚研究第一人。

1950 年代，在"冷战"的催化下，"中国研究"在美国学术界开始沸腾。斯坦福大学倪德卫（David S. Nivison）于 1953 年完成博士学位论文《章学诚的文史思想》。进入 60 年代后期，新文化史学在美国悄然兴起。与传统史学研究不同，它在方法论上放弃了或政治或经济或心态观念的单一形象，而是寻求各因素之间的互动过程，将社会和文化作为一个整体来看待，因而强有力地推进了史学研究的革新。受此新潮的浸淫，倪德卫又兼采新文化史的研究方法，对其博士学位论文多次修订，于 1966 年出版《章学诚的生平及其思想》，结合章学诚的生平与时代，鲜活地呈示出章氏的生活际遇与思想嬗变的内在关联，引领了 60 年代的章学诚研究。此外，倪氏试图在前近代中国社会中，寻求近代变革的内在因素。如他将章氏归为技艺型知识分子，并认为这一新知识分子概念最终导致后来中国废弃科举系统的要求。[②] 这一将思想史与社会史相结合的研究思路与范式，既实现了章学诚研究的方法拓新，也成为较早以新文化史研究中国思想史的力作，至今仍有重要意义。

1976 年，余英时发扬乃师钱穆理解清代考据学与宋明理学"每转益进"的观点，完成了《论戴震与章学诚——清代中期学术思想史研究》，系统提出"内在理路"说，以学术发展的自身逻辑去观照明清思想史演变。他从戴震与章学诚的学术关系入手，细致地分析了清代学术从理学转入考证（即从"尊德性"转向"道问学"）并进而出现戴、章二大家的

[①] ［法］戴密微：《章学诚及其史学》，孙业山、王东译，《历史教学问题》1996 年第 4 期。原文载 W. G. 比尔斯莱和 E. G. 蒲立本编《中日史家》（第十章），牛津大学出版社 1961 年版。

[②] ［美］倪德卫：《章学诚的生平及其思想》，杨立华译，江苏人民出版社 2007 年版，第 208 页。

内因。他认为章学诚的"六经皆史"试图打破六经载道的见解，是对戴震"考证挑战"的最具系统性的反应。在分析时，余氏还对章学诚文史理论建构的心理动因进行深有意味的窥测，"对实斋而言，经学考证可说是一条走不通的路。然而，经学为清代的显学，非通经即无由见道，实斋不能过此关，岂非终身无'闻道'之望乎？这是东原的'考证挑战'在实斋的早期学术生命中所投下的巨大阴影。而如何摆脱这种困境并在学问上卓然自立以与东原分庭抗礼，也就必然构成了实斋内心深处最难安顿的绝大课题"①。余英时的研究，不仅深入解读章学诚与乾嘉学派的关系，更重要的是，为思想史研究提供了一条新的观察路径，即学术发展的"内在理路"说，影响深远，但也招致不少非议。

　　这一时期，大陆对章学诚的研究处于荒芜期。值得一提的是王重民的《校雠通义通解》，对《章学诚遗书·内篇》各章节中所论目录学方法及理论观点加以申述和评议，是章学诚文献学研究的一部力作，至今仍有广泛影响。② 此外，冯志直、王知常、傅振伦、刘益安等学者从档案学、方志学、政治学等角度论述章学诚的学术成就，视野较第一阶段有了稍稍扩展。③

　　纵观第二阶段的章学诚研究，集中于港台地区及欧美国家，涌现出以余英时、倪德卫、戴密微为代表的研究群体。他们善于在中西文化对比的视域下，考衡章学诚的史学成就，视野更为开阔。而在具体研究时，比民国学者更为系统、深入，理论性更强，众多研究方法至今仍有借鉴意义。在他们眼中，章学诚不仅是史学家，还是重要的哲学家。大陆学者则以王重民为代表，通过注解《校雠通义》论述章学诚的文献、目录学思想，开辟了新中国章学诚文献学研究的新思路。

---

　　① 余英时：《论戴震与章学诚——清代中期学术思想史研究》，生活·读书·新知三联书店2000年版。

　　② 王重民的《校雠通义通解》虽迟至1987年才由上海古籍出版社出版，但完成于1960年代初。

　　③ 冯志直：《章学诚的档案学思想》，《中国档案》1963年第4期；王知常：《论章学诚学术思想中的政治观点——〈文史通义〉原道篇研究》，《学术月刊》1963年第10期；傅振伦：《章学诚在史学上的贡献》，《史学月刊》1964年第9期；刘益安：《论章学诚对乾嘉考据学的批判》，《学术月刊》1964年第5期。

三 史学之外的思想打捞：章学诚的方志学、文献与文学研究

20 世纪 70 年代末，学术研究步入正轨。一时间，众多研究成果如雨后春笋迸发出来。沉寂许久的章学诚研究也在这一背景下重回学者的视野。杭州大学仓修良在 1978—1979 年连续刊发章学诚史学研究论文①，又将多年成果汇成《章学诚和〈文史通义〉》一书，1984 年由中华书局出版。此书是内地章学诚研究的第一部专著，仓修良也因而成为改革开放后第一批章学诚研究者中的佼佼者，引领时代之先。

仓氏对章学诚的史学、方志学、哲学、校雠及文学理论思想均进行了较为全面的研究。较前人有新意的是，他认为章学诚虽讲究学术的经世致用，但并不忽视哲学思考，其以"盈天地间唯万物""道不离器"命题作为自身学术思想的根柢，继承了荀子、柳宗元、陈亮、王夫之以来的唯物主义思想，因此将章学诚定位为唯物主义思想家。对于学界争论的"史德"说，仓修良也作了评判与讨论，主张"史德"不只是据事直书，书法不隐，更重要的在于分清史家主观与历史客观的关系，以尽可能反映客观史实。这一观点，实继承、发挥了侯外庐的"史德"解释。在研究方法上，仓修良以大篇幅介绍章学诚的生平与其所处的时代，在特定的社会历史范围内描述章氏贫困潦倒的一生，以人物的生活实践阐释章学诚学术的发展历程。这种"知人论世"的研究方法，表明研究逐渐走向深入与客观。

在史学思想方面，除继续阐述"六经皆史"的意义与价值外，学界对"六经皆史"说的历史源流有了新的探索，较一致地认为"六经皆史"说古来有之，非章氏的创见，王通、陈傅良、王阳明、王世贞等人均有类似说法。但这一命题到章学诚手上，才被"大胆地提出"，并赋予充实内容与系统理论。② 对于章学诚的历史哲学以及"史德"观的定位，不同学

---

① 分别是《章学诚的历史哲学——章学诚史学研究之一》，《杭州大学学报》1978 年第 3 期；《章实斋评戴东原——章学诚史学研究之二》，《开封师院学报》1979 年第 2 期；《论章学诚的〈文史通义〉——章学诚史学研究之三》，《杭州大学学报》1979 年第 1 期；《章学诚对刘知几史学的批判继承和发展——章学诚史学研究之四》，《杭州师范学院学报》1979 年第 1 期。

② 仓修良：《也谈章学诚的"六经皆史"》，《史学月刊》1981 年第 2 期；林钊诚：《清章学诚六经皆史说研究》，台湾高雄师范大学硕士学位论文，1986 年。

者间展开了辩论。如赵淡元就不认同章学诚是唯物主义思想家，认为章学诚的历史观虽带有历史进化的因素，却明显属于循环论，因而总体上属于唯心史观范畴。① 饶展雄、高国抗等人也指出，章氏的史学观无法摆脱个人的时代与阶级属性，故而很难说史德观、史学四长就比刘知几的"直书"说、史学三长进步。② 从仓修良、赵淡元等人的解读可以看出，80 年代初的章学诚研究虽仍带唯物、唯心的评判痕迹，但也显示出学界逐渐挣脱旧有的教条、框架，日益形成研究的客观态度与自省意识。

这一时期，其他学者纷纷从目录学、校雠学、文论等方面阐释章学诚的成就，形成了颇为丰硕的研究成果，成为此时章学诚研究的另一大亮点。章学诚的《校雠通义》与郑樵的《通志·校雠略》合称古典文献学的"双璧"。民国学者如余嘉锡、刘咸炘等均认识到此书的价值。80 年代的研究，则以章学诚的目录学思想及比较研究为重点，不仅综合探讨章学诚的目录学成就，而且从历史角度研究了章学诚对古代目录学的继承以及近现代学者对章氏思想的扩展与延续，从两方面肯定了章学诚在文献学史上承前启后的地位。而章学诚提出的"辨章学术、考镜源流"观点被公认为目录学这一学科作用与功能的最佳概括。他的文献学思想也被认为是古代文献学理论发展的最高峰。③

从 80 年代开始，全国兴起修志热潮，各地纷纷开展地方志编纂工作。为满足现实需要，有关方志学的思想与观点广受关注。对章学诚方志学理论的发掘也成为 80 年代章学诚研究中的热点。学者们普遍认为章学诚在方志学上有两大创见：一是首次提出"志属史体""志属信史"的观点，认为方志既不属于地理书类，又有别于唐宋以来的图经，其地位与"国史"相当；二是创立了方志分立"志""掌故""文征"三书的完整修志义例，标志着他的方志理论的成熟、修志体例的完备和方志学的建立。④ 但

---

① 赵淡元：《试论章学诚的社会历史观及史学思想》，《西南师范大学学报》1981 年第 1 期。

② 饶展雄、高国抗：《章学诚史德论辨析》，《暨南学报》1983 年第 2 期。

③ 有关 80 年代的章学诚目录学、文献学思想研究状况，详参李爱民《八十年代以来章学诚目录学思想研究综述》，《江苏图书馆学报》1995 年第 2 期；李林华：《章学诚百年文献学思想研究述评》，《图书馆建设》2014 年第 5 期。

④ 仓修良：《章学诚的方志学——章学诚史学研究之五》，《文史哲》1980 年第 4 期；李昭恂：《章学诚在方志学上的贡献》，《吉林大学社会科学学报》1981 年第 1 期。

学者们在肯定的同时，又认为章学诚的方志理论及修志内容，归根结底是为封建地主阶级利益服务的，包含严重的封建毒素。这一评判，显然受到阶级分析法的重大影响，表明阶级分析法与史学界一度盛行的"五朵金花"课题在 80 年代初仍余波未退。

进入 90 年代，学术研究逐渐从 80 年代的激情、热烈转向深沉、严谨，众多问题的思考更为细致、客观。与之相应的是，学界兴起反思、重估之风，越来越多的学科不满于旧有的研究范式，"重写文学史""重写思想史"的呼声日益高涨。因此，关于章学诚的研究，在史学史、文献学等领域也出现不同于先前的新解、异议。如自清末始，章学诚就被纳入浙东学派的学术谱系，且被视为浙东学派的殿军人物。而暴鸿昌对此提出质疑，认为章学诚与浙东学派没有递嬗渊源关系，其学术思想多与浙东学派相悖，故而不属于浙东学派。① 高寿仙则对"六经皆史"作了新的诠释，认为"六经皆史"中的"史"是指阐述先王之道的"撰述"，章学诚不仅没有贬低"六经"之意，反而通过系统化论述强调了"六经"的崇高地位。② 王国强指出"辨章学术、考镜源流"这一命题虽是对古典文献学的总结，却并非其精华的概括，且存在理论上的缺陷和与实践工作的脱节。③ 程焕文也认为以"辨章学术、考镜源流"为核心的古代目录学存在五大问题，因而主张辩证地继承与扬弃。④ 这些观点是否客观、准确，虽有待进一步评判，但能辩证地认识章学诚的学术成就，无疑反映了学术研究的日渐成熟与理性化。

当然，在异议的同时，学者们大多能继承、发挥之前的研究成果，并从研究领域与解读深度方面更进一步地考察章学诚的学术与思想。在研究领域上，不断开辟出章学诚研究的新视角。如一般多将章学诚定位为史学家、文献学家，但此时亦有学者意识到他还是文学家、美学家，开始从《文史通义》发掘他的文章观与文艺思想。又如以前对章学诚文献学思想

---

① 暴鸿昌：《章学诚与浙东学派关系考辨》，《齐鲁学刊》1994 年第 3 期。
② 高寿仙：《章学诚"六经皆史"说诠释》，《北方论丛》1997 年第 5 期。
③ 王国强：《辨章学术，考镜源流——中国古典目录学价值重估》（《郑州大学学报》1991 年第 3 期）、《辨章学术，考镜源流之再评判》（《图书与情报》1994 年第 1 期）。
④ 程焕文：《中国目录学传统的继承与扬弃："辨章学术，考镜源流"批判》，《图书馆工作与研究》1996 年第 4 期。

的研究大多集中于目录学、索引学，此时不少学者则从图书编撰学的角度
对章学诚的校雠学加以评论。继"六经皆史""史德"说的热烈讨论后，
章学诚的"史意"说也被提上日程。在研究深度上，研究也逐渐理论化，
尤其是跨学科知识的交互运用，使得章学诚思想的研究更加立体、鲜明。
如吴怀祺、王志刚等人将章学诚的史学与易学、政治学相结合的解读，便
揭示出其史学的"通变"思想以及重建史学的内在动机。① 而继余英时的
比较研究后，这一时期的大陆学者也喜好在中西历史哲学的比较视野中分
析章学诚与柯林伍德、维柯等人的异同。

　　同时期海外章学诚研究的代表当推台湾学者黄兆强。他以法文撰写的
博士学位论文《章学诚研究述评（1920—1985）》（1986），从生平、学术
思想、史学思想、文学思想、遗著等研究视角综合考察 65 年间的章学诚
研究。② 全文搜辑广博，文献扎实，清晰展示出每个时代章学诚研究重点
转换的动态过程，附录还汇编了同时期及稍后的学者对章学诚的众多评
议，对章学诚在当时隐晦不彰的旧说形成一定的颠覆，成为章学诚研究史
的最重要论著之一。

　　在文献整理与译注方面，这 20 年也取得了可喜的成就，既有章学诚
著述的搜集，如《章学诚遗书》（文物出版社 1985 年版）的出版，又有
《文史通义》的译注、新编，先后推出叶瑛的《文史通义校注》（中华书
局 1985 年版）、仓修良的《文史通义新编》（上海古籍出版社 1993 年版）
及严杰、武秀成的《文史通义全译》（贵州人民出版社 1997 年版）。这些
工作，不仅有助于章学诚思想的普及，也与理论研究一道将章学诚研究推
向高潮。

　　这一时期，章学诚研究最具有标志性的成果是仓修良、叶建华合著的

----

　　① 吴怀祺：《章学诚的易学与史学》，《史学史研究》1997 年第 1 期；王志刚：《章学诚的
史学重建与社会理想》，《山西大学学报》1999 年第 3 期。

　　② 黄氏博士学位论文中的篇章经修改后，许多以单篇论文发表，如《六十五年来之章学诚
研究》（《东吴历史学报》第六号，1988 年）、《同时代人论述章学诚及相关问题之编年》（《东吴
历史学报》第九号，1991 年）、《章学诚研究述论——前人所撰有关章学诚对史学、方志学及目
录学之贡献及影响述论》（《东吴历史学报》2004 年第 11 期）、《近现代章学诚研究评议》（《章
学诚研究论丛——第四届中国文献学学术研讨会论文集》，台湾学生书局 2005 年版）、《近现代
人章学诚生平论述之研究》（《东吴历史学报》2005 年第 13 期）。该博士学位论文中译本于 2015
年由台湾学生书局出版。

《章学诚评传》（南京大学出版社 1996 年版），该书系国内第一部全面系统评述章学诚的生平事迹和学术思想的专著。全书分别阐述了章学诚生活的时代背景、生平事迹和著述、社会政治思想、哲学思想、史学理论、方志学理论、校雠学理论、谱牒学理论、文学理论、教育思想以及与浙东学派的关系等，并对章学诚在中国古代学术文化史上的地位和影响作出了实事求是的评价。因评价客观、观点鲜明，广受学界好评。除论述章学诚的个人成就外，尤令人瞩目的是，作者还专辟一章，对学界长期存在的浙东学派是否成立及章学诚与浙东学派的关系等问题作了深入的辨析。自民国以来，就有不少学者如金毓黻、何冠彪、柴德赓、余英时等人否定浙东学派的存在，也不认同章学诚与黄宗羲、全祖望有学术渊源。作者通过文献考证与理论分析，不仅肯定清代浙东学派与宋代浙东学派的一脉相承，又从学术宗旨、家学渊源、师承传授等方面，指出章学诚与浙东学派前辈之间存在着"因缘"关系，肯定其为浙东史学的殿军。

整体而言，这 20 年的章学诚研究，形成了以仓修良、黄兆强为代表的研究群体，无论在研究领域，还是研究深度上均呈现出喜人的动态。一是，学界不仅专注于章学诚史学成就的发微，不断开辟出章学诚研究的新视角，从史学扩延到哲学、方志学、文学、政治学等领域；二是研究也不再停留于文献、实证分析，而是进入了深层次的理论阐述阶段；三是对先前的章学诚研究有了辩证、客观的评述与反思，形成学术争鸣。① 这一局面不仅将研究重心转到大陆，同时也为 21 世纪的章学诚研究作了较好的指引、示范。

四 新解章学诚：有关史学、文学思想的再认识

进入 21 世纪，随着教育、文化的繁荣，及国内外学术交流的频仍互动，各种研究理论与方法如潮水般内引外传，学术研究可谓大放光芒，思路、方法百花齐放。在这一良好态势的刺激下，章学诚研究成为学界的兴奋区，各种学科背景的学者纷纷加入章学诚研究的队伍，尤其是 2003 年

---

① 当然，也存在批评过度的状况，如暴鸿昌认为章学诚批判汉学家们反对宋明理学，反映了他维护封建礼教的落后思想。在学风上，章氏孤高自誉，空言多而实学少，硬伤百出，学问远逊于乾嘉汉学家。（见暴氏《章学诚与乾嘉考据学派》，《北方论丛》1994 年第 4 期）这一论断与历史事实不符，因批评过猛，基本不被学界认可。

在浙江绍兴召开的"章学诚国际学术讨论会"，将章学诚研究热潮推向了高峰。十余年来的章学诚研究既波澜壮阔，又细致入微，还出现了众多新转向。

（一）章学诚的史学思想与史学观新解

"六经皆史"说在章学诚研究中，一直最受学者的关注。"六经皆史"中的"史"，历来多被理解为史料、史书，此命题也多被认为带有"贬经"之意味。如侯外庐、傅振伦、仓修良等先后认为章氏打破了尊经抑史的传统观念。然而，也有个别学者对此提出不同的意见。柴德赓以及90年代的其他一些学者则认为章氏明为尊史，实为尊经，并无动摇儒家经典的意旨。因此，在"六经皆史"的命题中，章学诚究竟是尊史抑经，还是对传统经学观的彻底瓦解？这一悬置未解的疑惑依旧成为新世纪章学诚研究的热题。

除踵接传统的研究路径外，不少学者另辟视角，从其他面向展开这一问题的争论。如蔡琳堂从章学诚编撰方志的角度出发，认为章氏的目的在于提高史书之价值与经书等同，还原六经为史书的本来面貌，故而无"贬经"之意。① 冯峰、罗立军等则主张将"六经皆史"说放置在清代学术转向的背景下加以考察，肯定此说打破了"六经"的经典地位，消解了乾嘉学派"经学即理学"的学术纲领，开辟了走出汉宋、由史明道、经世致用的学术新风气。② 而张龙秋从文本类型与学术思想史内涵具体分析"六经皆史"，认为这一思想可归纳为经皆史、经史不可偏废等文本类型，又可从内在理路与外部环境来理解"六经皆史"的形成过程③，明显有调和两派、综合各家的迹象。

在争论之外，不少学者对"六经皆史"的内涵作了进一步诠释。刘巍通过对这一命题的历史追溯，指出其有丰富的意蕴：即有"道器合一""官师合一""治教合一"的价值观念；"以史明道"的主张；"尊史"思想；以道自任的主体意识；从以史通今的立场出发，既视经典为"一代

---

① 蔡琳堂：《章学诚"六经皆史"说之理论与实践——以方志编撰为考察重点》，淡江大学硕士学位论文，2002年。

② 冯峰：《"六经皆史"：章学诚对清代汉学的批判》，《福建论坛》2004年第12期；罗立军：《章学诚"六经皆史论"探究》，《石河子大学学报》2003年第4期。

③ 张龙秋：《"六经皆史"说考论》，北京语言大学硕士学位论文，2003年。

之实录"，又深深维护其为"力世之常法"的思想。① 王记录也重新解释
"六经皆史"的三大内容：融通经史，探讨了经与史在精神实质方面的一
致性；以《春秋》中引发出"史义"的理论，从《周易》中引发出"变
通"的思想，作为变革史学的理论核心和依据；在史书体裁上，提出效
法《尚书》"体因用神"的撰述形式。②

对于章学诚重提"六经皆史"的原因，自民国以来，先后涌现出钱
穆的"救治乾嘉考据流弊说"、余英时的"双重挑战说"、仓修良及叶建
华的"双重针对说"，新世纪学者对此问题也提出新的认识，其中以日本
学者山口久和的"正反含义说"最具代表。他在《章学诚的知识论——
以考证学批判为中心》中，认为应从道器关系理解"六经皆史"的意义，
并否定了该命题反传统的意义，同时指出章学诚重提"六经皆史"一方
面是出于警戒之心，对其具有的"儒教批判的一面"加以掩饰，以回避
清廷的嫌疑；另一方面又对他"所持当代政治肯定论的含义积极进行理
论化"③。可以说，山口是从现实政治意义的角度对"六经皆史"的成因
进行了揭示。

章学诚继刘知几的"史学三长"（才、学、识）后，明确提出"史
德"概念，并对"四长"顺序作了重新排列，以史识、史德置于前二位。
以往对"史德"的理解，不外乎两种：一是指客观主义，即客观地对待
史实；二是被视为史家的封建伦理道德。这一时期的学者对"史德"说
也有新的解释，如章益国认为"史德"一方面指"贯彻天性，不屈从他
人"；另一方面指"贯彻主体性、避免主观性"，其内涵并非指历史研究
中主张客观主义。章学诚主张"史德"，其目的是在主观主义、个体知
识、学界风气之间确立史家的自律机制，达到"学私"和"道公"协
调。④ 彭忠德将"史德"理解为"史家之思想品德"，并认为"尽其天而
不益以人"不是指处理史家主观与客观历史的关系，而是说史家尽可能

---

① 刘巍：《章学诚"六经皆史"说的本源与意蕴》，《历史研究》2007 年第 4 期。

② 王记录：《"六经"的意义与史学变革——对章学诚"六经皆史论"的再认识》，《山西
师大学报》2002 年第 4 期。

③ ［日］山口久和：《章学诚的知识论——以考证学批判为中心》，王标译，上海古籍出版
社 2006 年版，第 89 页。

④ 章益国：《章学诚"史德"说新解》，《学术月刊》2007 年第 12 期。

使自己的气合于理、情本于性。①

（二）章学诚研究新视角的开辟与拓深

2000 年以来，新文化史与社会史在国内大行其道，兼之众多女性学者纷纷加入研究队伍等因素，女性与妇女史研究骤然升为学术热点。因章学诚著述内有大量关于妇女的记载、评述，其妇女观研究也迅速被学界打捞、发掘。

对章学诚女性思想的具体研究，主要体现在两方面，一是廓清、矫正自"五四"以来对章学诚女性观的偏见。章学诚长期被视作"以卫道自居"的保守思想的代表，与当时主张女性进步的袁枚形成对立。而十余年来的学者逐渐深入、客观地理解章学诚的女性观。如徐适瑞认为章学诚有"反对前史程式化烈女传的陋习""看重妇女的社会地位和历史作用""推崇妇女的才干""主张夫妇之间平等相待"及"重新评估烈女价值"等五项贡献。② 美国学者曼素恩认为章氏的《妇学》为"中国女性文化的首部历史"。黄晓丹在认可章氏妇学文章的同时，也指出章学诚的主张较为保守和缓，他的女性观虽赋予了女性最大的文化空间，却不能解除文化对于女性的根本限定，彻底改革社会性别观念。③ 二是深层次诠解章学诚女性观形成的社会、思想背景。不少研究者从社会历史出发，认为章学诚女性观的成就和矛盾都代表着乾嘉社会的普遍特征，是新旧思想之搏击在女性问题上的表现。也有学者从思想史的背景解释，认为袁枚与章学诚关于"妇学"写作问题的争论，是不同经学思想的斗争。袁枚沿袭了王学末流将"道"变为"情"再变为"欲"的思路；章学诚的经世史学则把形而上的天理自然之"道"，转为形而下的政治制度、人伦日用。④

这一时期从文学角度对章学诚思想的观照，在研究广度与深度上也均有进一步的拓深。在研究对象方面，开辟出章学诚文学思想中的赋论、诗学观、史传、小说理论、八股文理论等专题研究，章氏文学思想的面貌更

①　彭忠德：《章学诚"史德"说新解》，《湖北大学学报》2009 年第 2 期。

②　徐适瑞：《也谈章学诚的妇女观》，《史学史研究》2005 年第 2 期。

③　黄晓丹：《清中期女性的群体危机与解救之道——章学诚的女性传记、女性观和女性史》，《烟台大学学报》2013 年第 4 期。

④　黄晓丹：《章学诚与袁枚的"妇学"论争及其经学背景》，《山东大学学报》2013 年第 6 期。

加丰富多样。在研究深度上，除继续整体探研章氏的文学理论和创作实践，还从纵横向角度，对章学诚文学思想的分期、章氏与汪中、袁枚等乾嘉学者文学关系的比较等问题作出诠释。① 整体而言，十余年来关于章学诚文学思想的研究，数量节节攀升，研究比之前进一步推进，对前人的众多论断也有所修正。

（三）章学诚研究新方法的运用

近年来，随着各学科之间的渗透、互动，跨学科的知识与方法被频繁运用于各式研究。十余来年的章学诚研究，很好地反映出这一特征与动向。各种西方理论纷纷用于章学诚思想的研究，较有代表的是用西方哲学命题阐发章学诚的学术主体精神与现代文本论思想。

许苏民在启蒙思潮的视域下，通过对章氏的"随其思之所至，即为我之所在"与笛卡尔的"我思故我在"命题的中西比较，论证了章学诚的思想主体与认识主体的自我意识觉醒，从而为其进行道统论批判提供了理论前提。② 周建刚从解释学的角度，论证章氏的文本诠释思想具有"存在论"的特征，并认为他是陆王心学在清代的转化，从"认知诠释学"转为"本体诠释学"。③ 山口久和则认为章学诚并不具备宋学的问题意识，"在章学诚那里，不仅仅是《朱陆》篇，在他的所有讨论中，宋儒所持有的问题意识——如何统合知识与实践——几乎是淡漠的。我们必须注意到，章学诚这个人近乎我们今天所说的'学者'与过去的'儒者'——在学的同时，进行儒教的道德实践——相隔甚远"④。通过中外学者运用新方法的阐释，不难看出，章学诚的学术观不但是对乾嘉考据学的反动，也是对宋学的一种反叛，这也表明新的学术范式的建构，即章氏对学术主体性精神的关切。

---

① 代表性的论文，诸如许结《论赋的学术化倾向——从章学诚赋论谈起》，《四川师范大学学报》2005 年第 1 期；鲍晓东：《章学诚之赋论：清代赋学的一个独特批评视角——从章学诚"骚赋异同"之辨说起》，《湖北社会科学》2006 年第 11 期；陆德海、李学辰：《章学诚与袁枚诗学差异发微》，《中南大学学报》2009 年第 1 期。

② 许苏民：《随其思之所至，即为我之所在——章学诚哲学的第一原理与道统论批判的理论前提》，《华东师范大学学报》2007 年第 7 期。

③ 周建刚：《章学诚的诠释学思想特征》，《哲学研究》2009 年第 4 期。

④ ［日］山口久和：《章学诚的知识论——以考证学批判为中心》，王标译，上海古籍出版社 2006 年版，第 89 页。

章学诚曾从历史角度阐明"言"与"意"的乖离现象及原因："三代以后，官师分而学士始以著述为一家言。而著述者又自以谓不当其位，则不可以经遂其辞，往往旁申反托，侧出互见。后世诗才史学，托文采以传不朽者，胥是道也。既不得不托于文采，则凡无其质而谬托于斯文者，亦理势所必然。是以读古人书，贵知其意也。""书不尽言，言不尽意，神而明之，存于其人可意会而不可言传。"① 通观这一时期学者的解读，章学诚对"言""意"乖离的历史情势，已深具现代文本论的思想。按山口久和的分析，章学诚提出"会意，而不蔽于言"的文本论思想基于对乾嘉考据学风"剑出偏锋"的焦虑。至于如何释出文本背后的真意，章氏认为这需要读者设身处地的"共感能力"与注重超文本的"法外传心"，通过发挥自身的主观意识，捕捉文本背后的、作者无以言表的精神主旨。何晓明则将现代文化史研究的主旨与章氏的"言"与"意"论述相链接，认为文化史的研究主旨在于发现文本背后的撰述主体的精神意识，即"学术认识中的主观契机"，这一理论方法可谓遥契章氏的上述学术论旨。② 因此，此时学者们从不同角度向世人揭示了章学诚丰富的文本论思想世界。

10 余年来的章学诚研究当然远不止以上的规模，限于篇幅，这一评说，只盘点了几处不同于先前的新动态与新转向。这些新方法的运用，一方面更深入地挖掘了章学诚学术思想的新价值、新意义，同时也有助于还原章学诚其人其学的历史原貌；但另一方面也存在不少"过度解释"与"削足适履"的状况。

五　反思与出路

百年章学诚研究，历经四大阶段，大体形成了以胡适、余英时、仓修良、山口久和为代表的四代研究群体。寻绎这一研究史，无疑印证了克罗齐所说的"一切历史都是当代史"。晚清民国国势衰颓及近代实证主义史学风靡海内，学界热衷发掘章学诚的经世思想与"六经皆史"论。1949—1978 年，港台、海外的学者在"传统文化的现代出路"以及"中

---

① 章学诚撰，李春枰校点：《文史通义》，辽宁教育出版社，1998 年版，第 22、222 页。

② 何晓明：《章学诚"史意"说对文化史研究的启示》，《史学史研究》2007 年第 1 期。

国热"研究的风潮下，习惯于从中西文化视域下解读章学诚的哲学思想。其中，在大陆反传统、破四旧的政治号召下，章学诚因"六经皆史"的贬经意味而赢得"反儒教英雄"的称号。20世纪八九十年代以来，学术研究步入正轨，关于章学诚的研究也逐渐多元、客观，章氏的方志学、文献学研究的兴盛恰与时代需求、学科建设密切相关。随着新世纪西方实证主义的消退，追求精神个体性的文化史及后现代主义思潮代之而起。与传统的客观实证范式相比，10余年来新理论、新方法、新范式在章学诚研究中纷纷破壳而出，以及研究者在章学诚研究中试图寻求精神共鸣或学术表达的合法性，倾注大量的价值关怀，正彰显了这一思想学术的变迁。

作为传统学术集大成的重要代表，章学诚研究的推进直接关涉众多学术重大问题的突破。尽管当前研究貌似臻于"山穷水尽"的境况，但许多遗留公案仍未得到解决。同时伴随新史料、新视野的突破，章学诚研究仍有隙可寻。

其一，有关章学诚的众多学术纷争亟待解决、终结。学术见解的歧义，本属研究常态与应有的题中之意，值得鼓励。但一系列争论的持久堆积，悬而不定，甚至被视而不见，说明学术研究的停滞不前。而从解决系列纷争入手，无疑是提升章学诚研究的重要路径之一。如"六经皆史"说的本义、章学诚的学术渊源、章学诚与乾嘉学派、浙东学派的关系、章学诚妇学观的定位等分歧[①]，均是章学诚研究中的关键问题，学界不得不厘清。

其二，有关章学诚史料的搜集、解读，仍需进一步推进。尽管1985年的《章学诚遗书》网罗章氏著述齐备，但此后仍有大量遗文逸篇出现。而目前整理更为齐全、完备的《章学诚全集》《章学诚年谱》与《章学诚研究资料汇编》，条件与时机均已成熟。此外，先前章学诚研究所援引的史料多聚焦于《文史通义》与《校雠通义》，较多忽视了章学诚的其他著

[①] 当然，造成系列分歧的原因，很多缘于脱离历史语境的解读。如章学诚的经史观，自20世纪以来，先被实证主义史学奉为先驱，继被胡适、顾颉刚等人充作自家学说之注脚。《文史通义·浙东学术》一篇，也先在诠释章学诚、戴震之争中被强制安上"为延续朱陆两派而创造出来的学统"，后在浙东学派发掘的过程中，被援引为乡学谱系的开山证据，以致沦为表彰乡学的"儒林传"，等等。学者对这些内容的阐释，或停留于表面的叙述，或从自身的需要出发，鲜有从章氏所处的时空语境来理解其中的内涵。

述，这无疑遮蔽了章学诚的其他思想与学术。通过大规模排查、整理章学诚的史料文献，既有裨于清理研究疑案，也能够更全面认识章学诚的生平、思想原貌。

其三，许多新视野、新方法的运用宜适度，避免"过度诠释"。自 20世纪 70 年代尤其是新世纪以来，大量新理论、新方法纷纷应用于章学诚研究，不断开辟出章学诚研究的新思路，的确有效提升了整体研究进度。但许多学者在史料解读方面有不少牵强附会，下结论也较为匆忙。如余英时将章学诚所指的"言"比附柯林伍德的 inside，即与原意相去甚远。①山口久和的章学诚研究也较多渗入作者的现实境遇与学术关怀。其试图利用现代文本理论，解构当前日本中国学的"客观性"神话与王力训诂学理论，为此"必须切断'客观性束缚'，重新找回知识与社会、学问与人生的活生生的创造性关联以及感性的认识"②。这些研究虽能带来新意，但预设与现实目的性太强，难免有牵强附会、扭曲史料之嫌。学术研究，只有立足文本原意，才能传之久远、颠扑不破。

第五节 经学史视野与地方关怀：黄式
三、以周父子研究的两种语境

黄式三（1789—1862）、以周（1828—1899）父子，浙江定海人，晚清经学大师，尤以三礼研究饮誉学界。在浙东学派源流史上，黄氏父子嗣响、传衍浙东学脉，又光大浙东礼学，被视为浙东学派之后劲。

黄式三，字薇香，号儆居，道光十二年（1832）岁贡生，后因母病逝归，不再应试，终身治学，著有《论语后案》《诗丛说》《诗序通说》《春秋释》等 100 多卷。其子以周，字元同，号儆季，与俞樾、孙诒让并称晚清"浙江三先生"。同治九年（1870）中举，任浙江分水县训导、教授，后主讲江阴南菁书院长达 15 年，江南俊彦多出其门下，著述以《礼书通故》100 卷最负盛名。该书对中国古代的礼制、学制、封国、职官、

---

① 张汝伦：《存异与求同——以章学诚和柯林伍德的比较研究为例》，《人民论坛》2011 年第 34 期。

② ［日］山口久和：《解构章学诚与王力——新考证学的可能性》，《华东师范大学学报》2007 年第 7 期。

田赋等问题条分缕析，详加稽考，被称为"集清代礼学之大成"①。

黄氏父子著述宏富，造诣深邃，除经学外，于史学、子学亦多有创见，撰有《史说》《读通考》《史说略》《周季编略》《续资治通鉴长编拾补》和《读子集》《子叙》《军礼司马法考证》《子思子辑解》《晏子春秋校勘记》等论著。二人治学博综群经，兼采汉宋，实事求是而不立门户，系统总结两千年经学的发展流变，又绍承、发挥凌廷堪、阮元等清儒重礼主张，成为从"以礼代理"到"礼学即理学"思想定型的关键人物，堪称清代学术革新嬗变的重要推手。

作为经学大师及浙东学派之后劲，黄氏父子在当时及后世均备受推重，俞樾、李慈铭、章太炎、梁启超、黄侃等知名学者均极力赞誉二人"博采众论、实事求是"的治学风格以及在礼学上的重大贡献。但在很长一段时期内，礼学被斥为封建遗毒，因而黄氏父子并未得到普遍的重视，现代学术视野下的研究起步甚晚。纵观 2000 年前的学术成果，较为稀少。学者们从各自的研究领域初步涉及黄氏父子的学术成就，但十分有限，主要在三方面展开：一是表举黄氏父子在清代"以礼代理"的学术转型中的重要地位，以台湾学者张寿安《以礼代理——凌廷堪与清中叶儒学思想之转变》（中研院近代史研究所，1994 年）中的论述为典型；二是揭示黄氏父子在经学、史学方面的突出贡献，主要有顾吉辰的《黄以周和他的〈续资治通鉴长编拾补〉》（《浙江学刊》1989 年第 6 期）、台湾学者李绍户的《黄式三〈论语后案〉释例》（《建设》1976 年第 24 期）及日本学者小幡敏行的《黄式三〈论语后案〉の特色について》（《日本中国学会报》1992 年第 42 期）等；三是视黄氏父子为清代浙东学术的重要一环，将其纳入浙东学派的范畴，以浙籍学者陈训慈《清代浙东史学管窥》（《史学杂志》1930 年第 1 期）、管敏义《浙东学术史》（华东师范大学出版社 1993 年版）、钱茂伟《浙东学术史话》（宁波出版社 1999 年版）为代表。

2000 年以来，随着经学研究的回温及地方文化发掘的推动，黄氏父子的学术价值纷纷进入学者的研究视阈。尤其是近年来黄氏父子相关著作的大规模整理、点校，极大地掀起了黄氏父子生平与学术探究的热潮。黄

---

① 梁启超：《中国近三百年学术史》，第 213 页。

氏父子及浙东礼学之研究，成为新世纪礼学研究中的重要开创点。黄氏父子的《易》学、《尚书》学、《诗经》学等领域的开辟，也成为黄氏父子研究的新进展。这些研究方兴未艾，对浙东学派的内涵与整体定位必能取得更大突破。兹以研究内容与角度为准，分类述之。

一 黄氏父子的相关文献整理

随着经学研究及清代学术论述的不断拓宽和细致深入，对新文献资料的发掘、整理越来越迫切。又在地方历史文化钩沉的热浪中，一些以往被遗忘或关注不够的乡贤人物也纷纷涌入学术视域。在这二重背景下，黄式三、以周父子及相关文献的整理被人注目。可以说，当前的黄氏父子研究，最大的成果之一便是文献整理。

2005 年，黄氏父子故里所在的浙江海洋学院人文学院韩伟表、詹亚园、程继红等人集合学术资源，着手整理研究黄氏父子著作。其中詹亚园主持的"黄式三、黄以周学术著作汇辑"被国家清史编委会列为文献整理类课题，程继红主持的"黄式三集"、詹亚园主持的"黄以周著作整理"被浙江省文化工程列为文献集成类重点项目。为保障整理研究工作的开展，浙江海洋学院人文学院还集中了 10 多位学有专长的教授、博士，成立"定海黄氏与近代学术研究所"，将黄氏父子学术研究推向深入和普及。经过五年的艰辛工作，终于整理完成黄氏父子代表性著述 27 种、计800 余万字，最终形成《黄式三、黄以周合集》（上海古籍出版社 2014 年版，以下简称《合集》），系黄氏父子全部著作的首次整理出版。在《合集》整理期间，还产生了一些与文献考证相关的论文，主要有：韩伟表《黄式三、黄以周〈易〉学著作序跋谫述》（《浙江海洋学院学报》2010年第 4 期）、《清华大学图书馆藏〈十翼后录〉七卷本叙录》（《浙江海洋学院学报》2014 年第 3 期），韩伟表、张涅《黄以周著述现存版本知见录》（《大学图书情报学刊》2013 年第 2 期），张涅《晚清黄式三、黄以周未刊稿六种考录》（《古籍整理研究学刊》2015 年第 2 期），韩岚《黄以周〈意林校注〉查考》（《学术界》2012 年第 2 期）等。这些论文多为《合集》的整理者撰写，研究成果与观点已被《合集》吸收。

在黄氏父子史料的搜辑过程中，另一重大的文献成果即是定海黄氏族谱的发现。2008 年，浙江海洋学院张羽在上海图书馆发现黄氏父子所属的《翁州紫微庄墩头黄氏谱》。此谱为黄式三晚年考订续修，较详细可靠地记录了黄氏家族各时期的人物事件、祖居祖茔、春秋祭扫，对黄氏家族迁徙、祖先盛绩、族谱修订及家族文化传承等研究具有重要意义，因而激发了学界对定海黄氏家族的探索。这一专题，以浙江海洋学院黄雅玲的研究最为丰硕，陆续刊发了《从黄氏家谱看家族文化基因对黄式三父子的人格影响》（《浙江海洋学院学报》2009 年第 1 期）、《翁州紫微庄墩头黄氏谱研究》（《浙江海洋学院学报》2010 年第 3 期）、《定海黄氏家族治学遗风探析》（《浙江海洋学院学报》2011 年第 4 期）、《定海黄氏故居及其家族成员名号考略》（《浙江海洋学院学报》2012 年第 4 期）、《晚清定海黄氏家族教育探析》（《浙江海洋学院学报》2013 年第 5 期）等，较完整地分析了定海黄氏家族的源流、成员、教育及治学特色，为黄氏父子学术渊源中的家学传统提供了清晰的解释。

当然，在《合集》整理之前，学界亦有对黄氏父子生平事迹的考证，代表性的著作是王逸明的《定海黄式三、黄以周年谱》。该书虽有一些商榷的条目，但首次详细考订黄氏父子的生平大事与著作年代，并载有"定海黄氏世系"简表及定海县图，有效呈现了黄氏父子的家族系谱、故居地理、交友状况及学术思想的变化，为研究带来极大的便利。①

二 黄氏父子的三礼思想研究

黄氏父子于三礼研究用力最深，亦最为世人所知。二人认为藏诸典章制度之"礼意"，才是圣人借乎礼制以显的"理义"，故将礼学条贯于经书，通过"以礼释经"强调礼学的实用价值，并将礼学落实于人伦日用，从而达到"育后学，正乡俗"的目的。学界研究黄氏父子的三礼思想，以黄以周的《礼书通故》最受关注。

在研究群体中，以台湾学者为主力，这与他们的学术兴趣及研究特长息息相关。如周聪俊以"《礼书通故》征引考"进行专题研究，就《礼书通故》中所征引的吉礼与嘉礼，稽考寻绎其出典，颇利于后人掌握原书

出处。① 郑宪仁也开展"黄以周《礼书通故》研究"计划，从食礼通故、名物通故、礼节图表、名物图之"名物"与"食礼"进行探究。② 与之桴鼓相应的是，台湾青年学生也有诸多关于《礼书通故》研究的论文，如黄小蓁《黄以周〈礼书通故〉"宗法观"及"丧服论"研究》（高雄师范大学硕士学位论文，2001 年）、李秀珠《黄以周及其〈礼书通故〉中之昏礼、丧礼学研究》（高雄师范大学硕士学位论文，2008 年）、彭怡文《黄以周〈礼书通故〉女子丧服礼考》（东海大学硕士学位论文，2010 年）等，研究多从经学及文献学角度展开，考证《礼书通故》中涉及之丧礼、服礼等古礼的原貌。大陆对《礼书通故》的研究相对较少，主要有詹亚园《黄以周〈礼书通故〉小议》（《浙江海洋学院学报》2007 年第 3 期）、顾迁《黄以周及其〈礼书通故〉研究》（南京大学硕士学位论文，2008 年）、程继红《黄以周〈礼书通故〉对朱熹礼学的遵从与批评》（《浙江海洋学院学报》2012 年第 6 期）等。通过对该书的体例、诠释及内容的审视，"体大思周，无微不至""不拘汉宋，实事求是""明辨是非，精于判断""文字互见，图文相辅"大致成为《礼书通故》一书特点的概括与评价。③ 当然，研究也指出《礼书通故》存在一些疏误、臆说，如"立说有前后矛盾之处，未能融裁统一""推测上古宫室制度，缺乏实据，近于应说""《王制》步亩算法失传已久，黄氏百端拼凑以通《孟子》，终为牵强"④ 等，表明学术研究逐步客观与深入。

除专书讨论外，学界也有整体考察黄氏父子的重礼思想，解读二人"礼学即理学"思想及其在清代"以礼代理"思想转型过程中的重要地位。如林存阳《黄式三、以周父子"礼学即理学"思想析论》（《浙江社会科学》2001 年第 5 期）及《清初三礼学》（社会科学文献出版社 2002 年版）、魏永生《黄式三学术思想评议》（《东方论坛》2000 年第 3 期）、黄海啸《礼理之辩与黄式三以周父子对清代礼学的总结》（《兰州大学学

---

① 周聪俊：《〈礼书通故〉征引考》，台湾"国科公"研究计划，2000 年 8 月至 2002 年 1 月。

② 郑宪仁：《黄以周〈礼书通故〉研究》，台湾"国科公"研究计划，2008 年 8 月至 2009 年 7 月。

③ 詹亚园：《黄以周〈礼书通故〉小议》，《浙江海洋学院学报》2007 年第 3 期。

④ 顾迁：《〈礼书通故〉的诠释方法及其疏误举隅》，《古籍研究》2009 年第 1 期。

报》2006 年第 5 期）、顾迁《黄以周学术思想初探》（《船山学刊》2011
年第 1 期）等人的观点基本达成共识，认为黄氏父子沿清初顾炎武开创
的"经学即理学"的实学路向，调和汉宋，沟通礼理，继凌廷堪、阮元
所倡"以礼代理"说之后，使"礼学即理学"的思想更为成熟，其以完
整的学术形态完成了对清代礼学的全面总结与建构，可谓集两千年礼学研
究之大成。

三　黄氏父子的《易》学、《尚书》学、《论语》学研究

黄氏父子之主要学术成就在于经学。二人笺注经学时"谨守郑学而
兼尊朱子"，在《易》学、《尚书》学、《论语》学、《诗经》学领域，均
能取舍"新疏"与汉代以下"古注精华"，体现了"汉宋兼采"的时代
潮流特色。

（一）《易》学研究

关于《易》学专书，黄式三撰《易释》，黄以周则有《十翼后录》
《易释》《周易故训订》《周易注疏剩本》四种。父子皆主经、传合一，
对于易学，亦兼取汉儒象数与宋儒义理之长，呈现出"通贯经传""善以
变卦释《易》"的特色。此外，二人还以大量史实证《易》，强调"易
学"不可舍人事的实用价值，反映了浙东学术博洽融通的精神。

学界研究黄氏父子易学者，以台湾学者居多，主要有赖贵三《黄式
三、黄以周父子易学初探》（中研院中国文哲研究所"浙江学者的经学研
究"第二次学术研讨会，2005 年），该文肯定黄氏父子治《易》综括汉
学、宋学，以经、传为本，并参以己意，融贯而成一家之言，展现出浙东
学派经学、理学与小学一体论述的特有学术风格。项世勋《清儒黄式三、
黄以周父子易学研究》考察黄氏父子精研《周易》之历程，并考录分析
其"易学"著作与体例，归结二人的解经方法为"兼具象数义理以释易"
"善于发挥易传""善以卦变说易"等要点。[①] 商琛《黄式三〈易释〉的
"通贯"精神》指出黄氏治《易》以"求是不求古，有宗主而无门户"
为纲领，其《易释》之作，力主象爻合释，又复以史证《易》，强调

---

①　项世勋：《清儒黄式三、黄以周父子易学研究》，台湾师范大学硕士学位论文，2007 年。

《易》学的实用价值。① 陈姝伃《黄以周〈十翼后录〉以〈礼〉释〈易〉探析》（高雄师范大学经学研究所"第七届青年经学学术研讨会"，2001年）通过考索《十翼后录》，发掘该书具有以"传"释"经"，以"注"释"传"，以"义疏"释"注"等释经方法。

整体而言，目前学界对于黄氏父子的易学研究，包括治经方法、思想取向、释经特色，以及义理思想之阐发，基本认可黄氏以《礼》释《易》的解易特点，也可看出黄氏父子以"礼"为中心治学思想的一以贯之。

（二）《尚书》学研究

黄氏父子虽非《尚书》学研究名家，但也撰有相关专著，在清儒《尚书》学研究又展示出独到之处。与其他经学研究相似，学者们也多从黄氏父子治《尚书》的特点入手。曹美秀《黄式三经学试探——以〈尚书启蒙〉为例》认为《尚书启蒙》的文字训释或文义解释、文句点读，与前人之说有别，成功扮演了"启蒙"角色，是《尚书》学在晚清的新发展。② 商瑈《"稽古"与"易简"——黄式三的〈尚书〉学》也赞同前人的评判，以为黄式三治《尚书》具有"稽古"与"易简"的取向。《尚书启蒙》一书释经提纲略目，释义简当，颇便于初学门径。③ 余全介也分别考论二人的《尚书启蒙》《尚书讲义》，诠释其治《尚书》的特色在于"讲求小学以通训诂，讲求礼学以通滞难，推求经例以贯穿全经，重视会通以证经说，讲求大旨以提纲挈领"④，高度评价黄氏父子在清代经学研究缺乏通论大旨、探求深意背景下的独特地位。

（三）《论语》学研究

黄氏父子虽是"三礼"名家，但黄式三的《论语后案》创见迭出、影响深远，广受学者征引，李慈铭评价此书"不专主汉宋，而悉心考据，务求至当。其诠释义理，亦深切著明，绝去空疏诘屈之谈"⑤。鉴于此书在《论语》学史上的重要地位，新时期学者多方阐发该书的思想渊源、

① 商瑈：《黄式三〈易释〉的"通贯"精神》，《东吴中文学报》2008 年第 16 期。

② 曹美秀：《黄式三经学试探——以〈尚书启蒙〉为例》，《书目季刊》2008 年第 3 期。

③ 商瑈：《"稽古"与"易简"——黄式三的〈尚书〉学》，《北商学报》2009 年第 15 期。

④ 余全介：《定海黄式三、黄以周〈尚书〉学研究》，《浙江海洋学院学报》2001 年第 1 期。

⑤ 李慈铭：《越缦堂读书记》上册，辽宁教育出版社 2001 年版，第 114—115 页。

诠释特点、历史价值及后世影响。商琭《求是与求实——黄式三的“论语学”》（《兴大中文学报》2007 年第 21 期）、韩岚及张涅《黄式三〈论语后案〉以“礼”为本的思想及其意义》（《孔子研究》2009 年第 2 期）均指出《论语后案》以“礼”为诠释主轴，具有“求是”与“求实”特色，发展了清中叶以来的礼学思想，是对荀子礼治主义路线的承传。宋展云《黄式三〈论语后案〉诠释特点论》也肯定《论语后案》是对于礼制的回归，使得《论语》诠释重视制度层面的反思，对常州学派《论语》诠释宣扬变法改制有一定影响。① 张涅《黄式三〈论语后案〉对于朱子思想的阐释》则通过理、性、仁、知等理学范畴考察黄氏与朱子思想的关联，证实严可均“黄氏说经多回护朱子”的说法。② 张涅《黄式三〈论语后案〉述论》比较《论语后案》前后版本的内容差异，并从“案语”中透视其立足于汉学方法，汲取宋学思想，融会汉、宋的治经特色。③

也有学者运用比较方法，寻求黄式三《论语后案》与另一部论语学名著——刘宝楠的《论语正义》之间的异同。顾迁《〈论语后案〉〈论语正义〉诠释之异趣》发现二书诠释经义的方法不同。《后案》汉宋兼采，且有礼学化倾向，发挥义理的成分较多。而《正义》则是纯汉学，侧重章句训诂。在体例上，《正义》太多沿袭郑玄《论语》义的解释，对于郑义的残缺，所申又不尽当。而《后案》以“礼意”建构《论语》义理体系，于郑玄经学思想往往能耦合，但在某些问题上也会延续郑玄的失误。④ 刘阁薇《黄式三“论语学”研究》在探究《论语后案》的成书过程、著述体例、治经方法后，从当世的刘宝楠《论语正义》与后世的程树德《论语集释》中，搜寻实际征引黄式三《论语》学言论的篇幅，观察《论语后案》的影响情形、价值与意义。⑤ 同时，不少学者注意到《论语后案》的训诂特色，如谢志平《黄式三〈论语后案〉训诂研究》（暨南大学硕士学位论文，2011 年）与王晴《黄式三〈论语后案〉训诂述评》（辽宁师范大学硕士学位论文，2014 年）从训诂内容、训诂方法及阐

---

① 宋展云：《黄式三〈论语后案〉诠释特点论》，《孔子研究》2014 年第 5 期。
② 张涅：《黄式三〈论语后案〉对于朱子思想的阐释》，《朱子学刊》2008 年第 1 期。
③ 张涅：《黄式三〈论语后案〉述论》，《诸子学刊》2007 年第 1 期。
④ 顾迁：《〈论语后案〉〈论语正义〉诠释之异趣》，《求索》2011 年第 4 期。
⑤ 刘阁薇：《黄式三“论语学”研究》，高雄师范大学硕士学位论文，2009 年。

释学成就等方面对《论语后案》作了评述。

四　黄氏父子的史学及学派归属问题研究

黄氏父子精研古史，史学著作以《周季编略》《续资治通鉴长编拾补》最为有名。前者被梁启超列为"上古史研究优等之选"，钱穆《先秦诸子系年》、杨宽《战国史料编年辑证》也多次征引其考证结论。后者则是研究宋史的基本史料，历来受到广泛重视。因此，学界对这两部著作进行了较多探讨。程继红《〈周季编略〉与乾嘉史学遗风》通过分梳，认为《周季编略》对乾嘉史学之考据精神、细节情怀、议论特征也有明显的继承与发扬，浙东学术"以经明史""践履之笃"的精神传统与乾嘉史学遗风在《周季编略》中得到双重表现。① 王政冬从体例、考据、失误三方面比较了林春溥的《战国纪年》与黄式三的《周季编略》，认为两书在材料搜集与史实考据上比司马光的《资治通鉴》、吕祖谦的《大事记》更胜一筹，"但综合来看，《周季编略》要优于《战国纪年》"②。

除探究专书的义旨、特征外，学界对二人是否可归入浙东学派，形成了不同见解。其实，这一问题早在民国时期就有不同的论述。如章太炎以为"定海黄式三传浙东学"（《清儒·訄书》），陈训慈论述"清代浙东史学"时，也主张"黄氏父子，穷经好古，尤隐然为浙东史学之后劲"③。而梁启超在《论中国学术思想变迁之大势》及《中国近三百年学术史》中认为浙东学派"源出自梨洲、季野，而尊史。其巨子曰邵二云、全谢山、章实斋"④，"浙东学风，从梨洲、季野、谢山起以至于章实斋，厘然自成一系，而其贡献最大者实在史学"⑤。可见，在梁氏的观念中，浙东学派以史学著称，成员不包含黄氏父子。

这一分歧当时未能解决，反而被后来学者延续，形成相异的两派。一派视黄氏父子为清代浙东学派，如张舜徽《清儒学记》中举黄氏父子

① 程继红：《〈周季编略〉与乾嘉史学遗风》，《浙江海洋学院学报》2008 年第 4 期。

② 王政冬：《〈战国纪年〉与〈周季编略〉比较研究》，吉林大学硕士学位论文，2014 年，第 58 页。

③ 陈训慈：《清代浙东史学管窥》，《史学杂志》1930 年第 1 期。

④ 梁启超：《论中国学术思想变迁之大势》，第 124 页。

⑤ 梁启超：《中国近三百年学术史》，第 200 页。

"以史证经，即经明史"的学术特色，将其归入《浙东学记》。管敏义《浙东学术史》、曹屯裕《浙东文化概论》、滕复《浙江文化史》等论著亦认同黄氏父子为晚清浙东治经史之名家，将其纳入浙东学派谱系。程继红《黄式三、黄以周与浙东学派的关系及其传衍》明确指出，黄氏父子光大浙东礼学，不仅对浙东学派传衍贡献巨大，而且将乾嘉考据之风引入浙东，为浙东学派经史之学注入新的考证活力，使清代后期浙东学派面貌为之一变。[①] 而另一派从师承及治学特征考述，否认黄氏父子属于清代浙东学派。吴光《黄宗羲与清代浙东学派》（中国人民大学出版社 2009 年版）认为黄氏父子在思想上虽与清代浙东学派关系密切，但与后者毫无师承关系。叶建华《浙东史学流派简史》（《浙江学刊》1990 年第 6 期）更主张章学诚才是浙东史学派之殿军。殷梦霞编撰的《浙东学人年谱》，其中清代部分亦未列黄式三。其实，关于黄氏父子是否属于浙东学派的问题，一方面与"浙东学派是否等同于浙东史学"的界定相关，同时也与学者的情感、意志、价值取向紧密相连。如章太炎在《黄先生传》中，指认黄以周是四明之学的代表人物，治学不喜陆王，具有鲜明的个人印记，与黄以周的学术事实不吻。[②] 而梁启超的浙东学派谱系不收黄氏父子，即是强调浙东学派的"尊史"特点，与其重视史学，而对礼学评价不高的学术观点相一致。[③]

相较而言，持黄氏父子为浙东学派观点一派的多为浙籍或在浙执教的学者，主要从地域文化维度，强调浙东之学的一脉相传。而且，他们已不满足浙东学派即是浙东史学或事功学派的论述，还从经学、史学、理学、文学等视角阐发浙东学派的多元造诣，这或多或少折射出 1990 年代以来学术反思以及地方文化研究增强的学术轨迹。

目前，关于黄氏父子研究的代表性论著，当属台湾学者商瑈的《黄式三学术思想研究》（花木兰文化出版社 2011 年版）。全书分上、下卷，上卷为"学术综论"，探究黄氏的理学、礼学、史学思想，认为他主张理

---

① 程继红：《黄式三、黄以周与浙东学派的关系及其传衍》，《浙江社会科学》2010 年第 11 期。

② 任慧峰：《关于黄以周在清代学术定位中的几个问题——以章太炎〈黄先生传〉为中心的讨论》，《中国典籍与文化》2013 年第 2 期。

③ 周积明、雷平：《清代浙东学派学术谱系的建构》，《学术月刊》2004 年第 6 期。

气内在一元的本体论，强调践履结果的"性教合一"性善论，重视成善在"习"、戒贪节欲而不绝欲的工夫进路；在礼理之辩中，将"礼义"视为"理则"，提出"约礼求理"以修正"以礼代理"的偏激；在史学上，黄氏踵继"浙东史学"的"以史经世"精神，又融会"浙西史学"的"稽古实证"原则，表现会通两浙史学之特色。下卷则是"各经分论"，探究黄氏的《礼》学、《易》学、《尚书》学、《论语》学思想。① 与前代相比，商琸在广度上开辟了新的研究空间，即黄式三理学思想的研究。同时，其注意到黄式三融会浙东、浙西史学的学术特色，亦值得重视。

五 反思与出路

综观对黄氏父子的研究，2000 年前比较稀少，零星讨论也多依附于清代经学以及浙东学派的框架下展开。对黄氏父子思想学术的研究重视起步于 2000 年以来，并逐渐凝聚成两大研究中心：一是以张寿安、周聪俊、商琸为代表的台湾学者，侧重黄氏父子经学尤其是礼学思想的研究；二是 2005 年以来以浙江海洋学院及与之有学缘关系的研究群体，其研究除继续关注礼学思想外，还拓展了文献、教育、家族及地方文化等课题的研究。该研究中心因地缘、学缘及地方支持之优势，凝聚了数十人的研究队伍，成立"舟山黄式三黄以周学术研究会"，完成了《合集》这一标志性成果，成为当今黄氏父子研究的重镇。当然，与其他浙东学派人物的研究相比，当前黄氏父子的研究远远不够，基本属起步阶段，存在值得努力之处还有很多。

其一，对黄氏父子礼学思想的研究仍然不足。尽管黄氏父子的礼学思想得到大规模的开掘，但许多问题并未得到解决。如在解读黄式三礼学的义理思想上，学界聚焦于其对凌廷堪"以礼代理"的修正，却未将其放置于"乾嘉新义理学"的发展脉络中进行讨论。又如在黄氏父子的思想体系中，礼学与其他经学、史学、子学的关系如何，至今亦未得到较好处理。不解决这一问题，对于黄氏父子能否归入浙东学派的争论仍将继续，也不能对比晚清浙东学派与南宋、清初浙东学派的异同。

---

① 商琸：《海峡两岸黄式三、黄以周当代研究综述》，《浙江海洋学院学报》2012 年第 6 期。

其二，对黄氏父子著作的关注普遍失衡。从研究成果来看，学界对黄氏父子的认知多集中于《论语后案》《礼书通故》，对二人的其他著作用力程度明显不足。从新整理出的《合集》来看，二人的著作远不限于此，除经学外，其在义理、史学、子学、诗文等方面，均著述宏富，并有独特的见解。因此，如能加强这些领域的研究力度与深度，可以更好地审视黄氏父子的多元学术成就。

其三，"历史"与"地理"的学术视野有待增强。学者多认同黄氏父子继承清初以来"礼理之辩"的学术进路，视其为从"以礼代理"到"礼学即理学"思想定型的关键人物。但黄氏父子的学术来源究竟如何，除有学者从乾嘉汉学、浙东史学等大传统涉及这一问题外，对黄氏父子直接的学术来源（如家学渊源、与同时代学者的交游）的探究较少。此外，黄氏父子对晚清学术变革有重大作用，尤其是黄以周主讲江阴南菁书院，培养了大批近代学术人才，影响了近代学术的发展走向。黄氏礼学的后续发展、南菁书院的学术流脉、舟山海岛儒学与浙东学派的关系等问题的讨论，均有待继续深入。

第六节　清末永嘉学派研究平议

永嘉之学大盛于南宋，但叶适之后承继乏人，最终在宋元之际断裂。道光年间，永嘉学派出现复兴的气象，从孙希旦（1736—1784）、张振夔（1798—1866）开始，到孙锵鸣（1817—1901）、孙衣言（1815—1894）、孙诒让（1848—1908）、宋恕（1862—1910）、陈虬（1851—1904）、陈黻宸（1859—1917）等温州籍学人，以清代朴学之法，对永嘉学派展开整理和研究，并思考永嘉文化衰落不振的原因，以图永嘉学术的重光。同时又受永嘉事功精神的激发，他们积极投身于变法改良，成为清末学术和社会政治运动的重镇之一。关于清末永嘉学派的研究，近 20 余年来，涌现出大量的学术成果。学者对这些研究的总结回顾，除相关博硕士学位论文有不同程度的触及外，尚未有专文进行梳理，故有必要加以评述，以资于将来研究。

学界对清末永嘉学派的研究，按研究的人物可分为三方面：一是对三孙（孙衣言，弟孙锵鸣、子孙诒让）尤其是孙诒让的研究；二是对宋恕的研究；三是对陈虬、陈黻宸等人的研究。

一　三孙研究

清末永嘉学派兴于张振夔、孙希旦等人，到孙衣言、孙锵鸣、孙诒让而大盛。三孙为重光永嘉学术，不遗余力地整理永嘉学派文献。孙衣言学宗永嘉经世事功之学，建玉海楼，辑印刊刻《瓯海轶闻》《永嘉集内外编》《永嘉丛书》《逊学斋诗文抄》等。孙锵鸣推崇梨洲、亭林、船山实学，率先在瑞安推广种牛痘，主张解放妇女缠足和开办女学，还校勘孙希旦《礼记集解》，著有《海日楼诗文集》《东瓯大事记》。孙诒让学术贡献最著，不仅协助其父编成《永嘉集》74 卷，续刊《永嘉丛书》13 种，编有《瓯海轶闻》57 卷，还撰写 20 余种著作，以《周礼正义》《墨子间诂》《札迻》《古籀拾遗》《契文举例》《名原》《温州经籍志》《籀庼述林》最负盛名。除这些人物外，与三孙有渊源的冒广生编刊了《永嘉诗人祠堂丛刻》，宋恕撰有《浙学史》《永嘉先辈学案》，对永嘉文献与学术均作了整理与爬梳。

三孙研究中，大多聚焦于孙诒让，对孙衣言、孙锵鸣的研究较少。在现有论著中，对孙衣言的研究有：张宪文的《瑞安孙氏玉海楼书藏考》（《文献》1988 年第 3 期）、周梦江的《谈孙衣言著〈叶适年谱〉的问题及其他》（《温州师范学院学报》1997 年第 4 期）、潘猛补的《〈叶适年谱〉补正》（《温州师范学院学报》1997 年第 4 期）及刘时觉、陈克平等人的《孙衣言、孙诒让与“永嘉医派”》（《浙江中医杂志》1998 年第 12期）等。这些研究集中于孙衣言所建的玉海楼及藏书情况。由于叶适研究热度的带动，学界对孙衣言所著的《叶适年谱》亦进行补正，整体而言，孙衣言研究尚属初步阶段。

而对孙锵鸣的研究有：王作新的《从语境诂解〈礼记〉之语义举隅》（《华中师范大学学报》1991 年第 4 期）、吕友仁的《指瑜为瑕的校记何其多——读点校本〈礼记集解〉札记之一》（《河南师范大学学报》1996年第 2 期）、万丽文的《〈礼记集解〉的成书及其版本》（《文教资料》2007 年第 7 期）、王锷的《东汉以来〈礼记〉的流传》（《井冈山大学学报》2010 年第 5 期）等。很明显，对孙锵鸣的研究集中于其点校的孙希旦《礼记集解》。总体而言，学术界对三孙的研究以孙诒让为焦点，成果最鸿硕。

（一）生平及文献著述

孙诒让学问渊博，堪称清代朴学的殿军，在晚清学术界地位极高，故其逝世后谈论其生平传记的文章不少。1908 年，孙诒让新逝不久，推崇其学并与之交往密切的章太炎参加温州留学日本学生会举行的孙诒让追悼会，撰写《瑞安孙先生伤辞》追念，接着以"章绛"为名在《国粹学报》（1908 年第 7 期）发表《孙诒让传》一文。此二文对孙诒让的生平及学术地位进行了研究，认为："吴越间学者，有先师德清俞君及定海黄以周元同，与先生皆治朴学，承休宁戴氏之术，为白衣宗。先生名最隐，言故训，审慎过二师。"① 章太炎指出，孙诒让继承乾嘉考据之学，但学问超过了戴震、段玉裁，给予高度评价。之后关于他的传记简谱陆续出现，如朱孔彰的《清孙征君诒让事略》（《甲寅》1915 年第 9 期）、章梫的《孙诒让传》（《亚洲学术杂志》1921 年第 2 期）、宋慈抱的《孙籀廎先生年谱》（《东方杂志》1925 年第 12 期）、董允辉的《清孙诒让先生传》（《燕大学刊》1930 年第 3 期）等。其中，孙诒让好友章梫说："诒让于学淹贯古今中外，以通经为体，以议时务为用"②，对孙诒让作了中肯的评价。

20 世纪 30 年代，孙诒让之子孙延钊在其所编《孙衣言孙诒让父子年谱》（后经周立人等人整理为《孙衣言孙诒让父子年谱》）中评价乃父："其为学绍述永嘉绪言，欲以经制之学融贯汉宋，通其区畛，而以永嘉儒先治《周官》经特为精详，大抵阐明制度，究极治本，不徒以释名辨物为事，亦非空谈经世者可比。"③ 点出了孙诒让学术思想的精髓——即融合汉宋，专治《周礼》，以阐发经制之学。1934 年，朱芳圃编《清孙仲容先生诒让年谱》（商务印书馆 1934 年版），是最早正式出版的孙诒让年谱。同时期，与之相关的研究也随之出现，如戴家祥的《书孙诒让年谱后》（《浙江省通志馆馆刊》1945 年第 2 期）、钱南扬的《孙诒让传》（《浙大学报》1947 年第 1 期）、洪焕椿的《孙仲容先生生平与学术贡献》

---

① 章太炎：《孙诒让传》，《国粹学报》1908 年第 7 期。

② 章梫：《孙诒让传》，《亚洲学术杂志》1921 年第 2 期。

③ 孙延钊撰，徐和雍、周立人整理：《孙衣言孙诒让父子年谱》，上海社会科学院出版社 2003 年版，第 26 页。

（《东方杂志》1948 年第 9 期）。这些论文重点讨论其生平事迹，对其学术思想多泛泛而谈。

　　近十几年来，孙诒让的生平传记除重新出版民国时期的年谱外，也有新著出现，重要的有：李海英的《朴学大师孙诒让传》（浙江人民出版社2007 年版）、俞雄的《孙诒让传论》（浙江人民出版社 2008 年版）等。其中李海英从书香门第、读书游历、交游广泛、关心时政、朴学大师、教育救国、地方实业等方面叙述了孙氏的事迹和成就，可读性颇强。俞雄则主要叙述孙诒让的家世与生平，论述其学术成就和维新思想，并对孙先生的成长道路和交往关系以及瑞安维新人物的群体作了探讨，代表了孙氏学术传记的较高水平。

　　20 世纪 80 年代以来，杭州大学、温州师范学院、温州图书馆等集中收集整理孙氏遗著，雪克、董朴垞、张宪文、潘猛补等人功不可没。其成果主要有：雪克的《杭大藏孙诒让〈经迻〉稿本略说》（《杭州大学学报》1982 年第 3 期）、《〈籀庼读书录〉续辑》（《杭州大学学报》1988 年第 4 期），董朴垞的《孙诒让著述考略》（《温州师专学报》1980年第 2 期）及《续》（《温州师专学报》1981 年第 1、2 期），张宪文的《孙诒让遗文续辑（上）（中）（下）》（《文献》1989 年第 3、4 期，1990年第 1 期），孙延钊辑、张宪文整理的《孙诒让书札辑录（上）（中）（下）》（《文献》1986 年第 3 期）和《孙诒让书札辑录（中）（下）》（《文献》1987 年第 3、4 期）等文。其中最主要的成果是雪克辑点的《孙诒让遗书　籀庼遗著辑存》（齐鲁书社 1987 年版），可谓当时正式出版的孙氏遗著。而潘猛补的《孙诒让遗文辑存拾遗》（《文献》1991 年第4 期）等文，对孙氏的遗文遗著进行辑录辨伪、拾遗补阙，为全集出版做了很好的铺垫。

　　新世纪以来，有关孙诒让的文献整理更显厚重，以许嘉璐主编的《孙诒让全集》（中华书局 2009—2016 年版）最为精善和完备。《全集》囊括了海内外现有孙氏的全部著述，同时吸纳最新的研究成果，体现了孙氏著作整理的最新水平。

　　（二）《周礼正义》研究

　　《周礼正义》为孙诒让一生心力所瘁，亦是清代群经新疏中的杰作，故对孙氏礼学的研究是学界焦点之一。

首先是对孙氏礼经著作的点校整理。主要有：王文锦、陈玉霞点校的《周礼正义》（中华书局 1987 年版）、《〈大戴礼记〉斠补（附〈九旗古谊述〉、〈周书〉斠补、〈尚书〉骈枝）》（齐鲁书社 1988 年版）、《〈大戴礼记〉斠补外四种》（中华书局 2009 年版）等。其中，《周礼正义》整理本在参校乙巳本和楚本的基础上，择取各本所长，但讹误在所难免，后出现不少正误文章，如汪少华的《〈周礼正义〉点校琐议》（《吉安师专学报》1993 年第 3 期）、刘兴均的《孙诒让〈周礼正义〉王、陈点校本误读、失校辨正》（《古籍整理研究学刊》2002 年第 2 期）。

赵振铎的《从〈周礼正义〉看孙诒让对〈集韵〉的研究》（《四川大学学报》2006 年第 4 期）则表彰《周礼正义》的注疏价值，通过对读《周礼正义》与《集韵》，发现孙氏研究《周礼》的许多材料完全可用来疏释《集韵》，可见孙氏注疏之精审。

（三）《墨子间诂》研究

孙诒让的《墨子间诂》在毕沅本的基础上"旁摭众家，择善而从"，充分吸收了王念孙、王引之、戴望、俞樾等人的校勘成果，可谓集清代《墨子》校勘之大成，在墨学史上占有极高的地位。梁启超称赞："此书一出，《墨子》才能被人识读，墨学在现代复活了。"[①] 故围绕《墨子间诂》对孙诒让学术展开论述是研究焦点之一。

《墨子间诂》研究在 20 世纪八九十年代兴起。主要论文有：宋立民的《〈墨子间诂〉书名小考》（《古籍整理研究学刊》1987 年第 3 期）、朱宏达的《孙诒让和墨学研究》（《杭州大学学报》1990 年第 4 期）、汪少华的《〈墨子间诂〉书名正义》（《南昌大学学报》1991 年第 3 期）、高永安的《〈墨子间诂〉在虚词研究史上的贡献》（《中州大学学报》2002 年第 1 期）、王兴文的《〈墨子间诂〉与 20 世纪 30—60 年代墨学的全面复兴》（《学术交流》2006 年第 10 期）、易敏的《〈墨子间诂〉城守诸篇对王氏父子注释的取舍》（《河北大学学报》2006 年第 1 期）、秦彦士的《孙诒让〈墨子间诂〉校补示例》（《求索》2006 年第 4 期）、孙中原的《孙诒让在墨学史上的学术地位与贡献》（《南通大学学报》2010 年第 4 期）等文。通观这些论文，其关注点集中于三大层面，一是对《墨子间

---

① 梁启超：《中国近三百年学术史》，第 198 页。

诂》书名、题名的解释疏证；二是通过《墨子间诂》管窥孙诒让对墨学的评价及学术史定位；三是对《墨子间诂》在语词校勘过程中的继承创新得失进行检讨。

在以上研究积累的基础上，出现了《墨子间诂》研究的专书。如刘文清的《〈墨子间诂〉训诂研究》（花木兰文化出版社 2006 年版）通过探讨《墨子间诂》的校勘、考证、辑录等方法，总结出孙氏常用的六种训诂法："参验群书""以形索义""因声求义""就义论义""审定文例""疏证名物制度"，此书可谓迄今最系统研究孙氏训诂学的专著，代表了这一时期的水平。

另外，与 1986 年的点校本相比，由孙启治整理的《墨子间诂》（收入《孙诒让全集》，中华书局 2001 年版）点校质量明显提高，成为当今最好的本子，为进一步研究打下文献基础。

（四）小学校勘

孙诒让小学成就卓荦，有关甲骨文研究有《契文举例》，涉及金文的有《古籀余论》，古文字理论则有《名原》，训诂校勘学方面有《札迻》《周礼正义》《墨子间诂》等。目前学界对孙诒让小学校勘学成就的研究，大多围绕着《契文举例》《名原》《札迻》等著作展开。

对这些名著的关注，始步于 20 世纪八九十年代的文献整理，学界先后推出《契文举例》（齐鲁书社 1993 年版）、《古籀余论》（华东师范大学出版社 1988 年版）整理本，奠定孙氏小学校勘学研究的基础。这一时期有关《札迻》整理研究的论文有：雪克的《孙诒让〈札迻〉校点前记》（《杭州大学学报》1987 年第 1 期）、方向东的《〈札迻〉诂正（一）（二）（三）》（《古籍整理研究学刊》2006 年第 2、5 期，2007 年第 6 期）、王继如的《高远的学术视野缜密的考据功夫——孙诒让〈札迻〉读后》（《古籍整理研究学刊》2002 年第 1 期）、陈湘柳的《孙诒让〈札迻〉校读古籍引证文献材料分析》（《温州大学学报》2008 年第 5 期）等。这些论文通过《札迻》窥测孙氏的校勘学内容、方法，肯定了他的贡献，同时对其失误之处进行辨正。

对孙氏金文、甲骨文及文字学理论的研究成果相对颇丰。其中，甲骨文方面有：詹鄞鑫的《孙诒让甲骨文研究的贡献》（《南阳师范学院学报》2003 年第 8 期）、姚淦铭的《解读第一部甲骨文考释书的诞生》（《图书馆理论与实践》2004 年第 4 期），以及程邦雄的《孙诒让的甲骨文考释与义近形符通用》（《语言研究》2005 年第 4 期）和《孙诒让的甲骨文考释与〈说文〉中之古文》（《语言研究》2006 年第 4 期），以及程邦雄、陈晓红的《孙诒让的甲骨文考释与金文》（《语言研究》2008 年第 4 期）等文。这些论文围绕着《契文举例》对孙氏甲骨文的考释、方法及其与金文、《说文解字》之间的关系进行讨论，共同认为他写成了第一部甲骨文考释书，对甲骨学有巨大的贡献。

对孙氏金文及文字学研究的成果，以程邦雄的《孙诒让文字学之研究》（华东师范大学博士学位论文，2004 年）、朱瑞平的《孙诒让小学剪论》（商务印书馆 2005 年版）、方向东的《孙诒让训诂研究》（中华书局 2007 年版）、叶纯芳的《孙诒让〈名原〉研究》（花木兰文化出版社 2007 年版）最有代表性。其中《孙诒让训诂研究》以《札迻》《周礼正义》《墨子间诂》三书为取材重点，分析总结了孙诒让的文字观、音义观、词义观及其在训诂实践中的应用，还对孙氏《札迻》《〈尚书〉骈枝》《〈周书〉校补》和《〈大戴礼记〉斠补》的若干内容提出商榷，是颇有创见的专著。而朱瑞平的《孙诒让小学剪论》对孙氏的文字学开山之作《契文举例》及文字理论之作《名原》的研究内容、方法并进行评价，总结其训诂学、校勘学的实践、方法，同时讨论了俞樾、孙诒让、章太炎之间的学术异同，这些成果代表了孙氏小学研究的水平。

（五）教育及启蒙实践

孙诒让较早接触西方近代的科学文明、学校教育和政治思想，后来痛心于国事困局又进一步学习新学，通过议变法，办实业，兴学校，力图开通民智，革新政治，探索救国图强之道。故他在教育、实业、政治方面的启蒙实践一直被学界所瞩目。

对孙氏的近代教育理念和实践的研究，以童富勇为代表，其相关论文有：《孙诒让与我国近代早期职业教育》（《教育与职业》1986 年第 5 期）、《孙诒让普及教育思想述评》（《教育评论》1987 年第 4 期）、《孙诒让与瑞安学计馆》（《浙江学刊》1987 年第 6 期）、《孙诒让教育思想评述》（《浙江大学学报》1988 年第 1 期）、《论孙诒让的学校管理思想》（《浙江师范大学学报》1992 年第 1 期）等文，对孙诒让的教育思想、学校管理、重视职业教育及对温州近代教育普及的贡献进行了多方位的研究，勾勒出孙氏作为近代教育家的面向。后续学者的研究有，张彬的《浙江教育近代化的先驱者孙诒让》（《浙江大学学报》1999 年第 1 期）、刘宇与严莹的《试论温州教育近代化的启动特点》（《杭州研究》2008 年第 1 期）、李娟的《孙诒让的普及教育思想》（《丽水学院学报》2009 年第 3 期）等。其中，张彬认为，孙氏晚年为挽救国家之困局，走了居乡兴学的教育救国之路。他以绅商集资的方式兴办新式学堂，让青年学西学、培养实用人才，不仅使浙南的教育萌发了生机，而且对全省教育的近代化起了先导和表率作用。

在近代启蒙研究热潮的影响下，孙氏的政治及实业活动亦被人所重视。较早研究这一领域的是张其昀。1947 年，他发表《孙诒让之政治思想》（《浙江学报》1947 年第 1 期），该文以《周礼正义》《墨子间诂》为据，从"耕者有其田"的户田版图、健全"上下相通"的基层组织、国民生计、职业分工及教育宗旨来肯定其政治思想的现代意义。尤其在教育宗旨上，张其昀认为孙氏大胆提出儒墨融合的创见，以儒家中和之德性，济之墨家的力行精神和科学方法，有功于教育建国。这些观点，现在看来仍有启发意义。

80 年代随着经济改革，孙氏的经济实业思想被人再次提及，重要的论文有：林树建的《孙诒让的经济主张及其实践》（《浙江学刊》1989 年第 2 期）、俞雄的《孙诒让维新思想及其实践》（《温州师范学院学报》1997 年第 2 期）、陈喜悦与王兴文的《西方先进文明对孙诒让后半生成就的作用》（《温州师范学院学报》2003 年第 3 期）、曾镇南的《近代变局中的艰难蝉蜕——读〈末代大儒孙诒让〉》（《中国图书评论》2003 年第 1 期）等。其中，曾镇南指出，晚年《周官政要》的问世，是孙诒让灵魂第一次重大、根本的蝉蜕，表明他与其一度深恶痛绝的康有为"殊途同归"，走上了托古改制的道路。这一观点发前人之未发，颇为新颖且深刻。

二 陈虬、陈黻宸研究

陈虬与陈黻宸、宋恕合称"东瓯三杰"，近代著名的改良派思想家、医学家和实业家。所撰《改良博议》等书主张学习西方，在政治、经济、文化教育等方面进行变法改革。改革开放后，陈虬维新改良的政治思想受到学界重视。

先是胡珠生主编的《陈虬集》由浙江人民出版社于 1992 年出版，为陈虬研究打下扎实的基础。对陈虬的理论研究，则多聚焦于他的维新改良思想及实践，以周文宣、符必春二人研究居多。如周文宣的《论陈虬的妇女解放思想》（《温州师范学院学报》1996 年第 2 期）、《论陈虬的军事思想》（《贵州大学学报》1997 年第 4 期）、《陈虬政治思想的演变》（《史林》2000 年第 3 期）、《论陈虬反对君主专制的思想》（《贵州文史丛刊》2000 年第 4 期）等文，对陈虬的政治、军事及妇女解放思想进行阐述，以凸显陈虬作为近代改良主义政治思想家的面向。而符必春则倾向于从维新主义的角度论述陈虬的思想，主要有《陈虬的政治维新思想》（《贵州师范大学学报》2001 年第 1 期）、《陈虬维新思想的主要理论基础》（《渝西学院学报》2002 年第 4 期）、《陈虬的教育救国思想》（《西南交通大学学报》2006 年第 4 期）等。符必春指出，陈虬的政治维新纲领批判继承和发展了 "变易" 的进化史观，其抨击汉学和宋学，主张经世致用之学，尤其是他开议院的主张不仅高出同时代洋务思潮的发展水平，也可与其他维新思潮代表人物的早期政治维新思想相媲美。[①] 此外，孔军的《略论陈虬经世致用思想形成的原因》（《烟台职业学院学报》2010 年第 2 期）、蔡志新的《陈虬经济变革思想评析》（《嘉兴学院学报》2011 年第 4 期）、郑国志与郑国庆的《陈虬生平及利济医学堂的历史沿革》（《医学与哲学》2011 年第 3 期）、张晶晶的《陈虬治理黄河思想探析》（《温州大学学报》2011 年第 3 期）等文，从医学、水利等实业实践的角度研究陈虬，一定程度上拓宽了视野。

陈黻宸是孙锵鸣的得意弟子，也是近代著名的历史学家和教育家，在清末民初就被誉为 "史学巨子"，故学界对陈黻宸的研究集中于其史学成就。陈德溥编的《陈黻宸集》（中华书局 1995 年版）为相关研究奠定了文献基础。而对陈黻宸史学思想和方法的研究，主要有：蔡克骄的《陈黻宸论良史》（《史学史研究》2000 年第 2 期）和《陈黻宸与 "新史学"思潮》（《浙江学刊》2000 年第 2 期）、吴忠良的《略论陈黻宸的历史观和新史方案》（《东方论坛》2002 年第 2 期）、齐砚奎的《陈黻宸史学思

[①]　符必春：《陈虬的政治维新思想》，《贵州师范大学学报》2001 年第 1 期。

想评述》（《温州大学学报》2006 年第 2 期）、李峰与王记录的《新旧之间：陈黻宸史学成就探析》（《史学集刊》2007 年第 2 期）、秦文的《陈黻宸的史学方法——20 世纪中国"新史学"影响下写"民史"方法》（《湖北社会科学》2010 年第 9 期）、尹燕的《陈黻宸"去政治化"的经学新论》（《中国政法大学学报》2012 年第 4 期）及《陈黻宸的史学"四独""五史"论》（《史学史研究》2012 年第 2 期）等文。其中以蔡克骄、秦文、尹燕等人的研究较系统深入。如蔡克骄指出，陈氏的史学思想主要受西方社会进化论及西方实证主义史学派别巴克尔《英国文明史》的影响，其观点值得重视。① 而秦文认为，在"新史学"思潮影响下，陈黻宸形成了系统而全面的史学方法：即史料的解释以现实的人作为出发点，受到"民史"主张的启发；用调查和统计的方法及归纳法、演绎法研究历史，史书写作注重体例的作用，写民史的方法和步骤可分为调查、区划、分类、比例等方面，都带有"新史学"的因素。② 在尹燕看来，在融会中国传统史学精华和西方史学思想的基础上，陈黻宸提出了"四独"（即"独识""独例""独力""独权"）、"五史"（即史例、史质、史德、史情、史时）的史学思想。这些史学思想处处透露着陈黻宸对史学性质的认识和受"新史学"的影响。③ 这些研究成果代表了陈黻宸史学研究的水平。

另外，近年来，陈黻宸研究的视野得到进一步拓宽，如田文军的《陈黻宸与中国哲学史》（《武汉大学学报》2010 年第 1 期）、叶建的《地方知识精英与辛亥革命在浙江的延续——陈黻宸与浙江光复运动关系探析》（《湖北师范学院学报》2011 年第 5 期）等文，考察陈黻宸中国哲学研究的学术特色、得失及他参与辛亥革命的具体活动，为今后陈黻宸研究打开了视野。

三　宋恕研究

宋恕是近代著名的启蒙思想家，在"东瓯三杰"研究中，对宋恕的

---

① 蔡克骄：《陈黻宸论良史》，《史学史研究》2000 年第 2 期。

② 秦文：《陈黻宸的史学方法——20 世纪中国"新史学"影响下写"民史"方法》，《湖北社会科学》2010 年第 9 期。

③ 尹燕：《陈黻宸的史学"四独""五史"论》，《史学史研究》2012 年第 2 期。

关注比对陈黻宸、陈虬更多。宋恕英年早逝，好友章炳麟、马叙伦、蔡元培、陈谧、郑鹤声、许寿裳等人较早略述了宋恕的学行。宋恕逝世34年后，苏渊雷撰成《宋平子评传》（重庆正中书局1943年版），对宋恕的生平、思想、文学、著述等方面做了较为详细的叙述。

20世纪五六十年代，倪海曙、郭沫若、李泽厚、蔡尚思、金冲及等撰文论及宋恕。其中，李泽厚在《十九世纪改良派变法维新思想研究》中指出："宋恕是一个一向被人忽视但实际上却是值得研究的改良派思想家。他的著作中充满了深刻的反封建礼教——特别是程朱道学的思想，并且还带着一种反映下层人民疾苦的特点。"他还认为："宋恕的《六斋卑议》，反映封建社会下层民众的痛苦和揭露斥责三纲五常封建理学的残暴虚伪的许多论点，便也达到了《大同书》《仁学》的思想高度。"①均突出了宋恕思想的人民性。而蔡尚思、金冲及的《论宋恕的思想》认为："宋恕的思想，既反映了他所生活的那个时代特有的那种复杂性和过渡性，反映了一部分愿意向资产阶级转化的地主阶级知识分子思想上的两重性，又有着他个人的某些特色"②，揭示了宋恕思想从地主阶级向资产阶级过渡性的特征。此二文反映出阶级分析法和人民史观对当时学术界的影响。

80年代以来，宋恕日益受到学界的瞩目，大致可分为第一（1980—2000年）和第二阶段（2001年至今）。

在第一阶段，随着思想解放和改革开放的兴起，学界关注变法改革思想及运动，宋恕因倡导维新变法成为研究的热点。熊月之在《中国近代民主思想史》（上海人民出版社1986年版）第四章列专节论述宋恕思想，指出：宋恕主张设议院、行西律、办西学、易西服，批判夫为妻纲，宣传妇女解放，废官制、无政府，其大胆激进之程度，非但王韬、郑观应，即便是戊戌变法时期的康有为、梁启超也不能望其项背，其思想对章太炎、梁启超、夏曾佑、谭嗣同等人都有一定影响。其他重要的论文有：鲍家麟的《宋恕的变法论》（《台湾大学历史学系学报》1975年第2期）、李丹慧的《宋恕与近代维新思想》（《天津社会科学》1988年第1期）、杨丽

① 李泽厚：《中国近代思想史论》，安徽文艺出版社1994年版，第78页。
② 蔡尚思、金冲及：《论宋恕的思想》，《复旦学报》1964年第1期。

艳的《论宋恕维新思想》（《广西师范大学学报》1992 年第 1 期）、宋平章与王林的《宋恕维新思想述论》（《史学月刊》2000 年第 3 期）、黄珍德的《论宋恕的儒法之辨》（《华南师范大学学报》2001 年第 2 期）、杨际开的《宋恕变法理论与清末政治思想》（《思与言》2001 年第 4 期）。这些论文大都从近代维新志士的变法思潮出发，围绕宋恕的《六斋卑议》研究其启蒙维新的政治主张和学术思想，及其对清末启蒙思想和改革运动的重要影响。

另外，这一时期中华书局出版了胡珠生编校的《宋恕集》（1993）及《宋恕年谱》，郑大华、任菁编选的《砭旧危言——唐才常宋恕集》（1994），为深入研究宋恕的生平、思想提供了坚实的文献基础。

第二阶段的研究，在前一阶段研究及文献整理的基础上进行。近十多年来，宋恕研究的范围和视野进一步拓展。重要论文有：曹宁华的《群经何语误苍生——试论宋恕反汉后正统儒学的思想》（《孔子研究》2001年第 6 期）、贾艳敏的《宋恕维新思路新探》（《学术论坛》2003 年第 3期）、徐德莉的《论宋恕的“三始一始”思想》（《重庆科技学院学报》2008 年第 11 期）及《论宋恕的儒学变质观》（《河南科技学院学报》2008 年第 2 期）、何志明的《宋恕县政改革思想管窥》（《天中学刊》2009 年第 3 期）等。这些论文对宋恕的儒学、女权、经济、教育、佛学思想及以宪政议会为中心的县政改革进行了较为深入的讨论，展现了宋恕思想的多面性。其中，曹宁华的《群经何语误苍生——试论宋恕反汉后正统儒学的思想》指出，宋恕借鉴西方议院民主的政治思想，挖掘阐发传统儒学中民主性和经世性的要素，对以程朱为代表的正统儒学予以全面批判，将其概括为“阳儒阴法之学”，是儒学近代化变迁的一种思想尝试，在近代政治思想史上颇具特色。① 徐德莉的《论宋恕的“三始一始”思想》认为，宋恕的“三始一始”理论主张改官制、设议院、改试令，通过学习西方政治、教育体制以改变清朝封建政治体制，值得肯定。② 而何志明指出，在宋恕的地方基层政权改革思想中，以设立县议院为核心，

---

① 曹宁华：《群经何语误苍生——试论宋恕反汉后正统儒学的思想》，《孔子研究》2001 年第 6 期。

② 徐德莉：《论宋恕的“三始一始”思想》，《重庆科技学院学报》2008 年第 11 期。

进而将该机构的职能辐射到纠察、地方财政、推举地方贤能、教育及服务性行业管理等领域。但由于对议院政治认识上的缺陷，他的这种改革思想并不能解决当时基层存在的诸多弊病。① 这些观点颇为深刻，代表当时宋恕研究的水平。

值得一说的是，近年来出现宋恕研究的两部专著：陈镇波的《宋恕评传》（浙江人民出版社 2010 年版）、杨际开的《清末变法与日本：以宋恕政治思想为中心》（上海古籍出版社 2010 年版）。前者评述了宋恕的一生，较此前的传记更显翔实而公允。后者以晚清变法运动及中、日应对西方文明的冲突为大背景，对清末变法中的宋恕尤其他晚年在山东规划文教与袁世凯推行地方自治，以及如何对待日本冲击的实践进行评价，指出宋恕在清末变法中着眼于民主化的文明过程。该著视野开阔，引用现代政治家、思想家和学者对宋恕晚清变法运动的争论性的评价，颇能发人思考，是研究宋恕政治思想的精深之作，值得学界重视。

四 反思与出路

综观百年的清末民初永嘉学派研究，大都扎堆于孙诒让，而关于孙衣言、孙锵鸣、陈虬、陈黻宸、宋恕等人的研究成果较少。从时段来看，主要集中于 1980 年代后。1980 年代以前，除零星介绍孙诒让的生平、学行，以及宋恕因其启蒙政治思想在五六十年代被人提及外，对其他人物的研究几乎寥寥。换言之，清末民初的永嘉学派人物只是改革开放以来才被人看重。其中，对这些人物的研究，除孙诒让的训诂学之外，清一色地指向他们的变法维新及教育实业活动，且多持正面肯定的态度。对于这些人物的全面研究主要在近十余年来，其中文献整理成果最为突出。既有研究仍存在缺憾与不足，概之如下。

其一，或许受地域眼光的影响，对这些人物的研究大都集中在温州或浙江地区，将之放在全国范围内加以考察和评价明显不够。如对孙诒让的研究，虽承认其是晚清的朴学大师，但鲜有把他放在苏皖乃至全国的朴学中加以比较考察，进而准确定位其学术贡献。

其二，研究轻重不均衡。对三孙的研究，集中于孙诒让，对孙衣言、

---

① 何志明：《宋恕县政改革思想管窥》，《天中学刊》2009 年第 3 期。

孙锵鸣的研究较少，对冒广生则几乎空白。而对"东瓯三杰"的关注，也偏重宋恕，轻视陈虬、陈黻宸，这与他们的思想史地位不符。除对人物关注存在轻重不均外，个人研究也同样过于聚焦，显得单一。如对孙诒让的研究集中在训诂学，对陈虬、宋恕的研究聚焦其政治思想，对陈黻宸的研究扎堆于史学。这些单面视角，既不能窥探清末民初永嘉学派作为经史文学大家、改良主义政治思想家、教育家、社会活动家及实业家的全貌，也不能洞悉他们作为永嘉事功精神继承者的本质。

其三，对陈虬、陈黻宸、宋恕的研究较为孤立，缺乏整体把握。除了杨际开的《清末变法与日本：以宋恕政治思想为中心》以及欧毅的《晚清浙江地区知识分子的思想特质——以宋恕、陈虬、陈黻宸为主要探讨对象》（台湾大学历史系硕士学位论文，2000 年）对晚清变法运动中的永嘉知识分子群体进行整体观照外，其余研究大都孤立，对不同人物进行联系或比较研究的较少。

其四，对南宋永嘉学派与清末永嘉学派之间的关系，以及二者之间的继承与创新的研究不够。除林损的《永嘉学派通论》指出后者的革故鼎新、继承创新的因子源于前者外，当代研究者对二者大多知之不详，或泛泛而谈，至于哪些方面有所继承，哪些内容有所创新，缺乏细致深入的研究，这是未来永嘉学派研究的重要生长点。

结语　百年浙东学派研究误区及新路径的选择

北宋以降，在儒学地域化日趋明显的进程中，浙东学派以其人物、思想的卓绝与活力不断被世人叙说与建构。这些论说主体有的属于局外旁观者，有的则是学派后继人，尽管评骘或许不一，但都折射出不同语境下对这一学派的认知。这些自述与评价构成了当时的认识史。20 世纪以来，对浙东学派的研究焦点、阐释方法虽有巨大转型，然关注热度仍有增无减。不可否定的是，在欣欣繁盛之时，大量的错读、误解也随之俱来。这些误区破坏了浙东学派的历史复原，也某种程度上羁绊了中国学术史的研究进程。

其一，割裂心性与事功。浙东学派最初被朱熹斥为"功利""重史"，明显带有贬低、责难的意味。后世学者虽有不满，但延继了朱熹的理解内涵，多指浙东的事功、经史之学。尤其经过章学诚《文史通义·浙东学术》的谱系建构与宗旨揭橥，"言性命者必究于史"陡然成为浙东学派特征的定调。民国梁启超、何炳松等新史学建构者，大力赞赏浙东之学的史学造诣。抗战期间的学者，亦大力阐发浙东学派的史学、事功精神。1949年后三十年内，在唯物、唯心主义的二元模式下，陈亮、叶适被贴上唯物主义的标签。1980 年代以来，市场经济的浪潮又不断催化学者对浙东学派的经济、货币、改革思想的诠释。经过百年的反复申说与共同推阐，史学与事功被单独抽离，"有事功而无心性""反理学的代表"成为浙东学派的两大标识。

其实，在大唱史学、讲求事功的同时，浙东学派的心性之学一直未曾衰歇，二者并行不悖，深深根植于学派思想之中。片面高举史学、事功，无疑抹去了浙东学派与张载、二程、朱熹、陆九渊在理、气、道、器、心、性等范畴的思想共通。考察浙东学派的发展源流，每一阶段均与心性之学有着莫大的渊源。北宋的"明州杨杜五子""永嘉九先生"皆是洛学、关学的重要传人。南宋的吕祖谦、薛季宣、陈傅良等人与象山及其门徒同气相求，特别是吕祖谦有很大的心学倾向，而陈亮、叶适的事功之学也格外重视道德修养。黄宗羲直接指出"心无本体，工夫所至，即是本体"，"夫苟工夫著到，不离此心，则万殊总为一致。学术之不同，正以见道体之无尽"①。可见，在浙东学派的思想中，心性与事功的反向只是外在的显现，其实质却是内在统一的。只是在不同时期的不同学者身上，这一特征有所侧重，呈现出某种显见的偏向。割裂浙东学派的心性与事功，一定程度上折射出对宋明理学的认识偏差。因为宋明之学谈心性者必言事功，言事功者必说心性，其言虽有轻重、缓急、先后、次序之分，然合心性与事功为一的宗旨是一致的。如前所及，晚清温州学者林损对永嘉学派的清晰洞察，对重新认识浙东学派有重要启示。林损的《永嘉学派通论》认为："永嘉诸子非不言心性也，其所谓心性者，经济之心性耳；非不习文章也，其所谓文章者，亦经济之文章耳。""惟事功而无体，终亦必亡其用；惟心性而无用，终亦必丧其体，体用交丧，而人道于此尽矣。"永嘉学派在心性、事功、文章方面是绾合为一的，如单独以经济、事功来窥视永嘉之学，无视他们的心性之学，无疑割裂了学术的体与用的关系，不能有全面、准确的完整认识，"永嘉诸子之言事功者，亦必不能离心性。事功与心性合，而后经济之真乃出。使永嘉之学独以经济为名，此固永嘉诸子之幸，而道之裂甚矣"②。

其二，沉迷旧说的"注疏式"研究。《宋元》《明儒》两学案一直是近世思想史研究的重要文献，为后人观识宋元明三朝学术提供了指导性的论点。百年浙东学派研究史显示，在两学案的启示、指引下，学界取得了众多醒目的成果。然而，两学案的篇目、文献是经黄宗羲、黄百家、全祖望等人精心筛选的结果，其间糅合了编者的价值判断与主观意识。如《明儒学案》，乃是以阳明学为坐标构建而成的明代心学史。其"以得力著作者为真"的择选标准，也自然舍弃了诸多祖述朱学的学者。要言之，

---

① 黄宗羲：《明儒学案·序》，中华书局 1986 年版，第 2 页。
② 《林损集》上册，黄山书社 2010 年版，第 243 页。

两学案是黄、全等人独到观点与喜好的反映，恐难当作宋明思想史的实录，亦不足以作为学术史研究的最终依据。而后世学者常不明此意，直接援引其中的文献，径自取代原典解读。更有甚者，单以学案中的案语作为预设与结论，尽力搜辑史料，形成"注疏式"的层累研究。这不独误解了编纂者的本意，亦与思想的历史场景南辕北辙，旋走旋远。

其三，循环于单一的研究视野与解读方法。近代以来，各学科卓然自成体系，但相互间的分离愈加明显。桴鼓相应的是，百年来对浙东学派的认识，多定格于哲学史、史学史视野下的观照。这些研究虽有力还原了浙东学派所达到的哲学、史学高度。但单一视角与范式的循环往复，很大程度窄化、裁剪了历史的丰富面向，还直接导致了两大研究弊端：一是遗漏众多所谓的"二、三流"思想家的解读。百年浙东学派研究，绝大部分扎堆于陈亮、叶适、王阳明、黄宗羲这一类大思想家、哲学家的考察，而对大思想家门人与后学的钩沉，远远不足。二是长期陷入浙东学派是否成立的论争泥淖。反对者认为清代浙东学派与宋代浙东学派"绝少因缘"，历史上并不存在一个源远流长的浙东学派。有人甚至认为章学诚、邵晋涵等人"自致通达"，与黄、全亦无关系，进而否认清代浙东学派的存在。挺立者则主张黄、全、章等人均受到宋代浙东学派吕祖谦、黄震、王应麟等人的影响，与后者有紧密的学术渊源，而且前后有着"实学求是""经世致用""不主一家"等共同的思想旨趣。概括而言，前者以"近承"（师承关系）的标准来考衡；后者以"远绍"（学术渊源）的角度来视察，各持所据。质言之，争论的双方依照现代或西方的学派概念，从师承谱系、思想异同等维度，在建构、解构中形成长期的拉锯战，无疑偏离了问题本意，还进一步助推聚讼的错综复杂。

其四，地方意识下的过度阐释。人文学科的研究，最有活力与生命的莫过于对社会、现实的高度关切。但如果倾注太过强烈的人文精神和价值关怀，以主观偏好随意剪裁文献，学术研究终将失去意义。反观百年浙东学派研究，也暴露出乡土关怀的过度问题。考察研究者的身份背景，很大部分源于浙江本籍。受桑梓情怀的驱动，许多研究缺乏客观理性，过于拔高浙东学派的历史地位，强调其学术思想的殊胜，可谓推崇多而批判少。如有的研究为标榜叶适的"崇义养利"思想，不惜扭曲程朱理学的义利观，认为后者属空谈心性之流。又如对浙东学派思想渊源的探讨，多凸显地域的"浙学"源头，而忽视异域及全国学术的输入与互动，遗忘了浙东学派的发展不仅是对以往浙学传统的传承，更是对全国学术思想的不断吸收与融汇，与当时全国思想所达到的高度相一致的事实。

基于以上百年来积聚的误区与不足，浙东学派研究有必要在配合搜辑新文献的同时，不断开阔视野，引入新方法，或许能走出误区，实现新的学术跨越。

一是从认识论角度阐释浙东学派的历史形成。

如前所述，浙东学派是不断被建构、编织的过程。就历史本体论来说，它并非是客观存在的实体，而是一个认知意义上的谱系建构问题。因此，与其无休止地辩争学派是否成立，不如从认识论角度出发，思考浙东学派的形成史。与蜀学、湘学相似，浙东学派名称的出现以及传承谱系的编织同样源于后人的学派建构。如全祖望眼中的"浙学"，是相对于濂、洛、关、闽之学而言的南宋浙江儒学，其范围涵盖了当时浙东地区的永嘉、金华及四明之学；章学诚所谓的"浙东之学"，源出朱熹，又受象山心学影响，包括三袁、王阳明、刘宗周、黄宗羲、万氏兄弟、全祖望、邵晋涵等人；而梁启超的浙东学派主要指清代的浙东史学；章太炎又在梁氏谱系的基础上增补了章学诚、黄式三、黄以周三人……不同人对浙东学派的不同理解，也就出现言人人殊的人物构成与学术谱系。而我们所要讨论的，不仅要比对这些概念与谱系的差异，更需寻绎建构者不同的思路与背后所隐藏的历史意涵。因为不同的理解与表达均蕴含了建构者不同的内在诉求。

而且耐人寻味的是，宋代以降，浙东学派在不同的历史时期常常受到学者的瞩目，不断被人拾起、标举。后人还以不同的方式（如编纂浙东学派人物传记、刊刻浙东文献）追步前人的志业，赓续这一学派传统。尤其在今日浙江，从政府到民间，从官员到学者甚至商人，都在汲汲地宣扬浙东学派或浙学的历史、精神与价值，同时根据需要作出新的调适与阐释。换言之，我们需要追问，浙东学派缘何有如此巨大的生命力与历史影响？如结合浙东学派的思想本体与不同时期的历史理解，从认识论角度对这一问题作出解答，在讨论学派是否成立以及诠说学派的思想特征之外，亦有重要意义。

二是从体用关系重评浙东学派的"事功"特色。

自朱熹开始，浙东学派或浙学被视为"事功""功利"之学，不重心性修养。后来学者不断沿袭、援引此说，以致"事功""功利"成为浙东学派的思想标杆。其实，考察近代以前对浙东学派的评骘史，所谓的"事功""功利"也只是他者眼中的学说定位，并非吕祖谦、陈亮、王阳明、黄宗羲等浙东思想家的自我认同与表达。如陈亮即不承认朱熹说他有"义利双行，王霸并用"的主张，才引发著名的朱陈之辩。

正如程朱一派追求思想的"内圣外王"，在浙东学派的思想体系中，事功与心性同样不可偏废，只是他们对事功、心性的侧重程度及开展的先后顺序与程朱理学有别。如以哲学的体用关系来表达，程朱之学可说是"以体发用"，先通过持敬涵养，完成对"道体"的认识与确立，然后遵循"道体"，展开经世事功，最后实现开物成务。而浙东学派则是"由用见体"，在具体的治道实践中显现"道体"的真义。因为他们认为"道"并非悬空存在。如黄宗羲云："心无本体，工夫所至，即是本体。"心固然是本体，但这一主体的真正确立却在于工夫的展开与落实中。反映在治学层面，即章学诚所说的"言性命必究于史"，只有从具体的经制、史学入手，发挥学术的经世致用，才能体现性理之学的生命与意义。

因对"道"的认识以及实现方式不同，浙东学派与程朱理学在义利观上也迥然相异。不同于程朱严义利之辨，主张"义利"二元，吕祖谦、陈亮、叶适、黄宗羲等人均强调"义利"一元。"义"与"利"只是"道"的一体两面，并非截然对立，所以不能说"义"是"道"之体，利是"道"之用，因为二者均属道之"体"。所以两派的分歧不在于要不要"义""利"，而在于对二者是体是用、孰先孰后的不同认识。

此外，从朱熹对浙学态度的前后变化，也可窥视其所批判的"功利"的真正意涵。朱熹虽对吕祖谦的学说抱有微议，与陈亮也有往复多次的辩论，但其主要矛头并非针对吕、陈个人的学问与品行。因为这些大儒与朱熹处于同一思想高度，能够兼顾心性、事功，合内外之道。如陈亮宣称"礼乐刑政，所以董天下而君之也；仁义孝悌，所以率天下而为之师也"，明确持守以仁义、纲常为核心的道德价值。朱熹所真正担忧的是这两家后学未能领会乃师的思想真髓，偏执一端，以及由此产生的思想流弊。因为与祖师相比，后生晚学未经读书求理、心性磨炼，缺乏稳定合理的价值观，一味模仿前辈说史评人、实践事功之学，长期熏染，不知不觉陷入"利欲胶漆盆中"，成就一个利益计算之心。因此，当吕、陈等人在世时，朱熹对浙学的批评较为婉和，逮二人下世，见两派流传的思想与原旨越走越远，所以态度骤转激烈，对浙学大加抨击。不难发现，朱熹对浙学"功利"的定位，与其说指向吕祖谦、陈亮等人的学问，不如说更多地考虑这种思想可能产生的流弊。

因此，对浙东学派思想特色的定位，需要从浙东学者思想的事功与心性的关系入手讨论，而不能只凭他人眼中的镜像与一己之论，同时还应思考这一评价背后的深层原因，后世又为何接受朱熹之说，层累相袭，形成浙东学派"事功""重史"的固定认识。

三是以思想史语境重绘浙东学派的百年研究史。

近代以来，浙东学派研究似乎一直未远离中外学者的视线范围。百年之间对其学术史的回顾也是与日俱增。纵观这些研究史的前瞻后顾，的确较清晰梳理了百年研究的流变，同时指出潜在的生长空间。遗憾的是，这些回顾千篇一律地强调研究成果有无在史料、视野、方法上超越前代，却遗忘了学术研究者主体——"人"的存在，窄化研究史中包蕴的众多面向。其实，除呈现于外在的文字之外，百年浙东学派研究史还隐藏了内在的文本生成与历史语境，以及背后作者的情感、思想。而其中研究者的问题选择与观点诠解，本身就是一部鲜活的学术阐释史与精神探索史。因此，在关注文献客体之外，从思想史角度，回到文本的著述"现场"，追溯作者的主观意图，百年浙东学派研究将呈现出另一丰富的图景。

如清末民初，梁启超为何对清代浙东学派青眼独加，并编织了从黄宗羲、万斯同、全祖望到章学诚的传承谱系，其背后原因乃是黄、章等人的学术思想契合了梁氏所提倡的"新史学"宗旨，成为其引介"新史学"所需的重要本土资源；何炳松撰写的《浙东学派溯源》（1932），表面上是为浙东学派争"儒学正宗"之名，其旨却在于借浙东学派研究，打破程朱道学的"定于一尊"，进而建构民国新史学；抗战期间，陈训慈、李源澄等人纷纷强调浙东史学的经世致用与民族大义，正是为了鼓舞民族士气，以浙东史学铸造民族精神，以学术砥砺民族自信，为抗战提供理论与文化力量；新中国成立后，陈亮、叶适的思想广受关注，被视为朴素唯物主义的代表，符合了当时政治运动下唯物与唯心之争以及"评法批儒"

的需求；进入 1980 年代，周行己、叶适、黄宗羲等人的经济、财税、改革思想被广泛讨论，即是学界对改革开放浪潮的积极回应，透露出学者在经济建设中的社会情怀。可以看出，百年浙东学派研究始终处于历史环境与价值关怀的影响之中。学者的评判背后，多多少少都渗透了自身的知识构架与社会关切。由此可见，百年的研究流变史不只是具体研究内容的推陈出新，更是一部学者与现实互动的精神史与自我理解史，映射出百年来中国社会的转型与变迁。

重视浙东学派研究主体与现实的互动，挖掘其中的内在寄托与旨趣，不仅可以明白著述的原意，还有裨于实现旧成果的新阐释与再认识。如对于陈亮、叶适、黄宗羲等人被冠以朴素唯物主义或爱国主义代表的论著，今日学界基本无视或有意淡化，认为这些研究充满"理论预设"或"教条主义"。从内容而言，这些论断确实有失偏颇，但并不能说其毫无研究价值。如能从这些论著中，窥视作者之时代与思想，剥离现实对学者的影响以及后者对前者的回应，后者又如何导向学术研究。把握这三者的交错与脉动，正是这些论著的特殊意义所在。因此，对这些"主观"研究，首先应大力批判，然后进行深入反思，从回应现实这一维度出发，思考他们为何研究以及如何阐释古典思想的时代价值，从而为当下的古典今释以及新思想的重建提供借鉴与反思。

由此观之，以思想史的视野观照百年间浙东学派研究，尝试对浙东学派研究成果的研究，实现二度阐释，不仅有助于深化浙东学派自身的相关问题，对于学术史的"元理论""写法"以及地位的探讨，也有重要的推动意义。

参考文献

一 基础文献

刘安节等著，陈光熙、丁治民点校：《刘安节集　刘安上集　许景衡集　刘黻集》，上海社会科学院出版社 2006 年版。

周必大：《文忠集》，文渊阁四库全书本。

黎靖德编，王星贤点校：《朱子语类》，中华书局 1994 年版。

朱熹著，朱杰人主编：《朱子全书》，上海古籍出版社 2002 年版。

吕祖谦著，黄灵庚、吴战垒主编：《吕祖谦全集》，浙江古籍出版社 2008 年版。

郑伯熊、郑伯英著，周梦江点校：《二郑集》，上海社会科学院出版社 2006 年版。

陈傅良著，周梦江点校：《陈傅良文集》，浙江大学出版社 1999 年版。

叶适著，刘公纯、王孝鱼、李哲夫点校：《叶适集》，中华书局 2013 年版。

叶适著：《习学纪言序目》，中华书局 1977 年版。

陈亮著，邓广铭点校：《陈亮集》（增订本），中华书局 1987 年版。

文天祥：《文山先生全集》，嘉靖三十一年刻本。

王应麟著，傅璇琮主编：《王应麟著作集成》，中华书局 2010 年版。

刘埙：《隐居通议》，丛书集成初编本。

宋濂等：《元史》，中华书局 1976 年标点本。

张廷玉等：《明史》，中华书局 1974 年标点本。

宋濂著，黄灵庚辑校：《宋濂全集》，人民文学出版社 2014 年版。

王守仁著，吴光等点校：《王阳明全集》，上海古籍出版社 2011 年版。

黄宗羲著，吴光主编：《黄宗羲全集》，浙江古籍出版社 2012 年版。

黄宗羲著，沈芝盈点校：《明儒学案》，中华书局 1986 年版。

黄宗羲原著、全祖望补修，陈金生、梁运华点校：《宋元学案》，中华书局 1986 年版。

万斯同著，方祖猷整理：《万斯同全集》，宁波出版社 2013 年版。

全祖望著，朱铸禹集注：《全祖望集汇校集注》，上海古籍出版社 2000 年版。

谭嗣同著，蔡尚思、方行编：《谭嗣同全集》，中华书局 1981 年版。

林损著，陈肖粟、陈镇波编校：《林损集》，黄山书社 2010 年版。

章学诚著，叶瑛校注：《文史通义校注》，中华书局 1985 年版。

章学诚著，仓修良编：《文史通义新编》，上海古籍出版社 1993 年版。

黄式三、黄以周著：《黄式三、黄以周合集》，上海古籍出版社 2014 年版。

孙诒让著，许嘉璐主编：《孙诒让全集》，中华书局 2009 年版。

陈虬著，胡珠生编：《陈虬集》，浙江人民出版社 1992 年版。

陈黻宸著，陈德溥编：《陈黻宸集》，中华书局 1995 年版。

宋恕著，胡珠生编：《宋恕集》，中华书局 1993 年版。

二 重要论文

［日］三岛复：《刘蕺山の学历——特に朱王两学に对すろ态度》，《东亚研究》1916 年 6 卷 4 期。

陈训慈：《清代浙东史学管窥》，《史学杂志》1930 年第 1 期。

陈训慈：《清代浙东之史学》，《史学杂志》1931 年第 2 期。

姚名达：《章学诚之史学》，《史学年报》1933 年第 5 期。

蒋天枢：《全谢山先生著述考》，《国立北平图书馆馆刊》第 7 卷第 1、2 号，1933 年。

张须：《万斯同与明史》，《东方杂志》1936 年第 33 卷第 14 号。

邓广铭：《朱唐交忤中的陈同甫》，《益世报》1937 年 3 月 27 日。

孟森：《万季野明史稿辩诬》，《史地杂志》第 1 卷第 2 期，1937 年。

何格恩：《叶适在中国哲学史上之位置》，《岭南学报》1944 年第 4 期。

罗根泽：《叶适及其他永嘉学派文学批评》，《文艺先锋》1945 年第

4—5 期。

　　徐规:《陈傅良之宽民力说》,《浙江学报》1947 年第 1 期。

　　吕振羽:《论叶适思想》,《历史研究》1960 年第 2 期。

　　王重民:《王应麟的〈玉海·艺文〉》,《学术月刊》1964 年第 1 期。

　　张岂之:《论蕺山学派思想的若干问题》,《西北大学学报》1980 年第
4 期。

　　刘哲浩:《刘蕺山之性有善无恶论》,《哲学与文化》1984 年第 10 期。

　　卢钟锋:《论〈宋元学案〉的编纂、体例特点和历史地位》,《史学史
研究》1986 年第 2 期。

　　卢钟锋:《宋元时期理学的论争与〈宋元学案〉的理学观点》,《文史
哲》1986 年第 3 期。

　　俞兆鹏:《叶适货币思想研究》,《中国钱币》1987 年第 2 期。

　　张岱年:《黄梨洲与中国古代民主思想》,《浙江学刊》1987 年第
1 期。

　　蔡尚思:《黄宗羲反君权思想的历史地位》,《文史哲》1987 年第
2 期。

　　蔡尚思:《黄宗羲反君权思想的空前性与现实性》,《中国史研究》
1987 年第 4 期。

　　朱仲玉:《试论南宋浙东史学》,《浙江学刊》1988 年第 1 期。

　　滕复:《阳明前的浙江心学》,《浙江学刊》1989 年第 1 期。

　　滕复:《宋明浙东事功学与心学及其合流——兼论王学的思想来源及
性质》,《东南文化》1989 年第 6 期。

　　秦晖:《"农民负担"问题的发展趋势——清华大学学生农村调查报
告之分析(四)》,《改革》1997 年第 2 期。

　　刘连开:《唐仲友的史学思想》,《史学史研究》2000 年第 1 期。

　　陈国灿:《论宋代"浙学"与理学关系的演变》,《孔子研究》2000 年
第 2 期。

　　李明辉:《刘蕺山对朱子理气论的批判》,《汉学研究》2001 年第
2 期。

　　蒙培元:《叶适的德性之学及其批判精神》,《哲学研究》2001 年第
4 期。

林存阳：《黄式三、以周父子"礼学即理学"思想析论》，《浙江社会科学》2001 年第 5 期。

曹宁华：《群经何语误苍生——试论宋恕反汉后正统儒学的思想》，《孔子研究》2001 年第 6 期。

［日］早坂俊广：《关于〈宋元学案〉的"浙学"概念——作为话语表象的"永嘉""金华"和"四明"》，陈辉译，《浙江大学学报》2002 年第 1 期。

汪春泓：《王应麟与〈文心雕龙〉》，《中国典籍与文化》2002 年第 2 期。

王心竹：《儒与禅：杨慈湖心学与佛家思想的关系》，《哲学与文化》2003 年第 6 期。

周积明、雷平：《清代浙东学派学术谱系的建构》，《学术月刊》2004 年第 6 期。

董平：《论吕祖谦的历史哲学》，《中国哲学史》2005 年第 2 期。

张昆将：《当代日本学者阳明学研究的回顾与展望》，《台湾东亚文明研究学刊》第 2 卷第 2 期，2005 年。

李承贵：《陈亮视域中的佛教——陈亮佛教观的双重结构及其检讨》，《浙江社会科学》2005 年第 3 期。

朱晓鹏：《浙学刍议》，《中国哲学史》2006 年第 1 期。

钱明：《"浙学"涵义的历史衍变》，《浙江社会科学》2006 年第 2 期。

周梦江：《永嘉之学如何从性理转向事功》，《孔子研究》2006 年第 2 期。

何俊：《宋元儒学的重建与清初思想史观——以〈宋元学案〉全氏补本为中心的考察》，《中国史研究》2006 年第 2 期。

陈开勇：《"为世宗儒"：何基理学与文学思想论》，《浙江师范大学学报》2006 年第 4 期。

王兴文：《〈墨子间诂〉与 20 世纪 30—60 年代墨学的全面复兴》，《学术交流》2006 年第 10 期。

李致忠：《唐仲友刻〈荀子〉遭劾真相》，《文献》2007 年第 3 期。

［日］山口久和：《解构章学诚与王力——新考证学的可能性》，《华东师范大学学报》2007 年第 7 期。

俞樟华、潘德宝：《百年全祖望研究综述》，《古籍整理研究学刊》2008 年第 5 期。

钱茂伟：《论浙学、浙东学术、浙东史学、浙东学派的概念嬗变》，《浙江社会科学》2008 年第 11 期。

陆敏珍：《王开祖及其观念：濂洛未起前的道学思想》，《中国哲学史》2009 年第 3 期。

杨毓团：《从客观实证到主体精神——论百年章学诚思想研究中的学术转向》，《殷都学刊》2009 年第 4 期。

高云萍：《扩展中异化的后朱熹时代的道学话语——以北山学派为例》，《浙江学刊》2009 年第 5 期。

陆敏珍：《违志开道：洛学与永嘉九先生》，《中山大学学报》2009 年第 6 期。

陈国灿、吴锡标：《陈亮的反理学思想和"朱陈之辩"》，《浙江学刊》2009 年第 6 期。

文碧方：《建国六十年来大陆的陆王心学研究》，《现代哲学》2010 年第 2 期。

王锟：《北山四先生理学化的文学观述论》，《浙江师范大学学报》2010 年第 4 期。

高云萍：《浙东朱子学的链接——何基与朱熹、黄榦的思想关联》，《中共宁波市委党校学报》2010 年第 6 期。

杨万里：《温州"太学九先生"的学术及其文学创作》，《文学遗产》2010 年第 6 期。

任永安：《日本藏宋濂〈萝山集〉抄本考述》，《文学遗产》2011 年第 1 期。

朱晓鹏：《从陈傅良的思想特质看永嘉学派的思想史地位和学派归属》，《浙江学刊》2011 年第 5 期。

张凯：《浙东史学与民国经史转型——以刘咸炘、蒙文通为中心》，《浙江大学学报》2011 年第 6 期。

张汝伦：《存异与求同——以章学诚和柯林伍德的比较研究为例》，《人民论坛》2011 年第 33 期。

王水照：《王应麟的"词科"情结与〈辞学指南〉的双重意义》，《社会科学战线》2012 年第 1 期。

钱志熙《论浙东学派的谱系及其在学术思想史上的位置——从解读章学诚〈浙东学术〉入手》，《中国典籍与文化》2012 年第 1 期。

沈松勤：《叶适"集本朝文之大成者"之刍议》，《文学遗产》2012 年第 2 期。

尹燕：《陈黻宸的史学"四独""五史"论》，《史学史研究》2012 年第 2 期。

张汝伦：《朱陈之辩再思考》，《复旦学报》2012 年第 6 期。

商琛：《海峡两岸黄式三、黄以周当代研究综述》，《浙江海洋学院学报》2012 年第 6 期。

王宇：《"二度抽离"与南宋浙东学派崛起的问题意识——以乾淳之际吕祖谦的思想动向为个案》，《浙江社会科学》2012 年第 7 期。

任慧峰：《关于黄以周在清代学术定位中的几个问题——以章太炎〈黄先生传〉为中心的讨论》，《中国典籍与文化》2013 年第 2 期。

王锟：《吕祖谦的心学及其对浙东学术的影响》，《中国哲学史》2013 年第 4 期。

宋展云：《黄式三〈论语后案〉诠释特点论》，《孔子研究》2014 年第 5 期。

钱志熙：《试论王应麟的学术思想与文学成就》，《求是学刊》2014 年第 1 期。

吴光：《关于"浙学"研究若干问题的再思考》，《浙江社会科学》2014 年第 1 期。

何淑贞：《金履祥的生平及经学》，台湾大学博士学位论文，1975 年。

詹海云：《全祖望学术思想研究》，台湾师范大学博士学位论文，2000 年。

梁勇：《万斯大及其礼学研究》，中国社会科学院硕士学位论文，2000 年。

曾凡朝：《杨简易学思想研究》，山东大学博士学位论文，2006 年。

於剑山：《南宋"甬上四先生"研究》，暨南大学硕士学位论文，2007 年。

林颖政：《万斯大及其经学研究》，高雄师范大学硕士学位论文，

2007 年。

夏健文：《甬上四先生经世思想之探析》，彰化师范大学博士学位论文，2009 年。

Charles Bradford Langley，*Wang Yinglin*（1223—1296）：*A Study in the Political and Lectual History of the Demise of Song*，Ph. D. Dissertation，Indiana University，1980.

Christian Robert Soffel. Ein Universalgelehrter ver arbeitet das Ende Seiner Dynsstie—Eine Exegese des Kunxuejiwen von Wang Yinglin. Muenchen Unitversitset，1999.

三 著作

［日］高濑武次郎：《阳明学阶梯：精神教育》，参天阁 1907 年版。

［日］忽滑谷快天：《达摩と阳明》，丙午出版社 1908 年版。

胡哲敷：《陆王哲学辨微》，中华书局 1930 年版。

谢无量：《阳明学派》，中华书局 1934 年版。

嵇文甫：《左派王学》，上海开明书店 1934 年版。

童振福：《陈亮年谱》，商务印书馆 1936 年版。

钱穆：《中国近三百年学术史》，商务印书馆 1937 年版。

苏渊雷：《宋平子评传》，正中书局 1943 年版。

杨荣国：《中国古代思想史》，人民出版社 1954 年版。

侯外庐主编：《中国思想通史》，人民出版社 1960 年版。

任继愈：《中国哲学史》，人民出版社 1964 年版。

张岱年：《中国哲学史大纲》，中国社会科学出版社 1964 年版。

程元敏：《王柏之生平与学术》，学海出版社 1975 年版。

孙克宽：《元代金华学术》，东海大学出版社 1975 年版。

杨天石：《泰州学派》，中华书局 1980 年版。

沈善洪、王凤贤：《王阳明哲学研究》，浙江人民出版社 1981 年版。

狄百瑞：《中国的自由传统》，香港中文大学出版社 1983 年版。

劳思光：《中国哲学史》，三民书局 1984 年版。

蒙培元：《理学的演变》，福建人民出版社 1984 年版。

仓修良：《章学诚和〈文史通义〉》，中华书局 1984 年版。

侯外庐、张岂之、邱汉生主编：《宋明理学史》，人民出版社 1984 年版。

潘富恩、徐余庆：《吕祖谦思想初探》，浙江人民出版社 1984 年版。

张立文：《宋明理学研究》，中国人民大学出版社 1985 年版。

梁启超著，朱维铮校注：《梁启超论清学史两种》，复旦大学出版社 1985 年版。

杨国荣：《王学通论——从王阳明到熊十力》，上海三联书店 1990 年版。

潘富恩、徐余庆：《吕祖谦评传》，南京大学出版社 1992 年版。

徐远和：《理学与元代社会》，人民出版社 1992 年版。

管敏义：《浙东学术史》，华东师范大学出版社 1993 年版。

王凤贤、丁国顺：《浙东学派研究》，浙江人民出版社 1993 年版。

周梦江：《叶适与永嘉学派》，浙江古籍出版社 1994 年版。

李泽厚：《中国近代思想史论》，安徽文艺出版社 1994 年版。

陈正夫、何植靖：《许衡评传》，南京大学出版社 1995 年版。

浙江浦江县委宣传部、浙江省文学会合编：《宋濂暨“江南第一家”研究》，杭州大学出版社 1995 年版。

周梦江：《叶适年谱》，浙江古籍出版社 1996 年版。

方如金等：《陈亮与南宋浙东学派研究》，人民出版社 1996 年版。

董平、刘宏章：《陈亮评传》，南京大学出版社 1996 年版。

仓修良、叶建华：《章学诚评传》，南京大学出版社 1996 年版。

方祖猷：《万斯同评传》，南京大学出版社 1996 年版。

王永健：《全祖望评传》，南京大学出版社 1996 年版。

左东岭：《李贽与晚明文学思想》，天津人民出版社 1997 年版。

王春南、赵映林：《宋濂方孝孺评传》，南京大学出版社 1998 年版。

何俊：《西学与晚明思想的裂变》，上海人民出版社 1998 年版。

钱茂伟：《浙东学术史话》，宁波出版社 1999 年版。

汤勤福：《朱熹的史学思想》，齐鲁书社 2000 年版。

左东岭：《王学与中晚明士人心态》，人民文学出版社 2000 年版。

列文森：《儒教中国及其现代命运》，中国社会科学出版社 2000 年版。

包弼德：《斯文：唐宋思想的转型》，江苏人民出版社 2001 年版。

田浩:《朱熹的思维世界》,陕西师范大学出版社 2002 年版。

陈祖武:《清儒学术拾零》,湖南人民出版社 2002 年版。

杜海军:《吕祖谦文学研究》,学苑出版社 2003 年版。

牟宗三:《心体与性体》,联经出版公司 2003 年版。

何炳松:《浙东学派溯源》,广西师范大学出版社 2004 年版。

何俊:《南宋儒学建构》,上海人民出版社 2004 年版。

朱端强:《万斯同与〈明史〉修纂纪年》,中华书局 2004 年版。

萧公权:《中国政治思想史》,新星出版社 2005 年版。

董平:《浙江思想学术史》,中国社会科学出版社 2005 年版。

徐永明:《元代至明初婺州作家群研究》,中国社会科学出版社 2005 年版。

梅新林、王嘉良主编:《江南文化研究》第 1 辑,学苑出版社 2006 年版。

陈来:《有无之境——王阳明哲学的精神》,北京大学出版社 2006 年版。

徐永明:《文臣之首——宋濂传》,浙江人民出版社 2007 年版。

李海英:《朴学大师 孙诒让传》,浙江人民出版社 2007 年版。

周春健:《元代四书学研究》,华东师范大学出版社 2008 年版。

周梦江:《叶适研究》,人民出版社 2008 年版。

嵇文甫:《晚明思想史论》,河南大学出版社 2008 年版。

钱茂伟:《浙东史学研究述评》,海洋出版社 2009 年版。

牟宗三:《从陆象山到刘蕺山》,吉林出版公司 2010 年版。

王锟:《朱学正传——北山四先生理学》,上海三联书店 2010 年版。

陈镇波:《宋恕评传》,浙江人民出版社 2010 年版。

杨际开:《清末变法与日本:以宋恕政治思想为中心》,上海古籍出版社 2010 年版。

钱穆:《宋明理学概述》,九州出版社 2011 年版。

徐永明:《宋濂年谱》,浙江大学出版社 2011 年版。

梅新林、王嘉良主编:《江南文化研究》第 5 辑,学苑出版社 2011 年版。

钱茂伟:《王应麟评传》,中华书局 2011 年版。

钱茂伟：《王应麟与中国传统学术形态嬗变》，中国社会科学出版社2011年版。

包弼德：《历史上的理学》，浙江大学出版社2012年版。

田浩：《功利主义儒家：陈亮对朱熹的挑战》，江苏人民出版社2012年版。

余英时：《论戴震与章学诚——清代中期学术思想史研究》（增订本），生活·读书·新知三联书店2012年版。

王宇：《道行天地：南宋浙东学派论》，中国社会科学出版社2012年版。

高云萍：《宋元北山四先生研究》，浙江大学出版社2012年版。

何俊：《事与心：浙学的精神维度》，北京大学出版社2013年版。

陆敏珍：《宋代永嘉学派建构》，浙江大学出版社2013年版。

郭庆财：《南宋浙东学派文学思想研究》，中华书局2013年版。

李建军：《宋代浙东文派研究》，中华书局2013年版。

张如安、管凌燕：《清初浙东学派文学思想研究》，浙江大学出版社2013年版。

郑吉雄：《浙东学术研究：近代中国思想史中的知识、道德与现世关怀》，台大出版中心2017年版。

姜海军：《宋代浙东学派经学思想研究》，齐鲁书社2017年版。

后　记

　　学术史梳理是一件最"容易"也最艰难，同时最见功力的工作。然而，长期以来，学术史综述常被学界轻视甚至忽略。在不少人眼中，这项工作充其量是研究的"上马石"，与文献搜集一样，只能算作前期准备，不能称之为"正式"的学术研究。在这种思维意识与"真理话语"的驾驭下，学术史研究真的沦落为研究"综述"（综合和描述），只简单排列、介绍前人的研究观点，然后指出其中的优点、不足。很明显，这样的叙述，其背后用意无不是为了给自己"披红挂彩"，凸显自己研究的更胜一筹。形形色色的人都说自己是"站在巨人的肩膀上前行"，这样的期许与愿景的确气魄恢弘，也令人神往。但真正能与巨人并列比肩的，又有几何？其实，在展示具体研究试图超越前人的同时，千万别忘了学术史梳理不只是后人研究的基点，其本身就是一部研究者的思想史与观念史。对研究对象的解读，一方面是对历史陈迹的抉发，更重要的是研究者在重温过去中为自己提供了"为我所用"的资源，间接表达自己的心声和关怀。

　　在这种学术困惑与反思的过程中，我们对百年来的浙东学派研究作了重新评议。当然，理想与现实之间总是有很长的距离，所谓："取乎其上，得乎其中；取乎其中，得乎其下。"我们所作的评判，也远没有达到当初的预想。不过，我们相信，随着学术研究的转型与重建，越来越多的人能对当前学术史回顾的理路与范式能有新的改写与突破。

　　全书是在我与浙江大学历史系博士生金晓刚长期交流、相互论学的基础上共同完成的。其中，第一章的总论、最后的结语，以及唐仲友、北山四先生、甬上四先生、王应麟、宋濂、万斯同、全祖望、章学诚、黄式三父子等篇章由金晓刚具体执笔，总计十五万字。其他部分及最后统稿由我本人完成。

　　本书是国家社科基金重大项目"浙东学派编年史及相关文献整理与研究"（10&ZD131）子课题"浙东学派研究史"以及浙江省"之江人才"社科课题"浙东学派研究评述"（11ZJQN090YB）的最终成果。从立项到完稿，前后历经七年，其间受到的各方恩惠，学生师友的帮助，实难一一具名。他们的身影与微笑，经常浮现在我的眼前，有的虽接触一时，却温暖一生。我也相信他们能一切安好，因为世间毕竟存在着一个"天道好还"。

王锟

2017 年冬于浙江师范大学丽泽花园